カメヤマバックス

特撮に見えたる妖怪

式水下流《しきみず・げる》

文学通信

特撮に見えたる妖怪

式水下流 著

はじめに

子どもの頃、ウルトラマンや仮面ライダー、スーパー戦隊シリーズなどの特撮作品をワクワクしながら見ていた。同時期に、異形な姿をした妖怪たちに興味を持った私は、魅力的なヒーローたちよりも、彼らに敵対する怪獣や怪人たちに魅了されていった。多くの子どもたちが、特撮作品や妖怪への嗜好《しこう》を忘れ、卒業していくのを横目に、テレビや映画から離れず、興味や知識を深めていった。特撮に登場する妖怪たちを追いかける本書は、そういった蓄積の上で成り立ったものである。

第一章では、まだ「特撮」と呼ばれていなかった戦前から「特撮」がすっかり浸透した平成までの変遷を踏まえつつ、妖怪、あるいは妖怪をモチーフにしたキャラクターが登場する各年代の特撮作品を紹介していく。その作品に、どのような妖怪が選定されたのか、作中でどのような姿や設定で登場したかを見ていくことで、作品が公開された年代ごとの参考にされた資料や当時の妖怪トレンドも見えてくる。

それに対して第二章では、特撮作品でモチーフとされた妖怪は、そもそもどのような妖怪であるのか、それを基にどのように描かれてきたのか、特撮作品以前の古典作品や民話、また同時代の児童向け雑誌や図鑑なども併せて、関連する資料とその妖怪の断片が垣間見える映像作品を横断的に探っていく。紹介した妖怪は、多くの人が知っている天狗や河童、雪女などの八項目と、民俗学者・柳田國男《やなぎたくにお》がまとめた日本各地で伝承されるもの、そして江戸時代の妖怪絵師・鳥山石燕《とりやませきえん》が描いたものの二項目である。姿は描かれず「話」としてのみ伝わるもの、あるいは絵に描かれた姿はいかにして特撮作品に反映されているのか。また、水木しげるをはじめとする作家たちの創作としてつけ加えられた設定が、後年に生み出された妖怪モチーフの姿形に与えた影響についても触れている。

第三章は資料編で、妖怪に関する特撮や映画などの映像作品と刊行物をまとめた年表、特撮作品別の登場妖怪一覧、妖怪別の特撮作品一覧の三つを収録している。一覧では、作品に登場する妖怪の特徴を可能な限り紹介した。

この三章を通して、特撮作品に登場する妖怪の魅力を、特撮ファン・妖怪ファンをはじめ、できる限り多くの人に伝えたいというのが、本書の大きな目的である。

筆者は、妖怪をモチーフにした玩具や妖怪が登場する漫画やアニメ作品、小説などの変遷についても興味を持って情報を収集しているが、「特撮」という一つのジャンルの変遷をまとめることで、幅広いジャンルの相互理解もできるようになった。例えば、特撮作品のキャラクターのデザインは家電製品の技術進歩や流行のファッションなど、その時代の空気が色濃く反映されている。『忍者戦隊カクレンジャー』では、一九九〇年代のストリートカルチャーの影響が見られ、主人公であるヒーローたちのみならず、登場する妖怪たちもその空気をまとっている。また塗り壁が登場する回では、当時流行した巨大迷路が「壁」の特性を発揮する舞台に選ばれたりもしている。

このように、特撮作品から当時の時代背景を見ることができる。ここにファッション、スポーツ、音楽、人それぞれの好みや見方が加われば、新たな知見も得られるかもしれない。そして、このような他ジャンルの時代ごとの移り変わりを俯瞰したときにも、特撮作品や妖怪への影響が発見できる可能性も期待したい。

何よりもこれだけ多くの妖怪が登場する作品があるのか、好きだった作品に登場していたキャラクターはこんな妖怪をモチーフにしていたのかという知る楽しみを共有し、特撮作品や妖怪により興味を持っていただければ、これほど嬉しいことはない。

二〇二三年年初　式水下流

目次

第二章　特撮に見えたる妖怪

第三章　資料編

作品別登場妖怪一覧　194

1960年代●マグマ大使　一九六六年七月四日～一九六七年六月二六日／悪魔くん　一九六六年一〇月六日～一九六七年三月三〇日／快獣ブースカ　一九六六年一一月九日～一九六七年九月二七日／仮面の忍者赤影　一九六七年四月五日～一九六八年三月二七日／ウルトラセブン　一九六七年一〇月一日～一九六八年九月八日／怪奇大作戦　一九六八年九月一五日～一九六九年三月九日／河童の三平　妖怪大作戦　一九六八年一〇月四日～一九六九年三月二八日／

1970年代●スペクトルマン　一九七一年一月二日～一九七二年三月二五日／帰ってきたウルトラマン　一九七一年四月二日～一九七二年三月三一日／超人バロム1　一九七二年四月二日～一一月二六日／快傑ライオン丸　一九七二年四月一日～一九七三年四月七日／変身忍者嵐　一九七二年四月七日～一九七三年二月二三日／ウルトラマンA　一九七二年四月七日～一九七三年三月三〇日／行け！ゴッドマン　一九七二年一〇月五日～一九七三年九月二八日／レインボーマン　一九七二年一〇月六日～一九七三年九月二八日／新諸国物語笛吹童子　一九七二年一二月三日～一九七三年六月三日／魔人ハンターミツルギ　一九七三年一月八日～三月二六日／仮面ライダーV3　一九七三年二月一七日～一九七四年二月九日／白獅子仮面　一九七三年四月四日～六月二七日／ウルトラマンタロウ　一九七三年四月六日～一九七四年四月五日／キカイダー01　一九七三年

五月一二日～一九七四年三月三〇日／イナズマン　一九七三年一〇月二日～一九七四年三月二六日／鉄人タイガーセブン　一九七三年一〇月六日～一九七四年三月三〇日／行け！グリーンマン　一九七三年一一月一二日～一九七四年九月二七日／イナズマンＦ　一九七四年四月九日～九月二四日／ウルトラマンレオ　一九七四年四月一二日～一九七五年三月二八日／スーパーロボットマッハバロン　一九七四年一〇月七日～一九七五年三月三一日／行け！牛若小太郎　一九七四年一一月一二日～一九七五年四月二五日／仮面ライダーストロンガー　一九七五年四月五日～一二月二七日／アクマイザー３　一九七五年一〇月七日～一九七六年六月二九日／忍者キャプター　一九七六年四月七日～一九七七年一月二六日／超神ビビューン　一九七六年七月六日～一九七七年三月二九日／ぐるぐるメダマン　一九七六年七月一〇日～一九七七年一月二九日／バトルホーク　一九七六年一〇月四日～一九七七年三月二八日／スパイダーマン　一九七八年五月一七日～一九七九年三月一四日／宇宙からのメッセージ銀河大戦　一九七八年七月八日～一九七九年一月二七日／仮面ライダー（スカイライダー）　一九七九年一〇月五日～一九八〇年一〇月一〇日

１９８０年代●電子戦隊デンジマン　一九八〇年二月二日～一九八一年一月三一日／太陽戦隊サンバルカン　一九八一年二月七日～一九八二年一月三〇日／大戦隊ゴーグルＶ　一九八二年二月六日～一九八三年一月二九日／科学戦隊ダイナマン　一九八三年二月五日～一九八四年一月二八日／宇宙刑事シャリバン　一九八三年三月四日～一九八四年二月二四日／星雲仮面マシンマン　一九八四年一月一三日～九月二八日／兄弟拳バイクロッサー　一九八五年一月一〇日～九月二六日／仮面ライダーＢＬＡＣＫ　一九八七年一〇月四日～一九八八年一〇月九日／世界忍者戦ジライヤ　一九八八年一月二四日～一九八九年一月二二日／仮面ライダーＢＬＡＣＫ ＲＸ　一九八八年一〇月二三日～一九八九年九月二四日／高速戦隊ターボレンジャー　一九八九年二月二五日～一九九〇年二月二三日

１９９０年代●妖怪伝説ＷＡＲＡＳＨＩ！！ 一九九一年一〇月二日～一九九二年三月二五日／五星戦隊ダイレンジャー 一九九三年二月一九日～一九九四年二月一一日／忍者戦隊カクレンジャー 一九九四年二月一八日～一九九五年二月二四日／超力戦隊オーレンジャー 一九九五年三月三日～一九九六年二月二三日／ウルトラマンティガ 一九九六年九月七日～一九九七年八月三〇日／ウルトラマンダイナ 一九九七年九月六日～一九九八年八月二九日／救急戦隊ゴーゴーファイブ 一九九九年二月二一日～二〇〇〇年二月六日

２０００年代●百獣戦隊ガオレンジャー 二〇〇一年二月一八日～二〇〇二年二月一〇日／ウルトラマンコスモス 二〇〇一年七月七日～二〇〇二年九月二八日／忍風戦隊ハリケンジャー 二〇〇二年二月一七日～二〇〇三年二月九日／特捜戦隊デカレンジャー 二〇〇四年二月一五日～二〇〇五年二月六日／仮面ライダー響鬼 二〇〇五年一月三〇日～二〇〇六年一月二二日／ウルトラマンマックス 二〇〇五年七月二日～二〇〇六年四月一日／轟轟戦隊ボウケンジャー 二〇〇六年二月一九日～二〇〇七年二月一一日／地獄少女 二〇〇六年一一月四日～二〇〇七年一月二七日／仮面ライダー電王 二〇〇七年一月二八日～二〇〇八年一月二〇日／獣拳戦隊ゲキレンジャー 二〇〇七年二月一八日～二〇〇八年二月一〇日／仮面ライダーディケイド 二〇〇九年一月二五日～二〇〇九年八月三〇日／侍戦隊シンケンジャー 二〇〇九年二月一五日～二〇一〇年二月七日

２０１０年代●天装戦隊ゴセイジャー 二〇一〇年二月一四日～二〇一一年二月六日／仮面ライダーオーズ／ＯＯＯ 二〇一〇年九月五日～二〇一一年八月二八日／牙狼〈ＧＡＲＯ〉魔戒ノ花 二〇一四年四月四日～二〇一四年九月二六日／地獄先生ぬ～べ～ 二〇一四年一〇月一一日～二〇一四年一二月一三日／手裏剣戦隊ニンニンジャー 二〇一五年二月二二日～二〇一六年二月七日

凡例

一、本書は特撮作品に登場する妖怪（特撮妖怪と略す）を可能な限り網羅したものである。

一、第一章では、各年代による特撮作品での妖怪の取り扱われ方の変遷と代表的な作品を紹介し、第二章ではいくつかの妖怪をピックアップし、その妖怪がどういうものなのか、特撮作品としてどのように登場したのかを紹介する。第三章は年表と妖怪別の登場作品の一覧と作品別の登場妖怪の一覧となっている。

一、個々の妖怪や特撮に関する認識により、入っていない（あるいは入っている）妖怪や特撮作品として取り扱うべきか判断が分かれるものは著者の判断による。

一、妖怪名は可能な限り、漢字表記としている。作中片仮名表記の妖怪も表記統一のため、漢字で表記し、第三章の作品別一覧で正式な表記を記載する。作中の漢字表記の揺れに関しては、作中の記載に準ずる。

一、年号表記は、原則として西暦表記とするが、引用文は原文のままの表記とした。

一、書籍名・映像作品名は『』で、論文名・記事名・引用文などは「」で表記した。

第一章

特撮妖怪の世界

作品とその変遷

特撮に見えたる妖怪前史 その分類まで

■最初は稚拙でばからしい映画表現だった？

戦前、当時は「特撮」とは呼ばれていなかったが、現代の特殊撮影技術（特撮）につながる方法で妖怪が登場する映画が撮影されていた。ここでは前史として、その歴史を振り返っていく。

一九二六年の『文藝市場』二巻三号「妖怪研究」には、劇作家・編集者である仲木貞一《なかぎていいち》による「映畫《えいが》及び芝居に於ける妖怪」と、同じく劇作家・小説家の川添利基《かわぞえとしとも》による「映畫に現はれた妖怪」の二本の妖怪の映像作品や技法についてのコラムが掲載されている。

仲木・川添両人ともに当時の撮影技法に関しては、特定のシーンでカメラを停止してその間に被写体も変身・出現・消失させる「止め写し」や、別々に撮影したネガを一つのフィルムに焼きつける「二重焼き」を挙げた。仲木はこれらを舞台の芝居ではできなかった技法であり、当時の音声のない映画において妖怪そのものを見せるための技法として若干好意的に解釈している。しかし川添は、当時の技法を稚拙で至極ばからしいと評価しており、その例として歌舞伎役者の二代目尾上松之助《おのえまつのすけ》や五代目澤村四郎五郎《さわむらしろごろう》が演じる『本所《ほんじょ》七不思議』（日活では尾上松之助で一九一四年、松竹では澤村四郎五郎で一九二二年に上映）や『鍋島猫騒動』（日活の尾上松之助『岡崎の猫』〔一九一四年〕と思われる）を挙げている。

■講談や歌舞伎と地続きの妖怪たち

一九二五年『劇と映画』八月号の若山北暝［注1］「影を見せなくなる怪談物」では、「松之助あたりの怪談物と来たら、舞台上の馬鹿げたものが多かった」と、川添とおおむね同様の評価をしている。「盛んにポーと消える幽霊をどしどし製作した」「玩具映画」として、『四谷怪談《よつやかいだん》』（日活一九一二年・一九一三年、天活一九一五年など）、『牡丹灯篭《ぼたんどうろう》』（吉沢商店一九一〇年や日活一九一四年など）や妖怪狐狸《こり》の映画として松之助主演の『岡崎の猫』（日活一九一四年）、四郎五郎の『有馬の猫』（松竹一九二二年）、『八百八狸』（天活一九一八年）などを挙げつつ、「犬だか猿だか、綿の化物だか判らないものが徒《いたづ》らに跳ね廻ったもんだ」と酷評が続くが、実際には怖さというより面白さや奇抜さ、芝居ではできない特撮表現が一般の観客には受けたという。また、この時期は、講談や歌舞伎などで登場する幽霊や化け猫、狸などを題材とした映像作品が多かったことが分かる。『文藝市場』や『劇と映画』の記事の中で紹介されていないものとしては、鬼女紅葉を題材とした『紅葉狩《もみじがり》』（天活一九一四年）、『戸隠山《とがくしやま》の鬼女』（日活一九一五年）がある。また、九尾の狐（玉藻前《たまものまえ》）を題材とした映画も『玉藻前　三段目』（吉沢商会一九一〇年）、『九尾の狐』（日活一九一四年）などがあげられ、一九一六年以降は各社こぞって製作している。

これらもまた、講談や歌舞伎の演目と地続きの妖怪たちといえる。

❶映画『強狸羅』の冊子（著者蔵）。

❷ “Carnal Curses, Disfigured Dreams” に掲載されている秘術で化けたゴリラの姿のスチール写真。

怪奇的な映画の登場

一九二〇年代に入ると、天活の解体後に分裂した帝国キネマや東亜キネマなど、新興の映画会社から若干毛色の違う作品が製作される。一九二五年の『芝居とキネマ』第二年九月号には、写真入りで「二匹の悪戯者《いたずらもの》の河童の子が人間の世界に出てみたくなって河童の主にたのんでその許しを得て、淵へ沈んだ子供に化けて出ましたが、人間世界の醜さに耐へ切れなくなって、またもとの河童の國へ帰ってしまひました……」と、『河童妖行記』（東亜キネマ一九二五年）があらすじつきで紹介されており、歌舞伎や講談の翻案とは異なる独自の趣《おもむき》が見える。その後も妖怪そのものを登場させない「怪奇的な映画」が多くなっていく。実体を登場させる演劇と雰囲気を使う映画で妖怪的なものに対する住み分けができ始めた時代といえる。同じく東亜キネマに『強狸羅《ごりら》』という映画があった［❶・❷］。一八九九年から一九六八年の怪奇映画を網羅した泉速之《いずみとしゆき》『銀幕の百怪』によると、「和蘭陀《おらんだ》に渡り秘術を会得した男がゴリラに化けて復讐を企《くわだ》てる」という興味深い解説が添えられており、

❸『河童大合戦』のスチール写真（『チャンバラ王国　極東』）。

❹『幻城の化ケ猫』のスチール写真（『チャンバラ王国　極東』）。

怪奇的というポイントは外していないだろう。さらに調べたいところではあるが、話を先に進める。

■ 探偵もの、怪奇・幻想もの、SFと特撮技術

そのような怪奇的な映画の流れを汲《く》み取ったのが、一九三五年設立の極東映畫（一九三七年、極東キネマに改称）である。一九三九年には『河童大合戦』前後篇［❸］を上映した。この映画は現在（二〇二四年）でも約五分間のフィルムが残っている。また、赤井祐男［注2］・円尾敏郎《まるおとしろう》編、極東キネマで活躍した監督インタビューなどを収録した書籍『チャンバラ王国　極東』（一九九八年）には河童や『幻城の化ケ猫』（極東キネマ一九三九年）の化け猫［❹］のスチール写真が掲載されており、当時の妖怪表現の一端が窺える。極東キネマは、チャンバラ映画を得意とし一世を風靡《ふうび》していたが、一九四一年に合併され、合併後は一作も映画製作はされず、そのまま消滅した。

また、戦後はGHQの統制（一九四五年～一九五一年）でチャンバラ映画の製作ができない状態になっていったの

で、戦前のチャンバラ映画の隆盛はここで終焉を迎える。

その後、規制の中で生まれた映画は、怪奇色をそのまま残した現代劇としての探偵ものや怪奇・幻想もの、SFといったジャンルへ流れていった。時代劇としても『初春狸御殿《はつはるたぬきごてん》』（大映一九四八年）など、穏当な作品にシフトしていき、妖怪的な要素は薄れていくが、『透明人間現る』（大映一九四九年）で、円谷英二《つぶらやえいじ》が特撮技術を怪奇ものに活かしたことは、妖怪の特撮シーンを考える上で重要な要因となっている。

■特撮に見えたる妖怪の礎《いしずえ》

『透明人間現る』は、その後の一九五三年に大映が製作した『雨月物語』や『怪談佐賀屋敷』、『怪談有馬御殿』など、一九一〇～二〇年代にスタンダードであった歌舞伎や講談に現れる妖怪たちを、当時最新の特撮技術で生まれ変わらせることにつながったといえる。さらに『阿波おどり狸合戦』（大映一九五四年）では、金長《きんちょう》狸がのっぺらぼうなどに変化するシーンで、特撮の技術が利用されており、妖怪と特撮との親和性が実証されていく。

『新諸国物語　笛吹童子』（東映一九五四年）では、からかさおばけなど多くの妖怪が登場し、水木しげる作品、大映妖怪三部作（後述）以前の妖怪が多種多様に出てくるパターンも徐々にできあがっていく。これらの傾向は、一九六〇年代後半に水木しげるが漫画や妖怪画集で妖怪を紹介すること、児童書の妖怪図鑑などが刊行される流れともつながり、特撮に見えたる妖怪の礎を築いた。また、テレビ放送の一話一体で妖怪が登場し、総登場数では多種多様なものを見せる実写版『悪魔くん』や『河童の三平　妖怪大作戦』などが、現在の特撮ドラマの作り方に受け継がれている。

『文藝市場』二巻三号「妖怪研究」で、川添利基は「も少し、良心のあるストォリィとも少し良心のある撮影技術とそしても少し良心のあるコンティニュイティによって、「雨月物語」の如き、「聊斎志異《りょうさいしい》」の如き、又は「西遊記」の如きものを映畫化してみたら、案外變《かわ》ったものが出來はしまいか――と思ふのであるが、どうであらう」と記載している。川添が『文藝市場』で寄稿したときの映画観は、前述の通りである。中国清代の怪奇短編集『聊斎志異』は、一九五九年に日本テレビ『山一名作劇場』枠で放映され、一九四〇年に東宝でエノケンこと榎本健一《えのもとけんいち》が孫悟空を演じた『西遊記』が上映。『西遊記』は円谷英二が特撮（当時は特殊技術撮影と呼ばれていた）で参加しているが、彼がお気に召すものになっているであろうか。

■特撮妖怪の黎明期から成熟期まで

前史の後、水木しげる作品の映像化および大映妖怪三部作の登場までの一九六〇年代を「黎明期《れいめいき》」、日本の妖怪についてかなりの影響力を持った佐藤有文《さとうありふみ》『いちばんくわしい日本妖怪図鑑』（ジャガーバックス）や水木しげる『日本妖怪大全』など妖怪資料が世に広まり、それらを参考にして特撮作品に妖怪が登場することになった一九七〇年〜一九八〇年代を「過渡期」、その後、過渡期で使用された資料の原本や解説のネタ元が解明され、随時資料が拡充されていった一九九〇年代を「発展期」、二〇一〇年以降に『妖怪ウォッチ』の流行により子どもたちまで妖怪知識が広がり、多くの妖怪が当たり前のように知られるようになった時期を「成熟期」と、四段階に分類しその歴史を見ていきたい。各期では代表的な特撮妖怪作品も随所で紹介していく。

▼注
［注1・2］著書が少なく、名前の正確な読みは不明。

黎明期　一九六〇年代

始まる怪獣ブーム

一九七〇年代以前の妖怪が登場する特撮映画では、講談や歌舞伎で取り扱われた怪談ものを中心に、化け猫、河童、狸、鬼などの誰でも知っているような妖怪が採用された。

映画の世界ではこれを踏襲する形で舞台芸能や文学作品を翻案するスタイルで、大映の『大江山《おおえやま》酒天童子《しゅてんどうじ》』（一九六〇年）や小泉八雲《こいずみやくも》を原作として使用した東宝『怪談』（一九六五年）が上映された。東映は、狒々《ひひ》退治ものを『怪獣蛇九魔《ジャグマ》の猛襲』（一九六一年）、江戸時代の読本《よみほん》に登場する児雷也《じらいや》ものを『怪竜大決戦』（一九六六年）と大幅にアレンジした作品を上映した。同時に特撮技術も発展し、第一次怪獣ブームが始まる。

一九六六年に放送開始されたテレビシリーズ『ウルトラQ』や『ウルトラマン』は、『ゴジラ』（一九五四年）に始まる東宝のゴジラシリーズや『大怪獣ガメラ』（一九六五年）に始まる大映のガメラシリーズなどの映画作品とともにこのブームを牽引《けんいん》することになる。

■ 予算で大きさが変わる妖怪たち

この流れに乗って東映が打ち出した作品が、水木しげる原作の実写テレビドラマ『悪魔くん』（一九六六年〜一九六七年）である。テレビ放送で妖怪を取り扱った最初期のシリーズ作品といえる。

怪獣ブームの流れもあったため、『悪魔くん』で登場する妖怪たちの多くは、等身大ではなく巨大で、怪獣のような姿である。『悪魔くん』の後、東映は『仮面の忍者赤影』（一九六七年〜一九六八年）、『キャプテンウルトラ』（一九六七年）、『ジャイアントロボ』（一九六七年〜一九六八年）など立て続けにヒット作を世に出していく。しかし、『悪魔くん』で受注額の三倍の予算を使用してしまったため、予算を抑えて企画されたのが『河童の三平　妖怪大作戦』（一九六八年）だった［注1］。

『河童の三平　妖怪大作戦』に登場する妖怪たちは、人間社会全体を襲う巨大怪獣のような姿よりも、個々の人間に対して恐怖を与える等身大の存在として描かれていることが多い。この恐怖感に肉親探しという軸が加わり、低予算でありながら、『悪魔くん』とはまた違った怪奇的な趣《おもむき》がある。

原作者である水木しげるが『週刊少年マガジン』一二月増刊号「日本妖怪大全」を出したのもこの時期である。また、『ウルトラセブン』（一九六七年〜一九六八年）で河童型の宇宙人と宇宙人が操る怪獣であるテペト星人とテペトが登場し、『怪奇大作戦』（一九六八年〜一九六九年）で鎌鼬《かまいたち》や雪女が題材として取り扱われたのも一九六〇年代後半だ。以降一九七〇年代にかけて、妖怪図鑑などの資料が増えていく。

■ 大映「妖怪三部作」の完成

これらの妖怪特撮の流れと水木しげる作品が相まって、大映は『大魔神』に次ぐシリーズとして『妖怪百物語』、『妖怪大戦争』（ともに一九六八年）、『東海道おばけ道中』（一九六九年）を上映した。このシリーズは後に「大映の妖怪三部作」と呼ばれるようになる［❶］。

三作品ともに数多くの妖怪が選定され、ぬっぺっぽうやぬらりひょん、白粉婆《おしろいばばあ》、ひょうすべのように鳥山石燕《とりやませきえん》の図版に忠実なもの、雲外鏡《うんがいきょう》や牛鬼のようにオリジナルの造形のもの、土転びや油すましのように水木しげるのデザインを踏襲した妖怪たちが登場した。また、一九七〇年代に入ると、怪奇作家でオカルト研究家の佐藤有文《さとうありふみ》などが、妖怪図鑑で妖怪三部作のスチール写真を妖怪解説の図版として使用したことで、後年の妖怪選定の一つの選択肢にもなった。

これらの作品によって、一九六〇年代の化け猫、河童、狸、鬼などの誰でも知っているような妖怪だけでなく、多種多様な妖怪たちが特撮作品に登場する次世代の基礎ができあがった。

❶ 2005 年にリメイクされた『妖怪大戦争』公開に合わせて刊行された『甦れ！妖怪映画大集合 !!』は、大映妖怪三部作とリメイク版、『白獅子仮面』の登場妖怪も写真つきで紹介されている資料性の高い 1 冊である。

▼注

［注1］提哲哉『『悪魔くん』『河童の三平妖怪大作戦』完全ファイル』、青林堂、二〇〇二年、一二頁。

悪魔くん

放送　一九六六年一〇月六日～一九六七年三月三〇日
制作　東映

『悪魔くん』のDVDジャケット。

登場する主な妖怪

百目《ひゃくめ》・船幽霊《ふなゆうれい》・山彦《やまびこ》・化け猫・雪女・鬼婆・化け蜘蛛《ぐも》

あらすじ

一万年に一人のホクロを額に持つ少年・山田真吾《やまだしんご》は、悪魔を召喚する術を会得した老人ファウスト博士に見出され、悪魔メフィストとともに人間に不幸をもたらす妖怪や怪獣と戦う。

コンセプト

一九六六年、『ウルトラQ』、『マグマ大使』などが牽引《けんいん》した怪獣ブームの最中に登場した『悪魔くん』は、巨大化して暴れ回る妖怪たちを登場させることで、子どもたちに怪獣の一種として妖怪を認知させた。これは、アニメ『ゲゲゲの鬼太郎』や大映妖怪三部作からなる妖怪ブームを生み出すきっかけになったといえる。

東映東京制作所によって手掛けられた初の本格的特撮テレビドラマであり、また、後年『仮面ライダー』、『秘密戦隊ゴレンジャー』、『がんばれ!!ロボコン』などの特撮作品を世に送り出した平山亨《ひらやまとおる》のプロデューサーとしての初仕事である。

水木しげるの熱心なファンでもあった平山は、貸本漫画版を実写ドラマ化するつもりであったが、大人向けの内容でテレビには向かないという理由で実現しなかった。その後、少年マガジン編集部に表敬訪問をした際に、当時の内田《うちだ》勝《まさる》編集長に子ども向けを意識した内容となった少年マガジン版『悪魔くん』を見せてもらい、「これならテレビにできる」とこれを原作として、企画を進めることとなった［注1］。

　また、『墓場の鬼太郎』をアニメ化する企画も『週刊少年マガジン』では念頭に入れていて、東映のスタッフも交渉を続けていたが、妖怪でスポンサーがつくのかという懸念はあった。『悪魔くん』の実写化は妖怪を一つのジャンルに昇華し、この成功が『墓場の鬼太郎』のアニメ化につながった。さらに『河童の三平　妖怪大作戦』も実写化されることになる［注2］。一話完結形式にしたのは、原作者の水木しげるの「悪いことをする妖怪をやっつけて一回ずつ終わるのが一番です」という意見があったからだという［注3］。

　妖怪の選定に関しては、船幽霊、山彦、化け猫、雪女、鬼婆、化け蜘蛛など名前のある妖怪が登場する一方、民話などに登場する妖怪も多く採用されている。しかし、葛飾《かつしか》派の「百々眼鬼《どどめき》」［❶］から着想を得たガンマーを水木しげるが『悪魔くん』で作り出した［注4］ことにより、七〇年代以降の特撮作品では百目モチーフのキャラクターが多く生まれ、独り歩きすることになる。『悪魔くん』八話に登場する水妖怪もこの作品で作られた水木しげるオリジナルの妖怪であるが、その後の『ゲゲゲの鬼太郎』

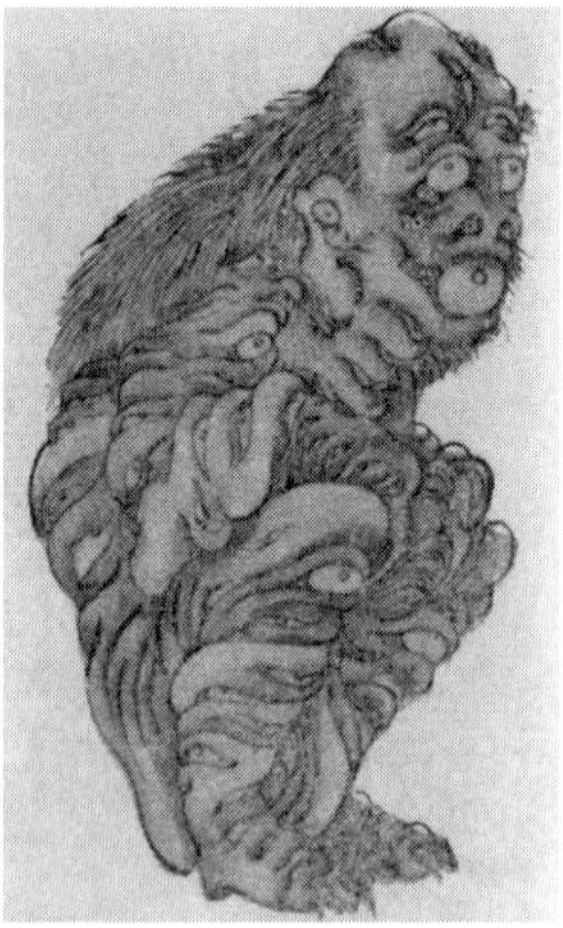
❶ガンマーの元になったC・ネットー、G・ワグネル『日本のユーモア』の百目。その図版は葛飾派の「百々眼鬼」である。

の第六期四話や第四期のOPにも登場している。

　他にも貸本漫画版から流用された化烏《ばけがらす》や船幽霊の要素を取り込んだ上で、巨大な柄杓《ひしゃく》で船を沈める大海魔パイドンなど、怪獣ブームの影響により怪獣のような姿のものも多い。妖怪を巨大にするというヒントになったのは、水木しげるに聞いた、見上げるとどんどん大きくなる妖怪、見越し入道の話だという。妖怪も大きくなれる状況なら巨大に描くのも手法と思い立った。平山亨も含めて映画からテレビに異動させられたスタッフの「仕事がずっとない」抑圧からの発散と映像に対する熱意とが相まって凝った作品となったという［注5］。

　その結果、予算の三倍を越える費用がかかり、トップダウンで『悪魔くん』は全26話で幕を閉じることになる［注6］。しかし予算度外視の高品質の特撮妖怪作品は、その後の妖怪ブームを水木しげるとともに牽引していくことになっていく。

▼注

［注1］DVD『悪魔くん』VOL.2付属解説書で、貸本版『悪魔くん』の話で盛り上がると、内田勝は「あの面白さが分かるとは貴方は凄い。ご褒美に良いものをあげましょう」とゲラ刷りを出してくれたと、平山亨は言っている。および「怪獣達の進撃が始まる」『全怪獣怪人』上巻、勁文社、一九九〇年、七五頁も参照。

［注2］「河童の三平　妖怪大作戦」『テレビマガジン特別編集特撮ヒーロー大全集』、講談社、一九八八年、一一八頁—一一九頁。

［注3］「京極夏彦インタビュー」『怪と幽』vol.011（KADOKAWA、二〇二二年、二六頁）で「アンタ、週イチだったら毎週敵をやっつけないといけない」と提案したという逸話も京極夏彦が語っている。DVD『悪魔くん』VOL.2付属解説書でも言及がある。

［注4］DVD『悪魔くん』VOL.2、東映ビデオ、二〇一六年、付属解説書。ガンマーのデザインは漫画『悪魔くん』でも百目として登場し、妖怪図鑑でも紹介されるようになる。

［注5・6］DVD『悪魔くん』VOL.2、東映ビデオ、二〇一六年、付属解説書。

妖怪百物語

放送　一九六八年三月二〇日
制作　大映

『妖怪百物語』のDVDジャケット。

登場する主な妖怪

土転《つちころ》び・置いてけ堀・轆轤首《ろくろくび》・人魂・傘化け・のっぺらぼう・河童・大首・白粉婆《おしろいばばあ》・青坊主・一つ目小僧・泥田坊《どろたぼう》・おとろし・ひょうすべ・陰摩羅鬼《おんもらき》・牛鬼・姥ヶ火《うばがび》・烏天狗・油すまし・毛倡妓《けじょうろう》・般若《はんにゃ》・ぬっぺっぽう・狂骨《きょうこつ》・ぬらりひょん

あらすじ

百物語とは、江戸時代後期から明治期にかけて流行した怪談会である。一つの怪談を語り終わると蠟《ろう》燭《そく》の灯りを一つ消し、これを百話分行い、百本目の灯りが消えたときに怪奇現象が起こるといわれた。

豪商の但馬屋利右衛門《たじまやりえもん》は人々がつましく暮らす長屋と神社を取り壊して岡場所（幕府非公認の遊郭）を作って利益を上げようと画策する。寺社奉行の堀田《ほった》豊前守《ぶぜんのかみ》にも根回しの上で、但馬屋は強引に工事の開始を決定し、その祝いの余興として豊前守や町の有力者、噺家《はなしか》などを集め、百物語の会を催す。怪奇現象が起きないように百物語の終わりには必ず、憑《つ》き物落《もの》としのまじないをすることになっていたが、但馬屋は、百物語が終わってもまじないをしないで、客たちに賄賂《わいろ》を渡して、帰してしまう。帰路についた客たちは「置いてけ」という不気味な声と人魂に遭遇し、怯えて、賄賂の小判をすべて置いて逃げていく。

但馬屋は、借金を返そうとした長屋の大家・甚兵衛《じんべえ》を殺害し、長屋の敷地に祀られていた古い社を潰し、住民たちの嘆願も虚《むな》しく、長屋自体も取り壊そうとする。すると祟《たた》りといえるような怪奇現象が起こり、妖怪が現れる。自分の目で妖怪を確かめるという但馬屋は、手代《てだい》・重助《じゅうすけ》とともに様子を見に行くが、暗雲から現れた巨大な女性の顔の妖怪・大首に錯乱して重助を刺し殺し、自分もその刃で死んでしまう。

豊前守の前にも大勢の妖怪が姿を現す。豊前守も妖怪の群れの前に正気を失うが、悪事が露見したことを悟り、自害する。妖怪たちは、三つの棺桶を掲げ、意気揚々と百鬼夜行を成し、日の出とともに消えていく。

コンセプト

一九六六年から放送の『悪魔くん』の実写化と一九六八年から放送の第一期『ゲゲゲの鬼太郎』のアニメ化、二つの水木しげる作品が映像化された。怪獣ブームはひとまずの落ち着きを見せ、取って代わるように妖怪ブームが到来した。そのような状況下で製作されたのが、映画『妖怪百物語』である。

江戸時代に流行した怪談会である百物語をテーマにした本格的な時代劇であるが、多くの特撮シーンも見どころである。置いてけ堀と堀田豊前守の屋敷の外に浮かび出た大首や轆轤首が登場する恐ろしいシーン、襖絵から実体化して踊るから傘のお化けのコミカルなシーン、そして続編二作でも継承されるラストの百鬼夜行の幻想的なシーンなどに幅広く特撮が使われている。

妖怪の選定は、この時期の映像作品としてはかなり多岐に渡っており、土転び、置いてけ堀、油すましなど柳田國男《やなぎたくにお》の「妖怪名彙」で紹介された伝承上の妖怪と白粉婆、泥田坊、おとろし、姥ヶ火、ぬらりひょん、狂骨など鳥山石燕が描いた妖怪と『百鬼夜行絵巻』に描かれた五徳を被った三つ目の妖怪をモチーフとしたうしおになど名前のない妖怪を独自に名づけたものも登場した［注1］。

また、鳥山石燕の火消婆をモチーフとしつつも逆に火を吹く火吹き婆は、オリジナルの妖怪だが、三作すべてに登場している。『大怪獣ガメラ』に参加した造形家らが設立した造型制作会社・エキスプロダクションが中心となって妖怪の造型を作成したという［注2］。おとろし、ぬらりひょん、泥田坊などは鳥山石燕の妖怪画を基にしたものの他、柳田國男の「妖怪名彙」の伝承のみで姿形のなかった土転びや油すましなどは、水木しげるのデザインを参考にしている。中には同じ大映の『赤胴鈴之助　鬼面党退治』に登場する敵・山犬神をプロトタイプとした青坊主などのようなものもある［注3］。

後に『妖怪百物語』は、一九六八年の『週刊少年キング』（少年画報社）一二号〜一四号の短期連載で水木しげるによってコミカライズされ、それを一冊にまとめたものが映画館で販売された。同時期に『週刊少年キング』だけでなく『週刊少年マガジン』（講談社）、『まんが王』（秋田書店）でも特集が組まれた。『週刊少年キング』一三号では、「日本妖怪大行進」という特集が組まれ、妖怪の撃退法や妖怪大連隊の組織図まで掲載され、次作『妖怪大戦争』を思わせる構成となっている。

この『妖怪百物語』のヒットと水木しげるの漫画・アニメ・実写特撮作品がお互いを刺激、協力し合いながら妖怪ブームは継続し、一九七〇年代以降につながっていくことになる。

▼注

［注1］『ガメラ画報　大映秘蔵映画五十五年の歩み』（竹書房　一九九六年、一一四頁）によると、うまおに、とんずら、おんもらきが土佐光信の描いた『百鬼夜行絵巻』を基に作られたことが分かる。「牛鬼」というと、鬼のような顔に蜘蛛のような身体の姿が一般的であるが、この『妖怪百物語』のうしおには、うまおになどと同様に『百鬼

夜行絵巻』の姿を参考にされ、名づけられていることが分かる。

［注2］「八木功インタビュー」『甦れ！妖怪映画大集合!!』（竹書房、二〇〇五年、一一八頁―一一九頁）で八木正夫を中心に造型されたことが分かる。

［注3］『ガメラ画報　大映秘蔵映画五十五年の歩み』、竹書房一九九六年、一〇八頁。

妖怪大戦争

公開　一九六八年一二月一四日
制作　大映

『妖怪大戦争』のDVDジャケット。

登場する主な妖怪

河童・油すまし・轆轤首《ろくろくび》・ぬっぺっぽう・傘化け・青坊主・雲外鏡《うんがいきょう》・海坊主・牛鬼・陰摩羅鬼《おんもらき》・ひょうすべ・ぬらりひょん・一つ目小僧・泥田坊・烏天狗・天狗・毛倡妓《けじょうろう》・白粉婆《おしろいばばあ》・狂骨《きょうこつ》

あらすじ

数千年前に栄えた古代バビロニア文明の遺跡ウルには巨悪な吸血妖怪ダイモンが封印されていた。ウルで盗掘を行っていた墓荒らしたちが、不気味な形の杖《つえ》を見つけ、引き抜くと岩盤は崩れ、空を暗雲が覆い隠した。封印が解かれ、四〇〇〇年の眠りから目覚めたダイモンは、暗雲に覆われた空を飛び、日本の伊豆《いず》の浜に上陸した。

その姿を目撃した代官の磯部兵庫《いそべひょうご》は、果敢にダイモンに挑むが、血を吸われて、息絶えてしまう。ダイモンは兵庫に憑依し、自分に吠える犬を斬り殺し、屋敷の神棚をすべて壊す。側用人・川野左平次《かわのさへいじ》は、人が変わってしまった兵庫の乱行を止めようとするが、ダイモンの分身に憑依されてしまう。

代官所の庭池に棲《す》む河童は、信心深く善人だった兵庫の豹変が、悪い妖怪の仕業であることに気づき、縄張りを賭けて戦いを挑むが、返り討ちに遭ってしまう。荒寺に駆け込んだ河童は、から傘、轆轤首、二面女《にめんおんな》、油すましといった仲間の妖怪たちにダイモンの襲来を伝えるが、誰も信じてくれない。

一方、家来の真山新八郎《まやましんぱちろう》は、兵庫の乱心を妖怪の仕業と見て叔父で修験者《しゅげんじゃ》の大日坊《だいにちぼう》に祈祷を頼むが、ダイモンには通じず、大日坊は殺されてしまう。以降ダイモンは、屋敷にいる大人の血は飽きたと配下に子どもを次々とさらわせた。親を殺され、逃げてきた子どもの兄妹は、荒寺に身を隠すと妖怪たちに遭遇し、代官から助けてほしいと懇願する。油すましら妖怪たちは、河童の言葉をようやく信じ、そこに青坊主と雲外鏡が現れ、代官はバビロニアの妖怪・ダイモンが化けていることを伝える。そして、妖怪たちは子どもたちを追ってきた兵庫の配下の者たちを脅かし、撃退すると代官屋敷へと向かう。屋敷に監禁されていた女性・子どもたちと入れ替わり、騙し打ちを試みるが、ダイモンに一蹴され、満身創痍で逃げることとなる。

その姿を新八郎は目撃し、兵庫の正体が妖怪と知り、ダイモンに勝負を挑む。逃げていった妖怪たちは、新八郎の行動を見て、兵庫の屋敷に戻るが、新八郎が持っていた守り札の力で壺の中に封じ込められてしまう。新八郎はダイモンの矢で右目を射抜くとダイモンは兵庫の身体を捨て、新任の代官大館伊織《おおだていおり》を駕籠《かご》の中で殺して憑依し、新八郎を兵庫殺害の罪で捕縛し、処刑を申しつけた。

壺に封印されなかった二面女とから傘は、兵庫の娘・千絵《ちえ》に事情を話し、壺のお札を外してもらい、妖怪たちの封印を解いてもらう。妖怪たちは再びダイモンに戦いを挑むが力の差は歴然で、ダイモンは分身を使い圧倒する。そこに日本全国から集まった妖怪軍団が到着する。油すましは、雲外鏡の力でダイモンの本体を見抜き、から傘にぶら下がり、ダイモンの弱点の左目を潰すことに成功する。個の力は劣る日本妖怪たちは団結することで強大な力を持つ西洋妖怪ダイモンに勝利した。勝利を収めた日本妖怪たちは、百鬼夜行を成して、山へ消えていく。

コンセプト

前作『妖怪百物語』は、観客の反応も上々で、大映内の注目も高く、妖怪ものの続編として同年『妖怪大合戦』として企画、最終的に『妖怪大戦争』として上映された。

前作の怪談のおどろおどろしさは薄れ、コミカルな描写が多く、強大な西洋妖怪ダイモンを日本の妖怪が力を合わせて撃退する娯楽作品と評されている[注1]。監督は『大魔神』三部作で特撮監督を務めた黒田義之《くろだよしゆき》で、『大魔神』で導入された大型のブルーバックがダイモンの巨大化や分身描写などのシーンに効果的に使われた。巨大化したダイモンの手足として作られた実物大のモデルやレベルの高いミニチュアワークなども評価されている[注2]。

妖怪造型は『妖怪百物語』と同じく、昭和ガメラシリーズ、『大魔神』三部作や前作を含めた大映映画作品の造型を担当したエキスプロダクションの手によるもので、特に『妖怪大戦争』に登場する身体を動かすのに適した等身大の妖怪たちは、一九七一年の『仮面ライダー』を皮切りに東映作品の怪人の系譜へとつながっていく[注3]。

『妖怪大戦争』というタイトルの通り、前作以上に多くの妖怪が登場している。ただし、多く活躍する妖怪たちの選定は、油すましや青坊主など前作と同様のものが多く使われている。新たに追加された妖怪としては、水軍の妖怪として海坊主や「海ぴろりん」と別名をつけられた三つ目坊主、陸軍と空軍に羽の有無で二種登場する雷神、二口女《ふたくちおんな》のような二面女、物語で大きな役割を果たす雲外鏡など独自性の高いデザインの妖怪が登場した。

また、上映当時は『週刊少年キング』(少年画報社)、『週刊少年マガジン』(講談社)、『まんが王』(秋田書店)、『冒険王・別冊秋季号』と前作に引き続き、多くの漫画雑誌で特集が組まれた。特集記事として面白いのは、映画では描かれなかった設定やダイモンと妖怪たちの戦いが細かく描かれていて、相互に見ていくと物語や個々の妖怪の設定に厚みが出ていることである。

　例えば一九六九年の『まんが王』一月号では、「カラー大特集妖怪大戦争」というタイトルで南村喬《みなみむらたか》之《し》、杉尾輝利《すぎおてるとし》、梶田達二《かじたたつじ》といった挿絵画家の迫力のあるイラストで陸海空の妖怪たちが見開きでシーンごとにダイモンとの戦闘が描かれている［❶］。映画では一瞬しか登場しない妖怪や映画に登場しない妖怪なども描かれている。

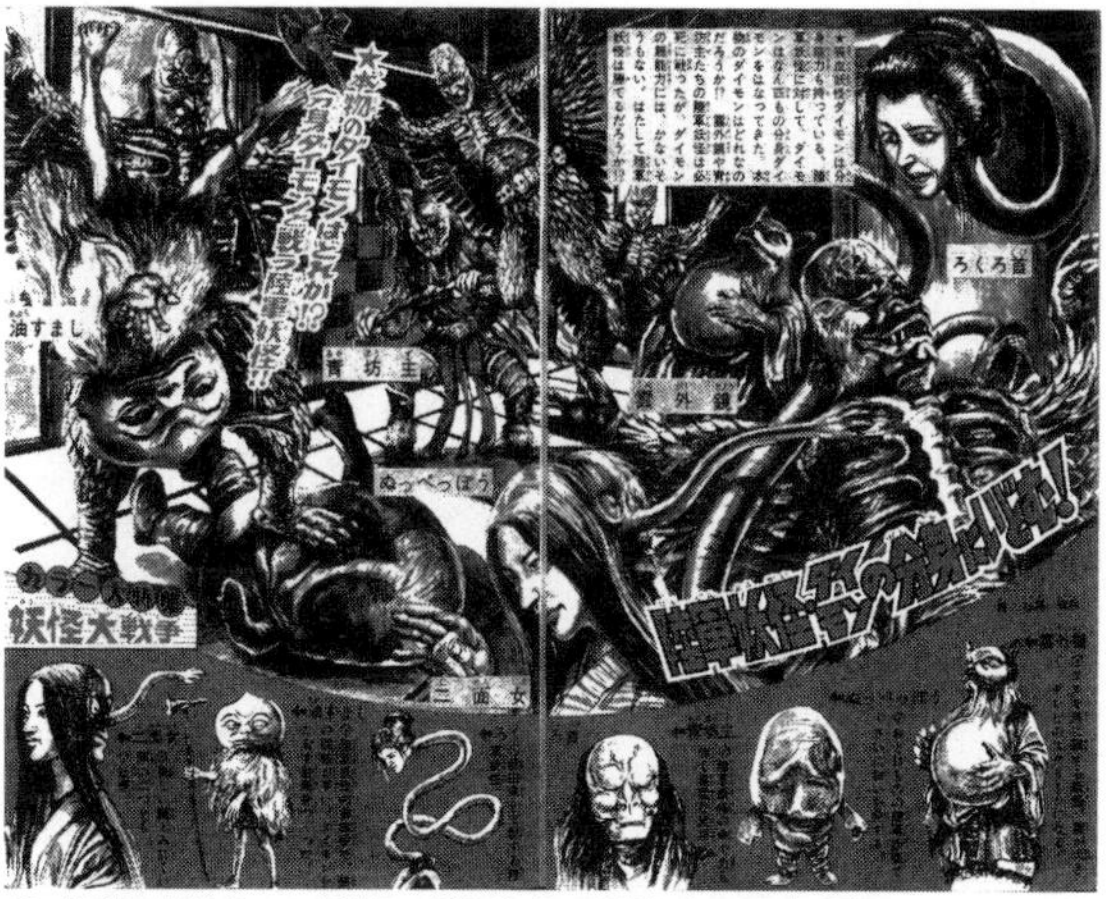

❶『妖怪大戦争』に登場の妖怪たちが陸海空で吸血妖怪ダイモンと闘う姿が描かれている。イラストは杉尾輝利（1969年『まんが王』1月号「カラー大特集妖怪大戦争」）。

　一九六八年一一月の『冒険王』別冊秋季号では、特集記事だけではなく、井上智《いのうえさとる》によって『妖怪大戦争』の漫画も掲載され、全四八頁の冊子が劇場で販売された［注4］。その後も一九七〇年『まんが王』七月号の付録「ビッグマガジン」の妖怪特集や佐藤有文『いちばんくわしい日本妖怪図鑑』で大映妖怪三部作のスチール写真が妖怪解説に使用され、当時の妖怪のイメージに影響を与えている。

▼注
［注1］『甦れ！妖怪映画大集合!!』、竹書房、二〇〇五年、六二頁。

［注2］同書、六二頁。

［注3］同書、一一六―一一八頁、および『ガメラ画報　大映秘蔵映画五十五年の歩み』、竹書房、一九九六年、一一六頁。

［注4］『甦れ！妖怪映画大集合!!』、九七頁。

東海道お化け道中

公開　一九六九年三月二一日
制作　大映

『東海道お化け道中』の DVD ジャケット。

登場する主な妖怪

百々爺《ももんじい》・蛇骨婆《じゃこつばばあ》・ぬらりひょん・土転《つちころ》び・のっぺらぼう・泥田坊《どろたぼう》・白粉婆《おしろいばばあ》・ひょうすべ・青坊主・毛倡妓《けじょうろう》・狂骨《きょうこつ》・烏天狗・一つ目小僧・人魂

あらすじ

親分・勘蔵《かんぞう》率いる火車《ひぐるま》一家は、自らの不正が記された書付を奪うために、宮守の親分・仁兵衛《にへえ》を鬼塚で待ち伏せる。鬼塚の塚守を務める甚兵衛《じんべえ》は、この土地が殺生厳禁であることと、この日は全国から妖怪たちが鬼塚に集まる日で祟《たた》りに遭うと忠告するが、そんなことは関係ないと、斬られてしまう。さらに火車一家は、子分ともども仁兵衛を抹殺した。

甚兵衛の孫娘・お美代《みよ》に、いまわの際の甚兵衛は東海道の由比《ゆい》の彫辰《ほりたつ》の家に住む藤八《とうはち》を訪ねるように言い、藤八はお美代の実の父親であり、二つのサイコロを父に見せろと渡す。お美代は、言われた通り東海道へ旅立つが、火車一家の悪行を目撃し、書付を拾ったために追われる身となる。

その頃、仁兵衛の代参として伊勢まで行っていた百太郎《ひゃくたろう》の夢枕に血まみれの首だけになった仁兵衛が現れる。百太郎は胸騒ぎを覚えながらも旅を続けると火車一家に捕らえられそうになったお美代を危機一髪で救い出し、事情を聞いて由比まで送り届けることを約束する。勘蔵は仁兵衛の子分・賽吉《さいきち》をそそのかし、お美代と百太郎を狙わせる。お美代と百太郎は離れ離れになりながらも由比を目指す。その間、火車一家は、二人を追うが、蛇骨婆や百々爺などの妖怪たちに行く先々で襲われる。

ついに由比に到着したお美代は賽吉に捕まってしまう。しかし、賽吉はお美代の持っていたサイコロを見るとお美代のことを逃がそうとする。賽吉の正体はお美代の父親・藤八だったのだ。ところが、火車一家に見つかり、捕らえられてしまう。そこに鬼塚を荒らされた怒った妖怪たちが、火車一家を襲う。最後は百太郎が勘蔵を斬り、妖怪たちは百鬼夜行を成し、鬼塚へ帰っていった。

コンセプト

『東海道お化け道中』は、前作『妖怪大戦争』の監督を務めた黒田義之《くろだよしゆき》が続投、一作目の『妖怪百物語』の監督を務めた安田公義《やすだきみよし》との連名の監督作品となっている。

黒田義之が時代劇の中に妖怪を登場させ、悪を滅ぼしてもらう作品という趣旨の発言［注1］をしている通り、前二作品と比較すると劇中の妖怪描写は控えめで、大映が得意とした人情股旅物《またたびもの》（各地を旅する博徒《ばくと》などを描く大衆演劇の人気ジャンルのひとつ）の要素を取り入れた勧善懲悪の正統派時代劇へ回帰された。加えて「生き別れの父と娘」はよくある筋ではあるが、『河童の三平　妖怪大作戦』（一九六八年）や『変身忍者嵐』（一九七二年～一九七三年）など同時代の妖怪が登場する作品でも肉親探しの要素が取り入れられているのは面白い。

妖怪の選定は青坊主、ひょうすべ、ぬらりひょん、一つ目小僧、泥田坊、火吹き婆、烏天狗、毛倡妓、白粉婆、狂骨などの三作継続して登場している妖怪の他に蛇骨婆と百々爺が新たに登場している。これは水木しげる『ゲゲゲの鬼太郎』で「妖怪ぬらりひょん」と「妖怪大裁判」の回でも登場していること、また、前二作の選定を踏まえると、ここでも水木しげるの影響が窺える。その他、オリジナルの妖怪として妖怪水車が登場する。火車一家の屋敷近くに水車小屋が出現し、水車が回りだすと鬼火が燃え上がり生首が浮かび上がるという当時の最先端の合成技術をもって輪入道も連想させる見せ方となっている。

『東海道お化け道中』の上映時の一九六九年『週刊少年キング』（少年画報社）一四号・一五号でも浜《はま》慎二《しんじ》によるコミカライズ『恐怖まんが 東海道お化け道中』が前後編で掲載された。このときには前二作のように映画館での冊子販売はなく、妖怪三部作をすべて収録されたLD—BOX『妖怪封印函』の特典としてつけられたという［注2］。

『東海道お化け道中』で大映の妖怪三部作は幕を閉じることになるが、大映は一九七〇年に妖怪三部作のスタッフを結集させた映画『透明剣士』で妖怪三部作未登場かつ映像作品でも珍しいしょうけらを登場させたり、一九七二年のテレビシリーズ『新諸国物語 笛吹童子』で油すましとぬっぺっぽうを登場させたりしている。

また、手塚治虫の息子・手塚眞《まこと》の監督オリジナルビデオ作品『妖怪天国』（一九八六年）や原口智生《はらぐちともお》監督の『さくや妖怪伝』（二〇〇〇年）は妖怪三部作の正式な続編ではないが、大きな影響を受けた作品である。その後、角川大映映画として二〇〇五年にリメイクされた『妖怪大戦争』、その続編の『妖怪大戦争ガーディアンズ』が二〇二一年に上映され、いまだ妖怪映画の流れをつなげている。

▼注

［注1］「黒田義之インタビュー」『甦れ！妖怪映画大集合!!』、竹書房、二〇〇五年、一一六頁—一一七頁。

［注2］同書、九七頁。

河童の三平　妖怪大作戦

放送　一九六八年一〇月四日～一九六九年三月二八日
制作　東映

『河童の三平　妖怪大作戦』のDVDジャケット。

登場する主な妖怪

河童・蝦蟇《がま》・砂かけ婆・濡女・山姥《やまうば》・化け猫・のっぺらぼう・木霊《こだま》・鬼・雪女

あらすじ

河童屋敷と呼ばれる旧家に母と暮らす少年・河原《かわら》三平《さんぺい》は、六四代前の先祖・河原三右衛門《さんえもん》が封じた河童の世界の扉を開き、入り込んでしまう。河童たちは三右衛門に騙《だま》され、ひどい目にあったことを恨み、三平は尻小玉を抜かれそうになるが、そこへ河童の天敵である妖怪・水鬼《すいき》が現れ、長老の孫娘・カン子をさらってしまう。自分の放免と引き換えに三平は、水鬼を倒すことになり、河童の妖力を授かる。見事水鬼を撃退し、カン子を救出したが、人間界に戻ると人間の三平が妖力を身につけたことで憤ったもののけの祟《たた》りで、母が行方不明になっていた。三平はカン子とお守り役の甲羅《こうら》の六兵衛《ろくべえ》と一緒に妖怪たちの妨害を退けながら、母を探す旅をする。

コンセプト

『悪魔くん』に続く、水木しげる原作『河童の三平』の実写版ドラマで、平山亨《ひらやまとおる》プロデューサーをはじめ、『悪魔くん』や『ジャイアントロボ』のスタッフによる作品である。

『悪魔くん』で受注額の三倍の費用を使用したため、予算を抑えようという意図で妖怪退治を主軸としておらず、肉親探しのための放浪の旅と民話的な要素を前面に打ち出し、その中に妖怪退治のアクションシーンを組み入れた。そのため、怪奇的な要素と肉親探しという要素で原作の持つ物悲しさも残し、『悪魔くん』とはまた違った路線を確立して大成功だった[注1]。

これは、「親探し」と各地を流れ歩く「股旅物《またたびもの》」を掛け合わせた時代劇の一つのパターンとして、同時期に上映された大映の『東海道お化け道中』(一九六九年)でも見ることができる。東映作品としても後年同じ平山亨プロデュース作品である『変身忍者嵐』(一九七二年〜一九七三年)でも後半の展開で親探しのために放浪の旅をするという要素が見られる。

怪獣的に妖怪を描いた『悪魔くん』との違いは、『河童の三平　妖怪大作戦』が妖怪を極めて人間的に描いていることにある。妖怪が人間と同じように間抜けで、ばかげていて、そして、のろまなのに、さりげなく怖くて、後でゾーっとするような水木妖怪のムードがここに再現されていると評される[注2]。

▼注

[注1] 堤哲哉『『悪魔くん』『河童の三平妖怪大作戦』完全ファイル』、青林堂、二〇〇二年、一二頁。

[注2] 同書、九三頁。

※水木しげるの『墓場の鬼太郎』「がま令嬢」や「砂かけのお婆」が登場するが、人間社会との接点があり、より世俗的に描かれている。

過渡期　一九七〇年代から一九八〇年代まで

■「敵」としての妖怪たち

一九六〇年代後半から水木しげるが『ゲゲゲの鬼太郎』を連載し妖怪画集などで妖怪を紹介し始めると、佐《さ》藤有文《とうありふみ》らの妖怪図鑑の流れと相まって、『行け！牛若小太郎』（一九七四年〜一九七五年）や『超神ビビューン』（一九七六年〜一九七七年）など、多種の妖怪を敵方として登場させる基礎ができあがった。

一九七〇年代の特撮上の大きなトピックは、一九七一年の『仮面ライダー』と一九七五年の『秘密戦隊ゴレンジャー』の放送開始であろう。妖怪モチーフの怪人は登場しないが、この二作品と先行するウルトラマンシリーズの成功がその後の特撮テレビ番組の継続につながり、長く続くことで何度も妖怪のモチーフがキャラクターとして選択されたといっても過言ではない。

この時期、早々に妖怪を登場させた作品としては妖怪三部作の大映が一九七〇年に上映した『透明剣士』で、妖怪しょうけらが登場し、姿が透明になる秘薬の製法を主人公に伝授する。これは多くの妖怪を登場させた大映ならではの妖怪の選定であるが、テレビシリーズの『スペクトルマン』（一九七一年〜一九七二年）や『帰っ

❶オボ（『快傑ライオン丸』の放送当初に販売されていたミニカード）

❷左からフナシドキ、ウミカブロ（『快傑ライオン丸』の放送当初に販売されていたミニカード）

てきたウルトラマン』（一九七一年〜一九七二年）では、いまだ水木しげる以前の一般的な妖怪モチーフの怪獣にとどまった。『ウルトラマンA』、『ウルトラマンタロウ』、『ウルトラマンレオ』も同様で時代性を感じない選定といえる。

『超人バロム1』（一九七二年）では、百目をモチーフにしたヒャクメルゲが登場するが、これは水木しげるの妖怪図鑑や『悪魔くん』（一九六六年〜一九六七年）のガンマーの影響を感じる。『快傑ライオン丸』（一九七二年〜一九七三年）もオリジナルの妖怪が大半となっているが、実際に記録されている妖怪を確認していくと、今野圓輔《こんのえんすけ》『怪談　民俗学の立場から』を参考にオボ［❶］、ウミカブロ、フナシドキなどの妖怪を選定していることが分かる［❷］。同書は『ウルトラセブン』での使用例が確認できている（一〇五頁参照）が、水木しげるや佐藤有文などの妖怪図鑑を参考にしていない珍しい事例である。

限られた資料と妖怪選定

水木しげるは『快傑ライオン丸』が放送された時期にはすでに妖怪図鑑を刊行しているが、佐藤有文の『いちばんくわしい日本妖怪図鑑』は『快傑ライオン丸』の放送と同年の刊行で、製作時には資料がある程度限定されていたことも垣間見える。

『変身忍者嵐』（一九七二年～一九七三年）の初期は、敵の化身忍者《けしんにんじゃ》として日本の妖怪要素を取り入れた怪人が登場したが、中盤からは西洋妖怪軍団が登場し、ドラキュラ、フランケン、狼男などのいわゆるユニバーサル・モンスターズ（一五一頁参照）から、妖怪図鑑などの児童書で紹介された妖怪たちも登場した。具体的には北川幸比古《さちひこ》が雑誌で紹介し、水木しげるが『ゲゲゲの鬼太郎』にも登場させたバックベアード、斎藤守弘《さいとうもりひろ》がやはり雑誌で紹介し、山内重昭《やまうちしげあき》『世界のモンスター』にも転載されたモズマ、中岡俊哉《なかおかとしや》『世界の魔術・妖術』などで紹介されたワーラスが登場している。モズマは一九七三年の佐藤有文『いちばんくわしい世界妖怪図鑑』でも紹介され、ワーラスは一九七五年、水木しげる『東西妖怪図絵』で紹介されたことも加味すると当時の参考資料を推測することが可能である。

変身ヒーロー時代劇と妖怪

『快傑ライオン丸』、『変身忍者嵐』などの変身ヒーロー時代劇の流れで製作されたのが、『白獅子仮面』（一九七三年）である。妖怪の選定は、河童、化け猫、のっぺらぼうなど一般的なものが占められるが、敵方の妖怪たちが複数体で登場するのは特筆すべき点である。

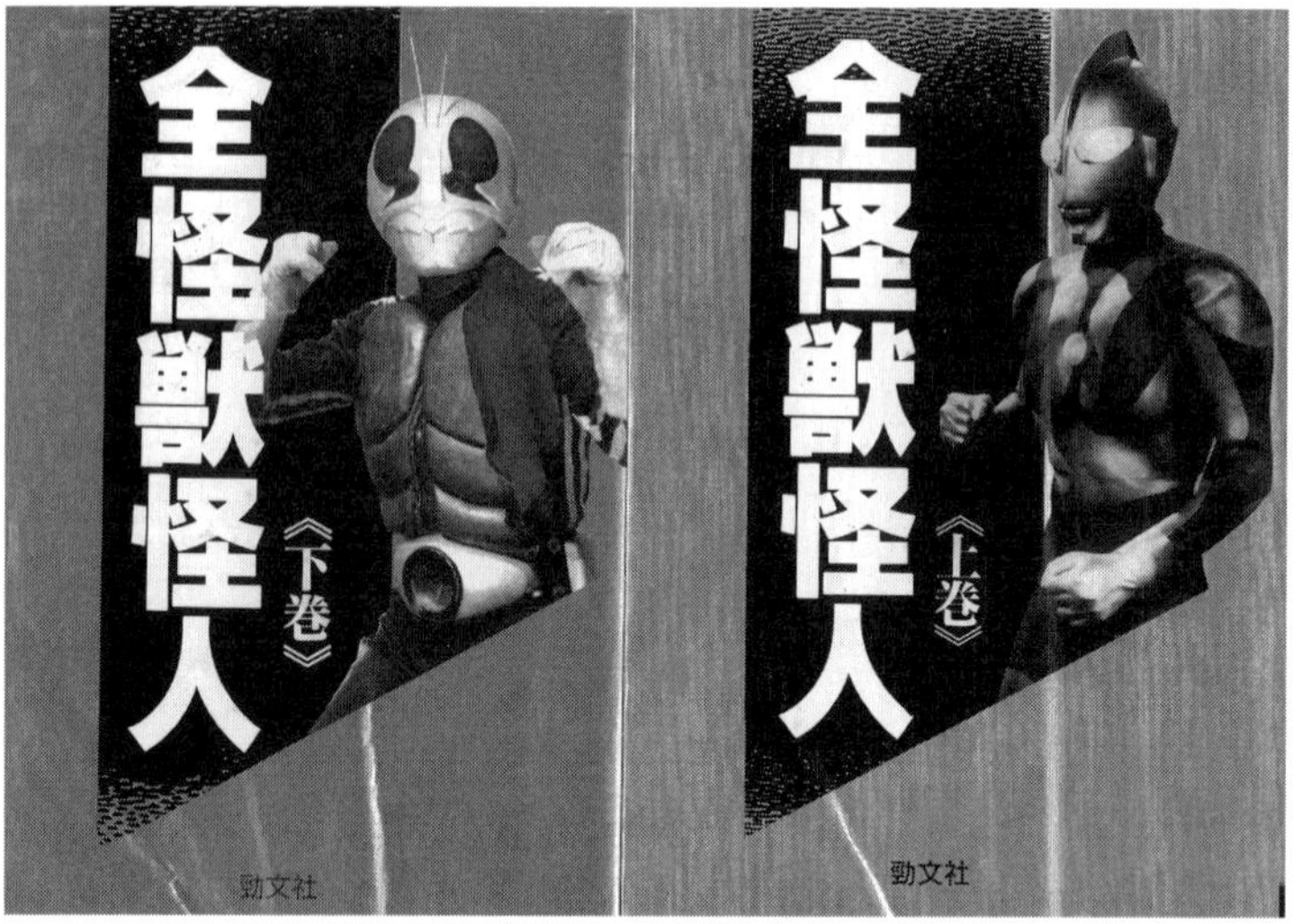

❸ 1990 年の勁文社『全怪獣怪人』。年代で版違いも多く出ているが、この版では 1980 年代までほとんどの怪獣・怪人が網羅されている。

『行け！牛若小太郎』は、五分間の番組であるが、全一五六話で、モブの妖怪を入れると一五六体以上の妖怪が登場する。オリジナルの妖怪もいるが、多くは一九七二年に刊行された佐藤有文『いちばんくわしい妖怪図鑑』から選定されている。それは、佐藤有文の著作に固有のびろーんやはらだしなどの妖怪を登場させたり、青女房やうわんなどの設定が彼の解説に準拠していることからも分かる。

『アクマイザー3』（一九七五年～一九七六年）のアクマ族は鬼、河童、天狗などポピュラーな妖怪を取り入れ、棲息する地底世界・ダウンワールドに適合するために改造を繰り返したという設定により、サイボーグ化された姿で描かれている。対して続編として製作された『超神ビビューン』では、水虎《すいこ》や逆《さか》柱《ばしら》など珍しい妖怪も選定され、ダウンワールドに棲むアクマ族ではなく、地上に封印されていた妖怪という設定のため、生物的なデザインとなっている。

『ぐるぐるメダマン』（一九七六年～一九七七年）は『がんばれ!!ロボコン』（一九七四年～一九七七年）の

ヒットを受けて製作されたコメディ特撮で、小豆洗《あずきあら》い、海坊主、ミイラ男、天邪鬼と皿のおばけであるマッサラが、主人公のメダマンと一緒に登場する。珍しい取り合わせであり、メダマン自身も百目という設定である。百目はメダマンや前述の『超人バロム1』だけでなく、『イナズマン』（一九七三年～一九七四年）、『行け！牛若小太郎』（一九七四年～一九七五年）、『仮面ライダーストロンガー』（一九七五年）、『宇宙刑事シャリバン』（一九八三年～一九八四年）、『仮面ライダーBLACK RX』（一九八八年～一九八九年）などにもそのモチーフのキャラクターが登場している。水木しげるの創作した妖怪が姿を変え、需要されてきたことが分かる。

過渡期は、キャラクターデザインのモチーフとして、妖怪が試行錯誤されながら使われ、定着していった時期といえる。この時期の怪獣・怪人は一九九〇年に勁文社より刊行された『全怪獣怪人』［❸］に、ほとんど紹介されている。どのように妖怪モチーフが取り入れられているのか、本書と併せて参照してほしい。

変身忍者嵐

放送　一九七二年四月七日～一九七三年二月二三日
制作　東映

朝日ソノラマのソノラマエース・パピイシリーズ『変身忍者嵐』。
主題歌とドラマが収録されたレコードと漫画が掲載されている。

登場する主な妖怪

狒々《ひひ》・鬼火・鎌鼬《かまいたち》・化け狸・化け狐・獺《かわうそ》

あらすじ

江戸時代、血車党《ちぐるまとう》首領・魔神斎《まじんさい》は谷の鬼十《きじゅう》が編み出した化身忍法《けしんにんぽう》を使って世界を征服しようと企み、人間変身の秘伝書を奪い、殺害する。谷の鬼十の息子・ハヤテは、血車党に属していたが、父の作り出した化身忍法から世界の平和を守るため自ら改造手術を受け、鷹の化身忍者・嵐に化身し、伊賀忍者たちとともに、血車党の化身忍者と対峙する。

だが、血車党も大魔王サタンが日本征服をするための組織で、魔神斎すら操り人形に過ぎなかった。嵐は化身忍者をはるかにしのぐ西洋妖怪たちと戦うことになる。

コンセプト

『仮面ライダー』（一九七一年～一九七三年）のヒットによって、変身ヒーローブームが到来した。

『変身忍者嵐』は、仮面ライダーのような変身ヒーローの要素と『仮面の忍者赤影』（一九六七年〜一九六八年）などの特撮時代劇の要素を併せ持つ「時代劇版仮面ライダー」を目指して誕生した［注1］。このような誕生の経緯を持つ『変身忍者嵐』だが、後年、仮面ライダーシリーズでは「仮面ライダーからの脱却」を掲げて、『変身忍者嵐』のリメイクが提案されている［注2］。その流れで『仮面ライダー響鬼』（二〇〇五年〜二〇〇六年）が誕生。仮面ライダーの路線を踏襲したはずの『変身忍者嵐』が、平成の脱・仮面ライダー作品の出発点となったのは、面白い。

　嵐は鷹の化身忍者で、前半の敵方怪人も様々な生物の特徴を取り入れた化身忍者であった。中には、不死身マシラ、鬼火マムシ、卍カマイタチ、ドクロダヌキ、キバギツネ、顔盗みカワウソといった、日本の妖怪要素を持つものも登場した。

　同年に放送されていた『ウルトラマンA』（一九七二年〜一九七三年）が裏番組となり、視聴率を喰《く》い合っていたため、何度もテコ入れが行われた。時代にそぐわない武器や設定を出したことで、奇想天外さも増していった。これは、『仮面の忍者赤影』で時代劇に巨大ロボットを登場させるなどの前例があり、嵐の変身も刀の鍔《つば》鳴《な》りによって脳神経に刺激を与え、全身の細胞を変化させるという設定は東映らしい演出ともいえる［注3］。

　中盤からは、大魔王サタン率いる西洋妖怪軍団が登場した。登場する西洋妖怪は、ドラキュラ、狼男、フランケンなどのユニバーサル・モンスターズや当時の児童書からワーラス、モズマなどが登場した。水木しげるが『ゲゲゲの鬼太郎』で描いた西洋妖怪の親玉バックベアードが登場しているのも面白く、西洋妖怪に関しては、多様に選定されていることが分かる。

　本書では西洋妖怪に関しては、細かく掘り下げない［注4］が、中盤から登場する多様性を持つ西洋妖怪は、水木しげる、中岡俊哉、佐藤有文などの妖怪図鑑が参考にされていることが分かる。『変身忍者嵐』は放送当時に参考にされた妖怪資料を知る上でも外すことのできない作品といえる。

　また、後半は、ストーリーに主人公ハヤテの肉親探しのエピソードも挿入され、西洋妖怪たちが人間を襲う怪奇色も際立っていった。これらの肉親探しという軸と個々の人間に起きる等身大の怪奇色は、先行する『河童の三平　妖怪大作戦』に通じる演出だった[注5]。

▼注

[注1]『仮面ライダー』の放送中に同じ石森章太郎原作で変身ヒーローものを作るわけにもいかなかったが、映画時代劇や特撮時代劇の先例としての『仮面の忍者赤影』の実績から変身ヒーローでありながら時代劇という別の世界観を作り出した（「忍者ヒーロー大活躍！」（『全怪獣怪人』下巻、勁文社、一九九〇年、三〇四頁）。

[注2]片岡力「『変身忍者嵐』という選択」『「仮面ライダー響鬼」の事情 ドキュメント ヒーローはどう〈設定〉されたのか』、五月書房、二〇〇七年、二二頁―二四頁。

[注3]「変身忍者嵐」『全怪獣怪人』下巻、勁文社、一九九〇年、三一五頁。および『人造人間キカイダー　超人バロム・1　変身忍者嵐　3大テレビヒーローシークレットファイル』、一五九頁―一六〇頁。

[注4]一部の西洋妖怪の登場事例は、第二章（一五一頁参照）で紹介している。

[注5]「変身忍者嵐　作品研究」『人造人間キカイダー　超人バロム・1　変身忍者嵐　3大テレビヒーローシークレットファイル』、ミリオン出版、二〇〇三年、一六二頁。

白獅子仮面

放送　一九七三年四月四日〜六月二七日
制作　大和企画

『白獅子仮面』のBlu-rayのジャケット。

登場する主な妖怪

傘化け・一つ目小僧・化け猫・のっぺらぼう・化け狐・河童

あらすじ

江戸時代の享保《きょうほう》年間、天変地異で混乱する江戸の町に狼仮面という怪人が放火・殺人などの悪事を尽くしていた。南町奉行・大岡越前《おおおかえちぜん》はこの事態に対処するため武装同心隊を結成し、影与力・剣兵馬《つるぎひょうま》を隊長とした。激しい戦いの末、狼仮面を退治するが、狼仮面は複数存在し、兵馬は窮地に陥ってしまう。絶体絶命の中、神の声が聞こえ、兵馬は獅子の力を授かり、正義の剣士・白獅子《しろじし》仮面に変身し、狼仮面の頭目《とうもく》を倒す。その後、狼仮面を操っていた火焔《かえん》大魔王の率いる妖怪たちによって引き起こされる怪事件を、白獅子仮面は解決していく。

コンセプト

『矢車剣之助《やぐるまけんのすけ》』（一九五九年〜一九六一年）や『天馬天平《てんまてんぺい》』（一九六〇年〜一九六一年）などの時代劇を製作した日本電波映画は、撮影所を手放し、大和企画として再スタートする［注1］。『快傑ライオン丸』、『変身忍者嵐』（ともに一九七二年〜一九七三年）などと同じく変身ヒーローブームの真っただ中に大和企画によって製作された変身ヒーロー時代劇が、『白獅子仮面』である。

先行する『仮面の忍者赤影』、『快傑ライオン丸』、『変身忍者嵐』などの特撮時代劇の主人公が忍者なのに対して、『白獅子仮面』の主人公・剣兵馬は、影与力という町方の十手《じって》持ちであるため、町中のセットでの撮影が必要だったが、京都に撮影所を持つ京都映画（現在の松竹撮影所）の協力により撮影が可能になった［注2］。時代劇作品としての品質の高さもぜひ見ていただきたい。

登場する妖怪は一ツ目小僧、化け猫、のっぺらぼう、河童などのポピュラーな妖怪がモチーフのものと狼仮面、コウモリ男、ワラのお化けなどオリジナルのものが登場する。基本的なデザインも、よく知られた分かりやすい姿で作られているが、動きをつけるため二本足で表現されているカラカサ小僧は、両内股が黄色になっており、一本足に見えるように工夫されている。

また、多くの作品で、怪人や怪獣は一話一体というのが、一般的な製作のペースであった。しかし、『白獅子仮面』の妖怪は、一話ごとに複数体着ぐるみが作られていた。毎回五体程度の妖怪との殺陣《たて》が見られるのも魅力となっている。特にカラカサ小僧の群れが空から急降下するシーンや、最終話で今まで倒した妖怪たちが復活し、江戸の町のあちらこちらで現れ、暴れ回るシーンは圧巻である。

余談となるが、『白獅子仮面』に登場するクチバシのような口があるのっぺらぼうと、後年の『行け！牛若小太郎』（一九七四年～一九七五年）に登場するのっぺらぼうは、似たデザインとなっている。

『白獅子仮面』は、特撮以前の怪奇や妖怪を取り扱った映画作品の系譜を踏みつつ、変身ヒーローの要素を取り入れた良質な時代劇作品である。

▼注

［注1］「白獅子仮面之章作品解説」『甦れ！妖怪映画大集合!!』、竹書房、二〇〇五年、一〇〇頁。

［注2］同書、一〇一頁。

行け！牛若小太郎

放送　一九七四年一一月一二日～一九七五年四月二五日
制作　東宝企画

『行け！牛若小太郎』のDVDジャケット。

登場する主な妖怪

化け狐・鬼・鬼婆・青坊主・覚《さとり》・般若《はんにゃ》・天井嘗《てんじょうなめ》・天狗・叢原火《そうげんび》・山精《さんせい》・しょうけら・河童・金ん主《かねぬし》・山《やま》姥《うば》・牛鬼・貉《むじな》・狒々《ひひ》・のっぺらぼう・袖引き小僧・百々爺《ももんじい》・びろーん・ひょうすべ・うわん・鉄鼠《てっそ》・幽谷響《やまびこ》・犬神・児啼爺《こなきじじい》・蟹坊主・がしゃどくろ・一つ目小僧・髪鬼《かみおに》・逆柱《さかばしら》・ぬらりひょん・火車《かしゃ》・天邪鬼・百目《ひゃくめ》・はらだし・もろ首・傘化け・吹っ消し婆・岸涯小僧《がんぎこぞう》・青女房・紙舞《かみまい》・鬼一口《おにひとくち》・朧車《おぼろぐるま》・濡女・姑《う》獲鳥《ぶめ》・古山茶《ふるつばき》の霊《れい》・土蜘蛛《つちぐも》・後神《うしろがみ》・二口女《ふたくちおんな》・疫病神《えきびょうしん》

あらすじ

牛若小太郎《うしわかこたろう》は、光の世界を侵略しようとする闇の一族を追い払うために太陽の輝きの中から誕生した。小太郎の出現を察知した闇の一族の女頭目である狐妖怪のコーンジョは、仲間を集めて小太郎に挑むが返り討ちに遭い、以降も小太郎をつけ狙い、各地の妖怪をあの手この手でたきつけて、戦いを挑む。小太郎は、怪力自慢で強がっているが弱虫の半妖怪・入道や強欲な狐の半妖怪・ウラギラとともに闇の一族を退治するため、日本各地を旅する。

コンセプト

『行け!牛若小太郎』は、『快傑ライオン丸』、『変身忍者嵐』（ともに一九七二年〜一九七三年）、『白獅子仮面』（一九七三年〜一九七四年）などの流れを組む特撮時代劇と思いきや、現代が舞台の作品である。時代劇を思わせる舞台の回もあるが、富士急ハイランドなどの遊園地が舞台となる場合もあり、異常な世界観を構成している。

『レッドマン』（一九七二年）、『行け!ゴッドマン』（一九七二年〜一九七三年）、『行け!グリーンマン』（一九七三年〜一九七四年）に続く『おはよう!こどもショー』内の五分の番組となっており[注1]、他作品が怪獣路線なのに対して、登場する敵は妖怪が採用される。その企画書には、「『行け!牛若小太郎』は、日本的妖怪の世界のアクションとコミックの幼児向けテレビ映画であります。※妖怪とは本来闇の世界のもの。闇は魔であり、悪である。光は陽であり、神と考える（小太郎）半妖怪とは魔と神の中間に位置し、各々の性質を併せ持つが、その割合は個々異なる」、「妖怪　山や谷、村や町の主然として小太郎を討とうと、待ち構えている。（毎回変る。約一五〇体以上）」と、その善悪（牛若小太郎と妖怪）の構図と妖怪の設定があり、企画段階で登場させる妖怪は一五〇体以上と明言されている[注2]。実際、全一五六話で毎回別の妖怪が登場する。中にはパンチバックに絵をつけただけのぬらりひょんや『行け!グリーンマン』のカッパルゲ（一一三頁参照）のボディを再利用したらいごうなど、デザインのぞんざいさも趣深い。

登場妖怪は、一五〇体を超える数を用意する必要があるため、タイヤン、トランポリン妖怪はずみ、お尻つねつねなどのオリジナルの妖怪も多く含まれる。佐藤有文《さとうありふみ》の『いちばんくわしい日本妖怪図鑑』（一九七二年）を参考に選定されているものも多い。びろーんやはらだしなどの佐藤有文固有の妖怪も見られる数少ない作品となっている。

また、日本のならず世界の妖怪や魔神を紹介した『妖怪魔神精霊の世界』（一九七四年）からも、紙舞《かみまい》妖怪などを参考をしたと考えられる。これは、「紙舞」という名称自体が、戦前の藤澤衛彦《ふじさわもりひこ》『妖怪画談全集　日本篇上』までしかたどることができず、それを参考にして『妖怪魔神精霊の世界』で日本の項目を担当した山田野理夫《のりお》が紙舞妖怪と名づけていたこと、その他作中に登場する「〜妖怪」という呼称が『妖怪魔神精霊の世界』での記述と共通することからも分かる。

佐藤有文の影響

佐藤有文は、鳥山石燕《とりやませきえん》『画図百鬼夜行《がずひゃっきやこう》』から始まるシリーズや明治の浮世絵画家・鍋田玉英《なべたぎょくえい》の『怪物画本《かいぶつえほん》』の妖怪画や『妖怪画談全集』、大映妖怪三部作など多くの資料を参照して妖怪解説を書いた。それは先行する書籍を踏まえつつもかなり脚色を加えた解説になっている。

例えば、うわんという妖怪は、もともとは絵巻でも鳥山石燕の画でも解説文が書かれていない。どのようなものか不明である。藤澤衛彦が『妖怪画談全集　日本篇上』で「古屋敷にウワンといふきびの悪い叫びを上げる怪」と解説を入れたことに対して、佐藤有文は「夕ぐれどき、古寺の近くをとおると、ぶきみな声で「うわん」とたずねられることがある。すぐに、「うわん」と答えないと、棺おけの中にひきずりこまれてしまう。この妖怪は墓場の主だ」と『いちばんくわしい日本妖怪図鑑』で解説を入れた。『行け！牛若小太郎』では、佐藤の解説を採用して、お墓妖怪うわんとし、うわんと答えないと墓に引きずり込む設定となっている。

また、青女房という妖怪は、鳥山石燕の「荒たる古御所には青女房とて女官のかたちせし妖怪、ぼうぼうまゆに鉄漿《かね》くろぐろとつけて、立まふ人をうかがふとかや」という解説に対して、「平安時代のこと。みかどが住んでいる宮殿によくあらわれたという。まるで死人のような青い顔をしてマユが黒ぐろと太く、「家へ帰りたくないかい……」と、みかどにつかえる女官に、ささやきかけた。しかし、女官が首を横にふると、あっというまに顔をまっくろにぬられてしまったり、朝おきてみると顔にバカという文字がかいてあったりしたという。この妖怪は、女官になりたくなかった女の人の、うらみが亡霊になったのだといわれている」と佐藤有文は『いちばんくわしい日本妖怪図鑑』で解説した。それを受けて、『行け!牛若小太郎』での青女房は「家へ帰りたくないかい……」という台詞や「帰りたくない」と答えた入道の顔にバカと書くシーンがある。

その他、前述のびろーんやはらだしなどの佐藤有文の妖怪図鑑固有の妖怪や『妖怪大戦争』に登場した二面女なども『いちばんくわしい日本妖怪図鑑』で一緒に紹介され、『行け!牛若小太郎』に登場している。山精の読みを「さんせい」ではなく、「やませい」とし、幽谷響の読みを「やまびこ」ではなく「やまひこ」としている点も佐藤有文の影響を感じる。本作は、妖怪選定の参考資料として佐藤有文の妖怪図鑑を採用した珍しい例であるが、ともすれば過度な脚色のある佐藤有文の解説がうまく作品世界とマッチしている怪作といえる。

▼注

[注1]「行け!牛若小太郎」『全怪獣怪人』下巻、勁文社、一九九〇年、三三二頁。

[注2]東京中野の墓場の画廊「東宝特撮　行け!クレクレタコラ展〜ゴッドマン、グリーンマン、牛若小太郎も勢揃い〜ゴジラはいないよ!」で展示された『行け!牛若小太郎』の企画書より。

アクマイザー3

放送　一九七五年一〇月七日〜一九七六年六月二九日
制作　東映

2003年の双葉社『アクマイザー3　超神ビビューン大全』。この2作品に関しての詳細を知ることができる。

登場する主な妖怪

鬼・河童・化け猫・天狗・傘化け・鎌鼬《かまいたち》・般若《はんにゃ》・雪女・のっぺらぼう・大鯰《おおなまず》・化け狐・蝦蟇《がま》

あらすじ

地底世界・ダウンワールドに棲む大魔王ガルバーは、アクマ族を率いて地上への侵攻を開始した。アクマ族と地上の人間の血を引くザビタンはアクマ族の行動に反旗を翻《ひるがえ》す。裏切者・ザビタン討伐のために派遣されたイビルとガブラは、アクマ族の連隊長・メザロードの卑怯な振る舞いに嫌気がさし、ザビタンの心意気に引かれ、味方となる。三人は、アクマイザー3を結成し、アクマ族の地上の侵攻を阻止するために戦う。

コンセプト

『アクマイザー3』は、『秘密戦隊ゴレンジャー』（一九七五年〜一九七七年）の大ヒットを受けた集団ヒーロー作品であるが、仮面ライダーシリーズを始めとする変身ヒーローの隆盛の時期に、脱変身をスローガンに企画された［❶］。これは新機軸であるとともに役者を雇う費用を軽減するためだったともいわれている［注1］。

主人公・ザビタンたちアクマイザー3は、アクマ族の姿のままなので変身しない。そのため感情表現には、仮面に複数の目を用意して、目の色を変えるなど先行する変身ヒーローよりも工夫が必要となった。結局は仮面の姿で人間性を表現することが難しく、一七話からは逆にザビタンを人間の姿に変身させるようになる［注2］。

原作は、仮面ライダーシリーズや『秘密戦隊ゴレンジャー』、『変身忍者嵐』などの石森章太郎が担当し、初期は地上侵攻を進める人類の敵・アクマ族の一員が正義の心に目覚め、かつての仲間たちと戦うというシリアスなストーリー展開だったが、中盤から後半にかけてはコメディ色が強くなっていく。そして、アクマ族の地上侵攻を食い止めるが、魔王ガルバーの呪いによってアクマイザー3がカプセルに封じ込められる悲劇的なラストとともに、同年翌月より放送を開始する『超神ビビューン』（一九七六年～一九七七年）へとバトンタッチしていくことになる。

アクマ族の棲むダウンワールドは、当時世間を賑した地球空洞説から設定されたという［注3］。地球の内側には空も大地もあって、そこに棲む新人類がアクマ族である。ダウンワールドの苛酷な環境に適応するために、地上の科学力など足元にも及ばない技術でサイボーグ化し、地上の人類とはかなりかけ離れた姿となった。アクマ族と人類の接触はほとんどなかったが、目撃されたアクマ族の姿は人類に恐怖を与え、後に「悪魔伝説」が生まれたという物語である［注4］。

作中に登場するアクマ族はオリジナルのものも多数存在するが、鬼、河童、化け猫、天狗、傘化け、鎌鼬、般若、雪女、のっぺらぼう、大鯰、化け狐、蝦蟇などオーソドックスな妖怪がモチーフになっているものも多い［❷］。前述の通りサイボーク化しているので、妖怪をモチーフにしているが機械的である。

▼注

［注1］「鈴木武幸インタビュー」『アクマイザー3　超神ビビューン大全』、双葉社、二〇〇三年、一六四頁。

［注2］同書「平山亨インタビュー」、一八六頁。

［注3］アクマ族は悪魔ではなく、地球の内側に特殊能力を持った新人類という設定である（同書「平山亨インタビュー」、一八四頁）。

［注4］「アクマイザー3」『全怪獣怪人』下巻、勁文社、一九九〇年、一八二頁。

❶『アクマイザー3』のミニカードのアルバム。当時ミニカードはアマダ、山勝、丸昌の3メーカーで販売されていたことからも人気がうかがえる。

❷左から般若をモチーフとしたハニャードと傘化けモチーフのカサドラー（『アクマイザー3』の放送当初に販売されていたミニカード）。

コラム

幻の企画書 妖怪ハンターゼノンン

その名もゼノン

一冊の企画書がある［❶］。ネットオークションで手に入れたものだ。表紙には「妖怪ハンターゼノン　企画書　東映株式会社」と書かれている。

Ａ４サイズで黄色の表紙、中身はガリ版片面刷りの冊子だ。タイトルを調べたが、放映された情報はなかったので、企画自体は通らなかった、あるいは企画自体が偽物である可能性が考えられる。中身を確認すると年代は記載されていない。原作は「石森章太郎」となっている。「石ノ森」表記ではないことを考えると、一九八四年以前の企画であることが分かる。

企画書を読むと、『仮面ライダー』（一九七一～一九七三年）からの変身ヒーローの流れと、『変身忍者嵐』（一九七二～一九七三年）で妖怪を敵とした流れを併せ持った設定と推測される。ここからは『超神ビビューン』（一九七六～一九七七年）のプロトタイプ的な印象も受けるが、前作『アクマイザー３』（一九七五～一九七六年）からの連続での放映だったことも考えられる。

一九七三年から一九七五年に一度企画として出された『妖怪ハンターゼノン』が、『アクマイザー３』を介して『超神ビビューン』に結実したと仮定するとなんともワクワクする。

企画書には、白黒のゼノンと思

しきデザイン画のコピーが挟み込まれていた。ガリ版刷りの企画書と同じ時期に刷られたものではないことは明らかで、偽物臭さがさらに増している。それでもデザイン画は、石森の描くヒーローそのものである。そこで、別のヒーロー画を転用したものと仮定したが、もしも企画書自体が偽物だとするならば、このデザインコピーの挿し込みは、本物に見せる演出として逆効果ではないかと思った。

　このデザイン画の出所を調べるために、まずは画集のようなものが出版されていないかを調べたところ、年代もカテゴリもピッタリな『石ノ森章太郎変身ヒーロー画集（Before1975）』、『石ノ森章太郎変身ヒーロー画集（After1975）』の二冊が出版されていた。前述の推測した年代から『石ノ森章太郎変身ヒーロー画集（After1975）』を確認すると、カラーページで挟み込みのデザイン画と全く同じものが描かれていた。

　デザインの解説文は、「未映像企画『怪奇ハンターゼノンX』より、ゼノンXと主人公のデザイン画。襟のディテールが魚のエラを思わせる、生態的なアプローチのヒーローだ」と記載されていた。入手した企画書のタイトル『妖怪ハン

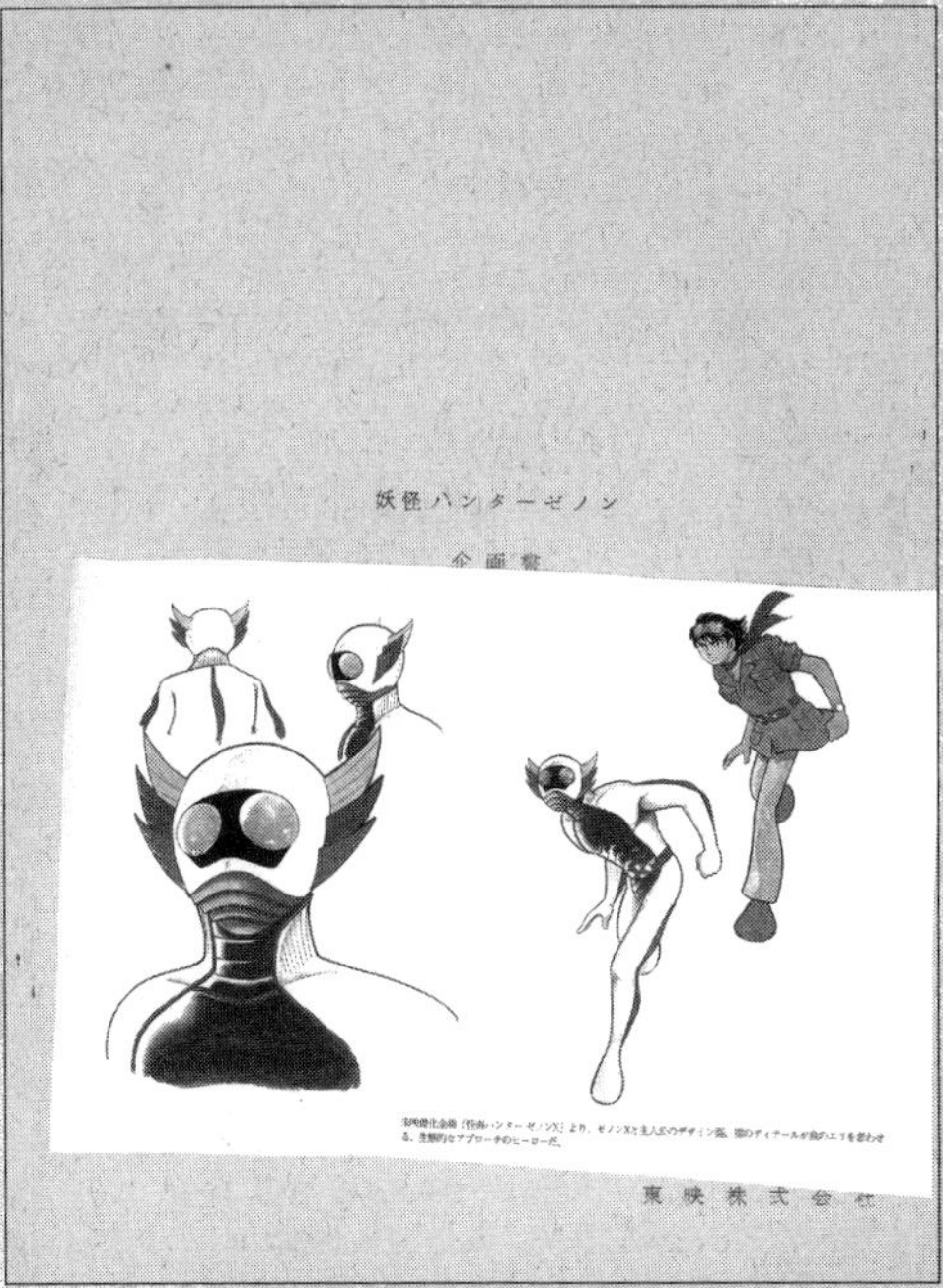

❶企画書とゼノンXのデザイン画

ターゼノン』と『怪奇ハンターゼノンX』。名前が少し異なる点がいかがわしく、それと同時に偽物だとしたらタイトルをわざわざ変えたりするだろうかという疑念が浮かんだ。

半妖怪ゼノン すなわち水虎

真偽の推測や実際に放映された同系作品との比較検証を行う前に『妖怪ハンターゼノン』の企画内容に触れておきたい。まず登場人物から紹介する［❷］。

主人公ゼノンは、峯半四郎という二四歳の雑誌記者でスポーツマンの明るい青年。妖怪族に襲われ、死の直前に奇跡元素ゼノン療法（海底の火山から噴出するガス体気状元素ゼノンを取り入れる）を受け、生命を取り戻し、半妖怪ゼノンとなり、妖怪と戦う。ガス体気状元素ゼノンを生体化したものが、妖怪・水虎である。ヒロインは水城梨里、一八歳の美女。実は妖怪・ぬれ女。半四郎を助けて妖怪族と敵対する。その他、キドという妖怪・山爺が梨里の下僕キャラとして配置されている。

次にプロトタイプの一話分のストーリーも企画書には盛り込まれていたので、あらすじの要約を記載する。

＊＊＊

半四郎はシーズンオフのプールサイドに奇怪な蛇体の怪物とそれを追う醜怪な鬼体を目撃する。かけていたサングラスを外すと怪しいものは見えなくなっており、無人だったプールから上がってくる一人の美女・梨里と出会う。梨里は、半四郎がかけていたサングラスを、自分がなくしたものなので、返してほしいというが、後から現れた男性・四条健を見ると出口もない方向に逃げ去った。四条も彼女を追いかけて行き、二人の姿はなくなっていた。

その晩、半四郎のマンションに梨里が侵入していた。半四郎に見つかった梨里は、自分は水の妖怪であり、水のあるところならどこでも移動できると言い、サングラスを返してくれと再び頼む。半四郎のサングラスは妖怪眼鏡で、なくした妖怪は罰を受け、人間が手にした場合、この人間は殺されるというもの。秘密裏に取り返そうとしていたが、他の妖怪に知られるところとなってしまった。梨里は半四郎の処刑指令を受けていたが、自分の過失から起こったことなので、半四郎を殺すことができず、海に脱走をはかる。

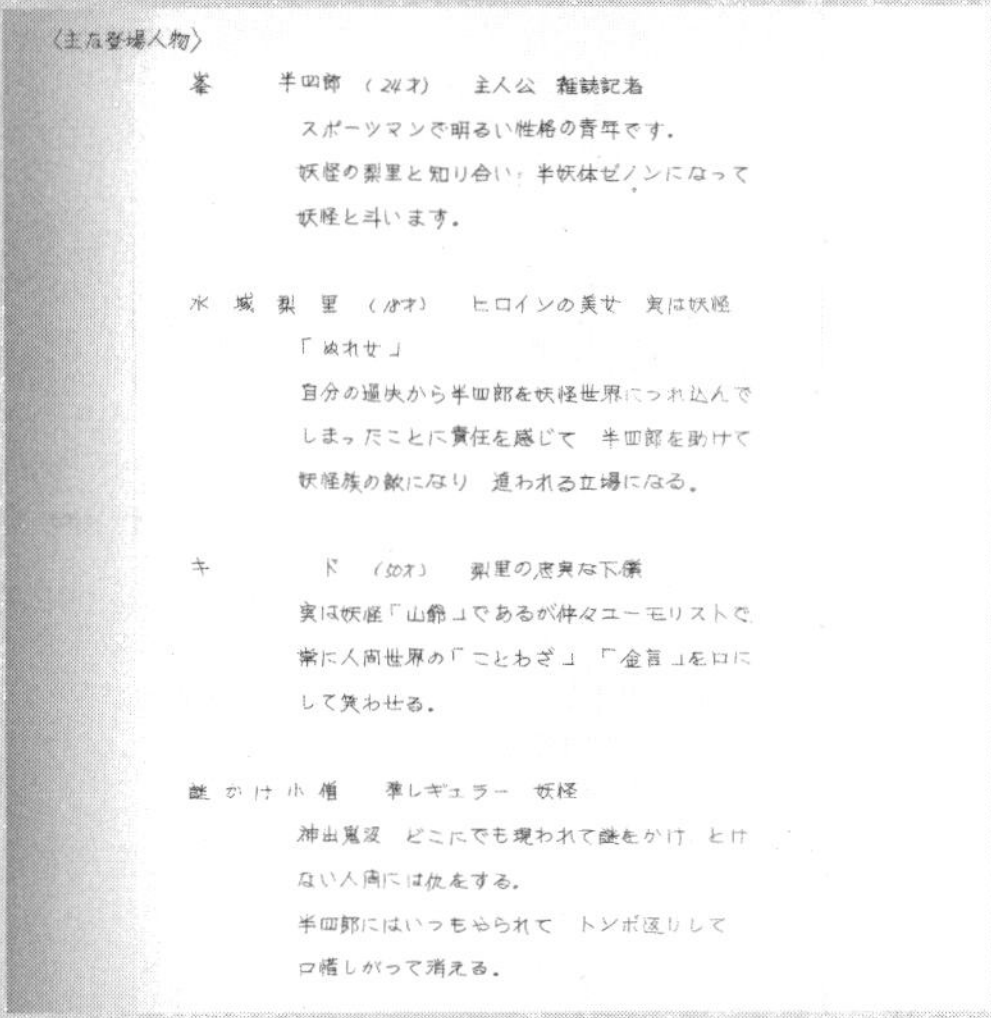
〈主な登場人物〉
峯　半四郎（24才）　主人公　雑誌記者
スポーツマンで明るい性格の青年です。
妖怪の梨里と知り合い、半妖体ゼノンになって
妖怪と斗います。

水城梨里（18才）　ヒロインの美女　実は妖怪
「ぬれ女」
自分の過失から半四郎を妖怪世界につれ込んで
しまったことに責任を感じて　半四郎を助けて
妖怪族の敵になり　追われる立場になる。

キ　ド（50才）　梨里の忠実な下僕
実は妖怪「山爺」であるが時々ユーモリストで
常に人間世界の「ことわざ」「金言」を口に
して笑わせる。

謎かけ小僧　準レギュラー　妖怪
神出鬼没　どこにでも現われて謎をかけ　とけ
ない人間には仇をする。
半四郎にはいつもやられて　トンボ返りして
口惜しがって消える。

❷企画書の登場人物ページ（「妖怪ハンターゼノン　企画書」より）

梨里に変わり半四郎の死刑執行人として現れたのが四条だった。四条に襲われ、瀕死《ひんし》状態の半四郎は、梨里とその下僕キドのゼノン療法により、半妖怪ゼノン（水虎）として生命を取り戻す。

四条は妖怪世界に反旗を翻した梨里を炙《あぶ》りだすために本来の山鬼の姿を現し、梨里のマンションに火を放つ（山鬼は火の能力がある設定）。追い詰められた半四郎たち、梨里はぬれ女の正体を現し、水を噴き出す。その水にさわると半四郎も半妖怪ゼノンに変身する。山鬼とゼノン、火と水の争いはゼノンが征する。しかし、妖怪世界の掟からは逃れることはできない。半四郎は妖怪たちと戦うことを宣言する。

＊　＊　＊

という内容が企画書には盛り込まれている。

企画書の真贋の検証

おおむね『妖怪ハンターゼノン』という作品についてどのようなものかご理解いただけたと思う。では、この企画書の真贋《しんがん》について、いくつかのポイントから推測を行いたい。

まず、企画書の体裁は前述の通りであるが、これは特撮番組の企画書として不自然な点は特になかった。東映の三角ロゴが記載されていない点は気になったが、一九七〇年代から近年に至るまで、（企画書の作成者の気分なのか）三角ロゴは入ったり入らなかったりしている。版型も確認した限り、同社の企画書としては一般的なものと近い。ガリ版片面のＡ４版で両面印刷も袋とじにしていないのも当時の刷り方を考えると不自然ではない。

また、本文中の「闘」は「斗」と書かれているが、この表記も一九七〇年代によく使われていたものなので、推測した年代の一九七一年から一九七五年にも当てはまる。さらに『アクマイザー３　超神ビビューン大全』に両作品の企画書の再録があるが、こちらでも「斗」という表記が使われている。概要も仮題（題名案）・種類（種別）・型式・原作・制作・視聴対象の記載はある。時間帯の記載はないが、おおむねフォーマットは網羅されていることが分かる［❸］。

ある程度作りこまれているのは分かったので、もう少し年代を絞り込んで考えていきたいと思う。

『怪奇ハンターゼノンX』が、『石ノ森章太郎変身ヒーロー画集（Ａｆｔｅｒ１９７５）』に掲載されていることから、一九七五年以降のデザイン画であることは判断できる。

では、企画書は一九七五年放映の『アクマイザー３』の前か後かであるが、『石ノ森章太郎変身ヒーロー画集（Ａｆｔｅｒ１９７５）』にヒントとなる文があったので、引用する。

「一九七五年、石森ヒーローは大きな変節を迎える。ひとつは『ストロンガー』を最後に迎えたライダーシリーズの終了であり、もうひとつはのちの戦隊シリーズの礎となる『秘密戦隊ゴレンジャー』（原作「週刊少年サンデー」連載）がスタートしたことである。

これをロンリーヒーローから集団ヒーローへの推移と言い切ってしまうのはいささか乱暴ではあるが、ライダーシリーズの終焉と戦隊ヒーローの誕生が、同じ年に同

じ原作者の手で行われたことの意味は限りなく大きい」（五・六頁）

『妖怪ハンターゼノン』はこの引用に当てはめるとロンリーヒーローに該当し、『仮面ライダー』シリーズや『変身忍者嵐』の系譜を踏んだヒーローとなり、『アクマイザー3』は戦隊の流れを汲《く》んだ集団ヒーローと見ることができる。

また、変身ブームの落ち着きで、『アクマイザー3』が変身しないヒーローになったことからも、先に挙がった従来型のヒーローである『妖怪ハンターゼノン』の企画が通らなかった理由なのではないかと推測もできる。そう考えると『アクマイザー3』の企画種別が特撮アクション綺譚《きたん》となっていたのは、『妖怪ハンターゼノン』の特撮妖怪アクションよりもオカルトブームの時流に合っていたような

❸アクマイザー3との概要比較

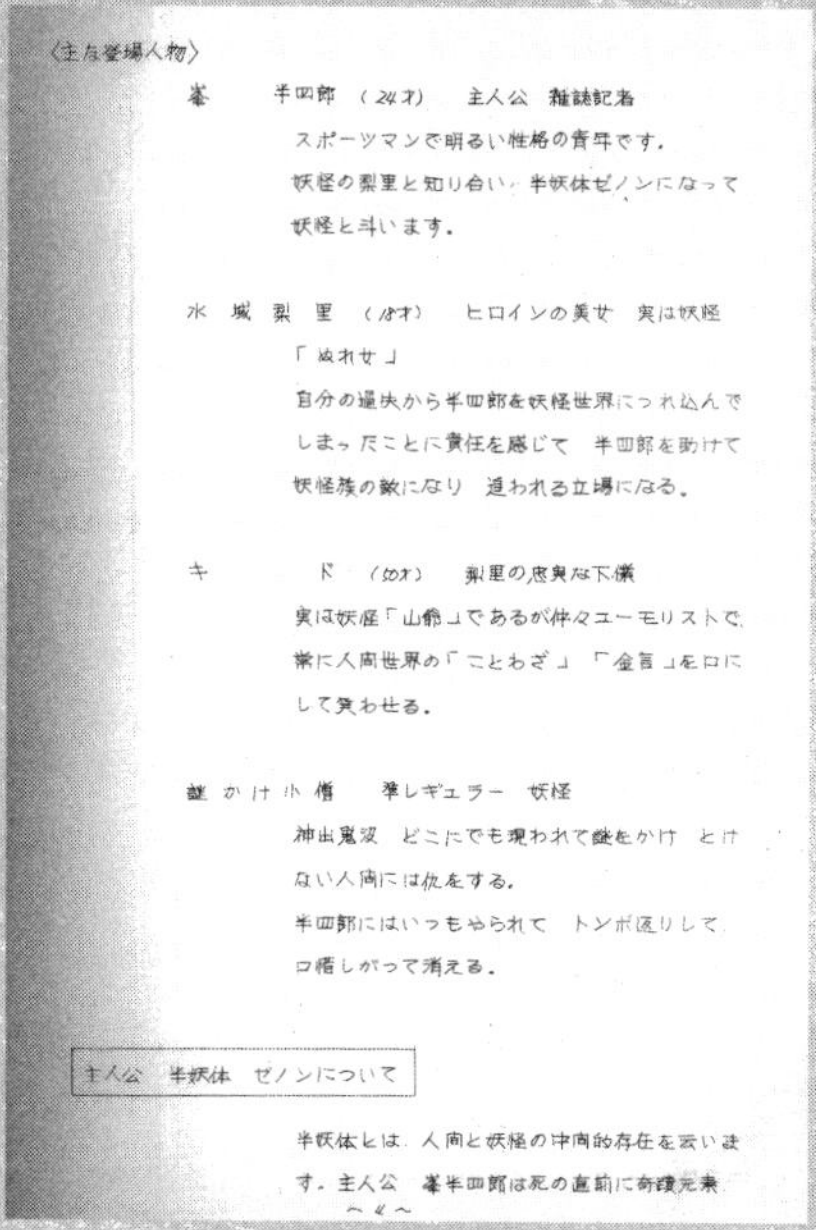
〈主な登場人物〉

峯　半四郎（24才）　主人公　雑誌記者
スポーツマンで明るい性格の青年です。
妖怪の梨里と知り合い、半妖体ゼノンになって
妖怪と斗います。

水城梨里（18才）　ヒロインの美女　実は妖怪
「ぬれ女」
自分の過失から半四郎を妖怪世界につれ込んで
しまったことに責任を感じて　半四郎を助けて
妖怪族の敵になり　追われる立場になる。

キ　ド（60才）　梨里の忠実な下僕
実は妖怪「山彦」であるが仲々ユーモリストで
常に人間世界の「ことわざ」「金言」を口に
して笑わせる。

謎かけ小僧　準レギュラー　妖怪
神出鬼没　どこにでも現われて謎をかけ　とけ
ない人間には仇をする。
半四郎にはいつもやられて　トンボ返りして
口惜しがって消える。

主人公　半妖体　ゼノンについて

半妖体とは　人間と妖怪の中間的存在を云います。主人公　峯半四郎は死の直前に奇蹟元素
～6～

（「妖怪ハンターゼノン　企画書」より）

新番組企画書
東映株式会社
題名案　悪魔三銃士ザビタン
種　別　特撮アクション綺譚
型　式　毎週一回30分連続テレビ映画
　　　　2クール以上
時間帯　夜7時台
視聴対象　小学校5年生を中心に家族一般
原　作　石森章太郎
制　作　東映株式会社

「悪魔族」と呼ばれる奇怪な怪人群とそこから脱出して来た主人公との間に怪人メカニズムを駆使してくりひろげられる不思議で爽快でヒューマンなアクション物です。

（『アクマイザー3　超神ビビューン大全』より）

気もしてくる。

さらに、続く『超神ビビューン』は『アクマイザー3』で作られた土壌に『妖怪ハンターゼノン』のアイデアが盛り込まれたようにさえ見えてくる。『怪奇ハンターゼノンX』のデザイン画は、ビビューンやバシャーン（六七頁参照）を思わせるし、『超神ビビューン』の敵として、スイコ（二話）、山鬼（二八話）が登場しているので、企画として『超神ビビューン』後の一九七七年以降に『妖怪ハンターゼノン』の企画が出されたものではないと考えられる。

また、『アクマイザー3　超神ビビューン大全』では『超神ビビューン』の企画段階の名称は『アクマイザー3 魔神ハンター』だったことが明記されており、『アクマイザー3』のサブタイトルとして、魔神ハンターがついている点は注目である。ここからも『妖怪ハンターゼノン』は『超神ビビューン』以前の企画あるいは『アクマイザー3』、『超神ビビューン』の派生企画である可能性を感じる。

なお、『妖怪ハンターゼノン』の水虎の特性は「気体にも 液体にも 個体にもなり、何者にでも侵入できる能力があります。液体になって水に溶け込むことも 気体になって空をとぶことも 固体になって打ちこわすことも強力です」とあり、この不定形な設定は『ゲゲゲの鬼太郎』の水虎の影響を感じることもできる。

以上のようなことが、現時点での『妖怪ハンターゼノン』についての考察である。今回入手したこの企画書を検証することにより、一九七五年前後の妖怪・特撮の背景を少なからず見ることができる。

この企画書が本物だとしたら、石森の公式の画集に載る『怪奇ハンターゼノンX』がどのようなものになる予定だったのかを知る記録にもなり、たとえ偽物だとしても、石森のデザイン画から着想を得て当時の特撮や妖怪のトレンドを取り込んだ高度な作りの創作同人誌といえる。どちらにしてもこの企画書には、随分と楽しませていただいた。この楽しさを一人でも共有していただけたら、これほど嬉しいことはない。

超神ビビューン

放送　一九七六年七月六日〜一九七七年三月二九日
制作　東映

『超神ビビューン』のDVDジャケット。

登場する主な妖怪

水虎《すいこ》・木霊《こだま》・鬼火・河童・傘化け・天狗・逆柱《さかばしら》・絡新婦《じょろうぐも》・金霊《かねだま》・震々《ぶるぶる》・天邪鬼・蝦蟇《がま》・猫股《ねこまた》・獏《ばく》・野《の》襖《ぶすま》・ぬっぺっぽう・鬼・吹っ消し婆・般若《はんにゃ》・大入道

あらすじ

アクマ族の地上への侵攻は、アクマイザー3の活躍によって阻止されたが、その引き換えにアクマイザー3は、大魔王ガルバーの呪いでその魂をカプセルの中に閉じ込められてしまう。その後、アクマイザー3不在の中、地上では妖怪たちが長い眠りから復活した。妖怪バックベアードの呪いに苦しむ体操選手・月村圭《つきむらけい》は、超神研究所のダイマ博士が降臨させた破軍星《はぐんせい》の力によって、ザビタンの魂を受け継ぎ、超神ビビューンに、同じくイビルの魂を受け継いだ水泳選手・菅一郎《すがいちろう》は超神バシャーンに、ガブラの魂を受け継いだ重量挙げの選手・渡部剛《わたべごう》は超神ズシーンに変身し、人間に災いをなす妖怪と戦う正義の三超神として立ち上がった。

コンセプト

『アクマイザー3』（一九七五年〜一九七六年）が脱変身ヒーロー路線を掲げたのに対して、『超神ビビューン』はその続編でありながら、変身ヒーロー路線へと回帰した。

『アクマイザー3』は、企画段階で小学校五年生を中心に家族一般をターゲットにしたが、初期のシリアスな路線と仮面での感情表現は、子どもには受け入れ難く、スポンサーの意向もあっての変身ヒーロー路線となった［注1］。

企画当初の設定メモでは、『アクマイザー3 PART II』とされ、企画書の段階で『アクマイザー3 魔神ハンター』となり、アクマイザー3の正当な続編を想定していたが、変身ヒーロー路線への変更を踏まえて、魂を受け継いでいるという設定になった［注2］。また、視聴対象も『超神ビビューン』に名称が確定してからのものは、『アクマイザー3』から若干年齢を下げ、小学三年生を中心とし、『アクマイザー3』に続き、平山亨とともにプロデューサーを務めた鈴木武幸ももう少し明るく分かりやすい変身ヒーローとして『超神ビビューン』を想定したという［注3］。『仮面ライダー』などに見られる孤独や『アクマイザー3』に見られた同族間の争いなどといった、石森章太郎原作がもつ従来のヒーローの葛藤や悲哀というシリアスなトーンは鳴りを潜めた。『アクマイザー3』の続編として位置づけられるが、アクマイザー3が登場するのはカプセルに封印された魂が第一話のみで、大魔王ガルバー以外に前作からの登場キャラクターはいない［注4］。

最初期の続編構想では主人公・ザビタン、イビル、ガブラの続投であったが［注5］、変身ヒーロー路線の回帰によって、月村圭、菅一郎、渡部剛の人間態の設定が『アクマイザー3 魔神ハンター』の企画書で生まれる。その段階での名称はゼムラー、シャドル、グレードという三魔神に、シュラという女性魔神の登場や大魔王の部隊・巨体化物シンドの名称も「ニュードウ」（入道か？）となっていた［注6］。

また、ストーリー展開もタイトルが確定した『超神ビビューン』版の企画書まで、ビビューンVS光の妖怪バックベアードの空中対決、バシャーンVS水の妖怪スイコの水中対決、ズシーンVS岩の妖怪

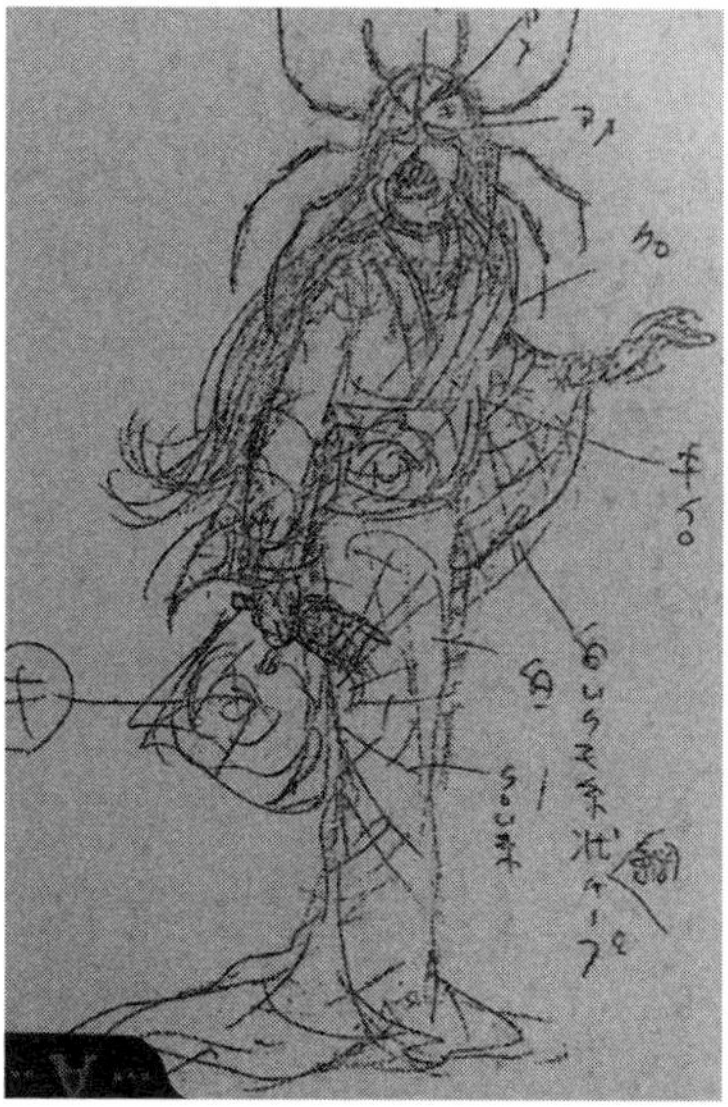

❶蜘蛛の妖怪・クモンガのデザイン画と写真。『アクマイザー3』と比較してかなり妖怪っぽく絡新婦を思わせるデザインとなっている（『アクマイザー3　超神ビビューン大全』）。

ガリキの岩合戦と三超神それぞれの見せ場を最初の三話で見せるという構成だったことが書かれている。

設定上は『アクマイザー3』から大きく変わったが、アクマ族に代わって各地に封印されていた妖怪が出現するが、そのモチーフを日本の妖怪とすることで怪奇的な要素は引き継がれている。アクマ族のサイボーグ化された異形の姿ではなく、デザインは妖怪らしくなっている［❶］。

水虎、烏天狗、逆柱、金霊、震々、猫股、野襖、のっぺらぼう、山鬼、吹っ消し婆、般若といったそのままの名称を使われているもの、カベヌリ（塗壁?）、コダマーン（木霊）などの名前を少し変えているもの、一方でカガミラー、フデマなどのオリジナルのものも併存している。

バックベアードが登場する点も『変身忍者嵐』（一九七二年～一九七三年）同様、水木しげるの影響を考える上で外せない作品である。

▼注

［注1・2］岩佐陽一「解説　超神ビビューン」『アクマイザー3　超神ビビューン大全』双葉社、二〇〇三年、一〇四頁。

［注3］同書「鈴木武幸インタビュー」、一六六頁。

［注4］オープニングで『超神ビビューン』のタイトルコール前に『アクマイザー3』のタイトルが流れるが、魂を受け継いだという設定とボス敵以外は、本編での続編要素はない（「超神ビビューン」『全怪獣怪人』下巻、一九三頁）。

［注5］「企画書再録　超神ビビューン」岩佐陽一『アクマイザー3　超神ビビューン大全』双葉社、二〇〇三年、一〇六頁。

［注6］新番組企画案『アクマイザー3　魔神ハンター』、非売品。

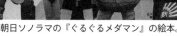

ぐるぐるメダマン

放送　一九七六年七月一〇日〜一九七七年一月二九日
制作　東映

朝日ソノラマの『ぐるぐるメダマン』の絵本。

登場する主な妖怪

百目《ひゃくめ》・小豆洗《あずきあら》い・海坊主・天邪鬼・猫股《ねこまた》・鬼

あらすじ

高坂《たかさか》家に伝わるネックレスは、先祖がオバケからもらったもので、一〇八個の水晶でできていた。人間の子ども・高坂マミがそのネックレスを三〇〇年ぶりに持ち出したので、オバケの子ども・メダマンはオバケの魂ともいえるネックレスを取り返そうとするが、ネックレスに書いてある呪文を唱えられると動けなくなるので、うまくいかない。ところが、トラックにはねられそうになったマミの命を助けたことでネックレスに宿る神様が、人間に良いことをしたらネックレスはメダマンのものになると告げる。メダマンはマミと仲良くなり、高坂家の居候として人間界で生活をする。神様からネックレスの水晶を一つずつ返してもらうため、仲間のオバケにも手伝ってもらい、人間のために良いことをする。

コンセプト

放送当時大人気だった『がんばれ!!ロボコン』（一九七四年〜一九七七年）の後追い作品として、集団キャラクターによる特撮コメディとして生まれた作品である［注1］。一般家庭に居候となる要素やメダマンたちが良いことをすると、神様から水晶玉を一粒ずつ返してもらえる設定なども『がんばれ!!ロボコン』を踏襲している。また、『がんばれ!!ロボコン』がロボットだったのに対して、『ぐるぐるメダマン』がおばけという転換は同年代の『アクマイザー3』（一九七七年〜一九七六年）のサイボーグ化された姿のアクマ族から『超神ビビューン』（一九七六年〜一九七七年）の妖怪という流れに通じるものがある。もちろんこれは、先行作品との差別化の面が強いが、おばけや妖怪が当時需要されていたことも垣間見ることができる。

漫画家の吾妻《あづま》ひでおがキャラクターデザインを手掛け、愉快なおばけの造形を作り上げた。人間社会の風刺や怪奇路線のストーリー展開も見られ、一風変わった作りとなっていた［注2］が、『がんばれ!!ロボコン』のようなヒットはせず、二八話で放送が終了した。

メダマンは、百目をモチーフにしている。百目自体は水木しげるがクルト・ネットー、ゴットフリード・ワグネル『日本のユーモア』に掲載された葛飾《かつしか》派の「百々眼鬼《どどめき》」を基に創作した妖怪で、一九六六年放映開始の水木しげる原作の実写化『悪魔くん』一話のガンマーを皮切りに一九七〇年代、一九八〇年代多くの百目モチーフのキャラクターが生まれた。メダマンもその流れの一つの形といえる。

作中のオリジナル要素としては、空を飛んだり、変身したりと超能力を使うことができ、意外に有能である。メダマンの仲間のオバケたちも、頭の皿や背中の甲羅といった河童の要素を取り入れたきれい好きなアズキアライ、驚くと口から金魚やザリガニなどを水と一緒に吐き出してしまう本当の海を知らなかった海ぼうず（作中で海を見る回がある）、呪文を唱えられると身体がバラバラになるアマノジャクなど、ユニークな設定が付与されている［❶］。

主要キャラの選定も面白く、デザインも見ていて楽しいが、もう少しいろいろな種類の日本の妖怪を

❶絵本『ぐるぐるメダマン』（朝日ソノラマ）の一幕。アマノジャクはバラバラになり、海ぼうずは口から金魚と一緒に水を吐いている。アズキアライは絵だとよりカッパのようである。

モチーフにしたキャラクターが出てきてほしかったと、個人的には思うところではある。

また、日常を舞台にし、妖怪との共生を描いた作品は二〇一〇年代前後から増え始めているので、視聴率低迷が続いたことを思えば、登場する時代が少し早かった作品と見ることもできる。とはいえ、『がんばれ!!ロボコン』から『ロボット8ちゃん』（一九八一年〜一九八二年）へと、東映不思議コメディシリーズとしての系譜をつないだ重要な作品の一つともいえる。

▼注

［注1・2］「ぐるぐるメダマン」『全怪獣怪人』下巻、勁文社、一九九〇年、三七七頁。

円谷プロ作品に見えたる妖怪【昭和編】

これまで見てきた作品は、東映のものを中心に、妖怪が主役、あるいは妖怪がシリーズを通して敵役として登場していた。ウルトラマンを中心とする円谷《つぶらや》プロ作品では、幻想・怪奇的な雰囲気を取り入れつつもシリーズを通して妖怪をテーマにした作品はない。ところが、シリーズの中で何話か、妖怪モチーフの宇宙人や怪獣たちも登場する。これらは、東映などの作品とはまた異なる魅力に溢れているので、以下に見ていきたい。

円谷プロ作品に登場する妖怪たち

円谷プロ作品で早い段階で妖怪要素を取り入れたのは、『ウルトラセブン』（一九六七年～一九六八年）第四一話「水中からの挑戦」の河童をモチーフとしたテペト星人とテペト（テペト星人の生物兵器）である。この段階ですでに、作品世界内の怪獣や宇宙人が妖怪伝承とつながる、あるいはそれを宇宙人などが利用するというパターンが確立されている。次に登場する『帰ってきたウルトラマン』（一九七一年～一九七二年）第四〇話「まぼろしの雪女」のスノーゴンとブラック星人は、雪女伝承を利用している。年代は前後するが『怪奇大作戦』（一九六八年～一九六九年）では、第一六話「かまいたち」や第二六話「ゆきおんな」を科学的な観点で捉え、解釈するという形で表現をした（これらは第二章で詳細を記載している）。ウルトラマンのシリーズを主に紹介したが、『ウルトラセブン』以前の『快獣ブースカ』（一九六六年〜一九六七年）でも化け狸と河童が登場していることを付記しておきたい。

児童書の妖怪とウルトラマン

一九七〇年代は、水木しげるや佐藤有文《さとうありふみ》に代表される妖怪図鑑など、児童書上の妖怪たちを参考とした特撮作品（『超神ビビューン』や『行け！牛若小太郎』など）が登場し始める。これらは、等身大のヒーローの敵役として、妖怪モチーフの怪人（あるいは妖怪そのもの）が登場するスタイルとなっている。

ではウルトラマンに代表される円谷プロの作品ではどうだろうか。

『帰ってきたウルトラマン』では、前述のスノーゴンの回とともに第三九話「20世紀の雪男」を、冬の怪奇シリーズとして放送した。『ウルトラマンA』（一九七二年〜一九七三年）では、冬のみならず、夏・冬の怪奇シリーズを製作している。各話を見ていくと、第一七話「怪談　ほたるヶ原の鬼女」では、登場超獣のホタルンガとは別に異次元人ヤプールに操られた女性が鬼女に扮《ふん》する。第一九話「河童屋敷の謎」では、河童モチーフのキングカッパー、第三八話「復活！ウルトラの父」ではナマハゲ、第四四話「節分怪談！光る豆」では、鬼をモチーフとしたオニデビルが登場している。河童や鬼という一般的な妖怪の取り扱い、また、多くの人が知っている節分やナマハゲなどの年中行事も取り入れた選定である。その他、怪獣の名称だけになるが、第四六話「タイムマシンを乗り越えろ！」では、ダイダラホーシはダイダラボッチからきた名前であろう。

『ウルトラマンタロウ』（一九七三年〜一九七四年）第一四話「タロウの首がすっ飛んだ！」で、一覧には入れていないが、閻魔《えんま》大王をモチーフとしたエンマーゴや、第一五話「青い狐火の少女」の九尾の狐をモチーフとしたミエゴン、第四四話「あっ！タロウが食べられる！」では鬼婆をモチーフとしたきさらぎ星人とその巨大化した怪獣、オニバンバが登場している【❶】。ここでも妖怪伝承や年中行事の節分

右から❶『ウルトラマンタロウ』のオニバンバと❷『ウルトラマンレオ』のオニオン。分かりやすい鬼の姿となっている（『全怪獣怪人』上巻）。

を取り入れる傾向は一貫している。

『ウルトラマンレオ』（一九七四年〜一九七五年）では、第二七話「日本名作民話シリーズ！強いぞ！桃太郎！」で鬼をモチーフとしたオニオン［❷］、第三七話「怪奇！悪魔のすむ鏡」で鬼女をモチーフとしたマザラス星人を登場させている。これらはストレートなデザインとなっている。

その後、一九八〇年の『ウルトラマン80』まで特撮のウルトラマンのシリーズは製作されず、妖怪モチーフの怪獣が誕生しないまま、平成を迎えることになる。

発展期　一九九〇年代から二〇〇〇年代まで

妖怪資料の拡充

一九七〇年代に水木しげるを中心として、児童書の妖怪図鑑や漫画・アニメ・特撮などで増えた妖怪が一九八〇年代までには大分定着した。一九九〇年代には『忍者戦隊カクレンジャー』（一九九四年～一九九五年）が放映され、同時期に水木しげるの妖怪図鑑の一つの集大成と言っても過言ではない『日本妖怪大全』が刊行（一九九一年）、視覚資料分野での充実を担った鳥山石燕《とりやませきえん》の『画図百鬼夜行《がずひゃっきやこう》』が国書刊行会によって復刊（一九九二年）された。漫画分野では藤田和日郎《ふじたかずひろ》『うしおととら』（一九九〇年～一九九六年）、真倉翔《まくらしょう》原作、岡野剛《おかのたけし》画『地獄先生ぬ～べ～』（一九九三年～一九九九年）が連載された。また、京極夏彦のデビュー（一九九四年）など、現在の妖怪シーンにも影響を与える資料の拡充があった時期といえる。

特撮シーンとしては、スーパー戦隊シリーズは昭和・平成と継続放送されていたのに対して、ウルトラマンシリーズ、仮面ライダーシリーズともに一〇年以上のテレビシリーズの空白期間を経て復活したのもこの時期である。また、大映妖怪三部作の影響を色濃く受けた二〇〇〇年の原口智生《はらぐちともお》監督の『さくや妖怪伝』や『妖怪大戦争』のリメイクも二〇〇五年に上映されている。『さくや妖怪伝』では、『妖怪大戦争』の油すましのデザイン（水木しげるからのデザインの系譜）を化け地蔵として取り込むなど他の登場妖怪にも影響を強く感じる。また、リメイク版の『妖怪大戦争』は角川大映映画の製作となっており、水木しげる、荒俣宏、京極夏彦といった角川書店の季刊妖怪マガジン『怪』の主要執筆者のカラーも反映されている、この時代らしい作品である。

■ブロンクスの妖怪たち

ウルトラマンシリーズは、一九九六年に一六年ぶりのテレビシリーズ『ウルトラマンティガ』が始まる。民話や伝承などをモチーフにした話型に加え妖怪的な怪獣を登場させる手法は、昭和の作品を踏襲しているが、「カッパ怪獣テペト」（『ウルトラセブン』）や「雪女怪獣スノーゴン」（『帰ってきたウルトラマン』）といった妖怪のような形状や要素のある怪獣という異称のスタイルではなく、『ウルトラマンコスモス』（二〇〇一年～二〇〇二年）に登場する「童心妖怪ヤマワラワ」や「河童かわのじ」のように妖怪そのものとして登場させる傾向も見られた。

仮面ライダーシリーズは、一九九〇年代は映画作品のみだったが、二〇〇〇年から『仮面ライダークウガ』が始まった。そこから数えて平成六作目となる『仮面ライダー響鬼』（二〇〇五年～二〇〇六年）では、ライダー自身が鬼モチーフで、敵方も魔化魍《まかもう》という妖怪モチーフの怪物が登場した。ＣＧが多用できるようになったので、巨大な妖怪表現が可能になった部分は大きい。

スーパー戦隊シリーズは前述の通り、間を空けずに新作が作り続けられていたので、資料の傾向と変遷が分かりやすい。『忍者戦隊カクレンジャー』が、水木しげるによるデザインの影響を受けないように、あえて「ブロンクスの妖怪」（「ブロンクス」はニューヨーク市北部の区名）というコンセプトを掲げ、アメコミやストリートカルチャーをデザインに取り入れながら妖怪を作り出した。しかし、『日本妖怪大全』からも妖怪が多く選定されている。

■ 京極夏彦作品と特撮

ブロンクスの妖怪に対して、『侍戦隊シンケンジャー』（二〇〇九年〜二〇一〇年）は、天狗、一つ目小僧、のっぺらぼうなどの一般的なものと、『忍者戦隊カクレンジャー』から続き、水木しげるの影響を感じる一反木綿《いったんもめん》、塗り壁、児啼爺《こなきじじい》、煙羅煙羅《えんらえんら》、目目連《もくもくれん》（これらは二〇一五年の『手裏剣戦隊ニンニンジャー』にも共通して登場する）などと一緒に、京極夏彦の作品に登場する妖怪たちも選定されていることはこの時期の大きな変換点といえる。

京極夏彦の作品でもっとも特撮に登場する妖怪選定に影響を与えたのは、デビュー作『姑獲鳥《うぶめ》の夏』から始まる百鬼夜行シリーズである。このシリーズでは妖怪は存在しないので、妖怪が姿形を持って登場することはない。奇怪な事件が発生し、その事件が妖怪に紐づけられる。例えば、『姑獲鳥の夏』であれば、二〇カ月もの間身籠り続ける女性、そして産まれたはずの赤ん坊が立て続けにいなくなる連続失踪事件と、「産女」とも書く妖怪の姑獲鳥がつながっていく。その妖怪の発生まで分析・解説されることで事件が紐解かれていく。

余談であるが、京極夏彦の作品は何度も映像化されており、映画『姑獲鳥の夏』は、ウルトラマンシリーズで何本もの名作を作り上げた実相寺昭雄《じっそうじあきお》が監督をしている。

『ウルトラマンダイナ』（一九九七年〜一九九八年）、『特捜戦隊デカレンジャー』（二〇〇四年〜二〇〇五年）、『仮面ライダー響鬼』などでも少なからず京極夏彦作品の影響を感じる怪物が登場しているので、水木しげる由来の妖怪からさらに多様性が生まれた時期といえる。それはＣＧの多用やスーツの軽量化をはじめ細かい表現を可能にする素材など技術面でも表現の幅が広がり、より多彩な妖怪が出現した点で、妖怪表現の発展の時期というのがふさわしい。

忍者戦隊カクレンジャー

放送　一九九四年二月一八日～一九九五年二月二四日
制作　東映

セイカノートのお年玉袋。左上にドロタボウ、右上にガキツが写っている。

登場する主な妖怪

ぬらりひょん・河童・轆轤首《ろくろくび》・朧車《おぼろぐるま》・小豆洗《あずきあら》い・塗り壁・目目連《もくもくれん》・餓鬼憑《がきつ》き・化け猫・泥田坊《どろたぼう》・児啼爺《こなきじじい》・白容裔《しろうねり》・天狗・金霊《かねだま》・毛羽毛現《けうけげん》・酒呑童子《しゅてんどうじ》・網剪《あみきり》・座敷童子・土蜘蛛《つちぐも》・猿神・煙羅煙羅《えんらえんら》・海坊主・がしゃどくろ・一反木綿《いったんもめん》・傘化け・鵺《ぬえ》・ぬっぺっふほふ・天邪鬼・砂かけ婆・鎌鼬《かまいたち》・獏《ばく》・牛鬼・のっぺらぼう・九尾の狐・提灯小僧《ちょうちんこぞう》・大百足《おおむかで》・貉《むじな》・火車《かしゃ》・雪女・貧乏神・ダイダラボッチ・山姥《やまうば》・大入道・一つ目小僧

あらすじ

戦国時代、隠流《かくれりゅう》の忍者たちは世界を征服しようとする妖怪たちと戦っていた。忍者たちは妖怪総大将ヌラリヒョンと妖怪エネルギーの封印に成功し、妖怪たちは力を失い衰退した。

四〇〇年後の現代、隠流忍者の末裔《まつえい》であるサスケ（猿飛佐助《さるとびさすけ》の子孫／ニンジャレッド）とサイゾウ（霧隠《きりがくれ》才蔵《さいぞう》の子孫／ニンジャブルー）は妖怪カッパに騙されて封印を解き、妖怪たちを復活させてしまう。リーダーとなる鶴姫《つるひめ》（二四代目／ニンジャホワイト）は、サスケとサイゾウに加えて、セイカイ（三好清海《みよしせいかい》入道《にゅうどう》の子孫／ニンジャイエロー）とジライヤ（児雷也《じらいや》の子孫／ニンジャブラック）を集め、カクレンジャーとしてクレープ屋を営みながら再度妖怪を封印する旅に出る。

コンセプト

戦隊側のモチーフを「忍者」とし、日本の妖怪をモチーフとした怪人が登場する。妖怪のデザインコンセプトはメイン監督の小林義明《こばやしよしあき》が「ブロンクスの妖怪」を提案し、水木しげるなどの既存のイメージにとらわれないものとなっている［注1］。

クリーチャーデザインを担当した篠原保《しのはらたもつ》は「妖怪っていうと、やっぱり水木しげる先生の描かれたもののイメージがすごい強いと思うんです。だからいかにしてそこから離れるか、相反する所にあるものっていうのは、あったと思います」と語っている［注2］。

今でこそ鳥山石燕《とりやませきえん》の『画図百鬼夜行《がずひゃっきやこう》』のシリーズや竹原春泉斎《たけはらしゅんせんさい》『絵本百物語』など、妖怪の描かれた本は手に入りやすくなっており、妖怪伝承をまとめた一般書から漫画やグッズも増えているので、多様性のある妖怪の姿形が見られるようになっているが、いまだ資料としての充実の波が来はじめた時代の話である。

国書刊行会版の『画図百鬼夜行』（一九九二年）が刊行され、『うしおととら』（一九九〇年）や『地獄先生ぬ〜べ〜』（一九九三年）の連載開始、京極夏彦のデビュー（一九九四年）など、その後の妖怪を考えていく上で避けては通れない時期に『忍者戦隊カクレンジャー』は放送されている。

この一九九〇年代前半の妖怪に関しての情報や図版・イメージは、水木しげるの本やアニメからの影響が強く、今でも水木しげるが妖怪に与えた姿や形をもともとそういうデザインのものだと思っている人も多い。柳田國男『妖怪談義』「妖怪名彙」で紹介された姿形のない妖怪、例えば塗り壁や一反木綿のデザインは水木しげるの絵で思い浮かべるであろう。そこで、水木しげるの妖怪に対しての「ブロンクスの妖怪」である。

『忍者戦隊カクレンジャー』の妖怪は力を封じられ、人の世に馴染《なじ》んだ現代風のデザインになっている。相撲ではなく、サッカーを嗜好《しこう》する河童、グラフィティを思わせる落書きが描かれた塗り壁、バイクを駆る殺し屋の一反木綿等々、斬新な設定で妖怪デザインの広がりを見せてくれた。

解説の技法

ところが、水木しげるの影響のない自由な発想で妖怪たちがデザインされた反面で、登場する妖怪の選別の大半は、水木しげる『日本妖怪大全』と『カラー版　妖怪画談』から採用されている。

また、第一部では落語家の三遊亭圓丈《さんゆうていえんじょう》が講釈師として、第二部では妖怪自身が自らの解説をしており、解説の際の妖怪画は水木を含めたお馴染みの妖怪像である。スーパー戦隊シリーズ・メタルヒーローシリーズなど、東映作品で幅広くデザインをしていた野口竜《のぐちりゅう》が担当した。

新しい妖怪像を登場させつつ、従来どのような姿形で表現され、何をする妖怪かを視聴者に短時間で伝える優れた手法である。

水木しげるの影響

では、登場妖怪と『日本妖怪大全』と『カラー版　妖怪画談』を照合して、どの程度水木しげるの影響を受けていたのか。

登場妖怪四四体中三八体が『日本妖怪大全』に掲載されている妖怪である。名称の多様性のある傘化け、提灯小僧、山姥も『日本妖怪大全』と同様の表記を採用している。煙羅煙羅、餓鬼憑きも水木しげる特有の表記である。がしゃどくろ、貧乏神、獏も登場するが、それらを妖怪として周知させたのも水木しげるの影響が大きい。

余談となるが、煙々羅の表記を「エンラエンラ」とするのは、水木しげる特有である［❶］。水木しげる『妖怪なんでも入門』では、百鬼夜行の妖怪たちの一例として、煙の妖怪「えんらえんら」を挙げている。

佐藤有文《さとうありふみ》は『お化けの図鑑　妖怪がとび出す』（ワ

❶宝塚ファミリーランドで1972年に開催されたイベントパンフレットで「えんらえんら」という特有の表記を採用している。この表記と解説は1967年『週刊少年マガジン』（52号）が初出である（『水木しげるの奇妙な世界妖怪百物語』）。

ニの豆本）で「エンエラ」と表記。国書刊行会版の『鳥山石燕　画図百鬼夜行』刊行もカクレンジャー放映以前だが、「エンエンラ」ではなく水木表記である「エンラエンラ」を採用している。また、「餓鬼憑き」も水木しげる『カラー版　妖怪画談』（一九九二年）を参考にしていると思われ、それ以前の学術系の資料で「餓鬼」と表記・紹介されることはあるが、確認した限りで妖怪名称として紹介されている事例は、一九七九年の日野巌《いわお》『動物妖怪譚』（有明書房版）の巻末付録「日本妖怪変化語彙」に限られている。

▼注

［注1］ブロンクスの妖怪といわれて、篠原保が最初に思い浮かんだのが『セサミストリート』のキャラクターだという（『忍者戦隊カクレンジャー』『東映スーパー戦隊シリーズ35作品記念公式図録 百化繚乱〈上之巻〉戦隊怪人デザイン大鑑』、グライドメディア、二〇一一年、三六〇頁）。

［注2］「忍者戦隊カクレンジャー　妖怪デザイナー座談会」『宇宙船』vol.71、ホビージャパン、一九九五年、六〇頁。

仮面ライダー響鬼

放送　二〇〇五年一月三〇日～二〇〇六年一月二二日
制作　東映

劇場版『仮面ライダー響鬼と七人の戦鬼』のDVDジャケット。

登場する主な妖怪

鬼・土蜘蛛《つちぐも》・山彦《やまびこ》・化け蟹・一反木綿《いったんもめん》・おとろし・塗り壁・姑獲鳥《うぶめ》・山嵐・大鯰《おおなまず》・網剪《あみきり》・泥田坊《どろたぼう》・河童・化け猫・天狗・火車《かしゃ》・鎌鼬《かまいたち》・うわん・ノツゴ・呼《よぶ》子《こ》・木霊《こだま》・覚《さとり》・轆轤首《ろくろくび》

あらすじ

「鬼」、それは己の肉体と精神を極限まで鍛え、変身し超人的な能力を発揮する戦士のことである。鬼は人々を守るために怪物「魔化魍《まかもう》」を古来より清めの音をもって退治していた。高校受験を控えた少年・安達明日夢《あだちあすむ》は、法事で屋久島へ向かうフェリーでヒビキと出会う。屋久島の大自然の中で明日夢は、魔化魍・ツチグモと遭遇し、ヒビキが変身した鬼・響《ひび》鬼《き》との戦いを目撃する。東京に帰った明日夢は、偶然ヒビキと再会し、鬼を支援する組織・猛士《たけし》の関東支部の拠点「甘味処たちばな」を通じて、交流が始まる。その頃、魔化魍の発生事例が多くなり、発生条件の分からない変異型の魔化魍も発生し、響鬼をはじめ、威吹鬼《いぶき》や轟鬼《とどろき》などの鬼たちは苦労していた。

ある日、明日夢のクラスに転入した桐矢京介《きりやきょうすけ》は、響鬼が炎を操る魔化魍・カシャと戦う光景を目撃し、鬼になることを決意、なりふり構わずヒビキの弟子となるために行動する。京介に触発され、明日夢もヒビキの弟子を目指すようになる。

そんな中、魔化魍の発生事例はさらに上昇し、複数の個体が同時多発する異常事態が起こり始める。さらに世界を終焉に導くという「オロチ現象」の兆候「コダマの森」が現れる。オロチ現象を鎮めるためには、鬼の清めの音の力が必要となる。大量の魔化魍が発生する中、響鬼は命を懸けて一人オロチ現象を鎮める儀式の場に立つ。

コンセプト

タイトルは『仮面ライダー響鬼』であるが、作中では「仮面ライダー」という呼称は使われず、変身態は「鬼」と呼ばれる。作中で仮面ライダーの象徴ともいえる響鬼の専用バイク・凱火《がいか》が登場するのも二十五之巻「走る紺碧」まで待つことになる。設定上、鬼とは、肉体と精神を極限まで鍛えることで異形の姿と人知を超えた力を得た人々のことで、その力は、もののけや妖怪の類として古来より伝承され、人々を襲う怪物・魔化魍を退治するのに使われた。

本作の敵となる魔化魍は、自然界の不思議な力を利用して生み出された悪しき存在で、古来より「妖怪」や「魔物」などとも呼ばれていた。魔化魍は、怪童子と妖姫によって餌となる人間を与え育てられ、成長すると自ら人間を襲うようになる。これらは、鬼たちが使用する音撃武器の清めの音でしか倒すことができない［注1］。魔化魍のデザインのモチーフの多くは、二種類の生物を掛け合わせたような姿である［注2］。例えば、おとろし［❶］はサイと亀、姑獲鳥は魚に鳥の羽が生えたような姿で表現される。CGの多用が可能になり、大型の怪物として表現されるものも多い［注3］。

怪童子と妖姫は人間態の怪人である。中盤以降は、夏だけに現れる魔化魍として泥田坊、河童、天狗、化け猫などが、等身大の姿で登場する。後半に入ると、怪童子と妖姫は、スーパー童子とスーパー姫となり、新規の魔化魍の多くは生物と無機物を掛け合わせたモチーフでデザインされている。例えばうわん［❷］はセミとスピーカー、呼子はワニと蛇状の拡声器という形で表現された。

京極夏彦のデビューが『忍者戦隊カクレンジャー』と同時期であり、またその後の文献資料の豊作により、伝承される姿のない妖怪や鳥山石燕《とりやませきえん》が描いた妖怪の解釈がかなり流布された時期であった。先行した平成仮面ライダーシリーズが子どもだけでなく、昭和シリーズを見ていた親世代もターゲットにしていたことがあり、妖怪伝承の元として魔化魍がいるという設定は割とすんなり入った印象を受ける［注4］。

▼注

［注1］「鬼之章」『パーフェクトアーカイブシリーズ①仮面ライダー響鬼　一之巻～二十九之巻』、竹書房、二〇〇六年、二二頁。

［注2・3］「『仮面ライダー響鬼』怪人デザインの世界」『完全超悪　平成仮面ライダー怪人デザイン大鑑』、ホビージャパン、二〇二〇年、一四八頁。

［注4］網剪、一反木綿、火車、鎌鼬、木霊、覚、天狗、泥田坊、塗り壁、轆轤首等、後述の『侍戦隊シンケンジャー』との共通の妖怪も多い。

❶鳥山石燕のおとろし

（東京藝術大学附属図書館蔵『画図百鬼夜行』）

藤澤は『妖怪画談全集　日本篇上』で「不信心にして神をないがしらにする者を鳥居より入らせぬオトロシの怪」とした。鳥居の上に描かれていることから水木は上から落ちて鳥居をくぐらせないようにするとし、『響鬼』のオトロシも落下して人を圧し潰す。

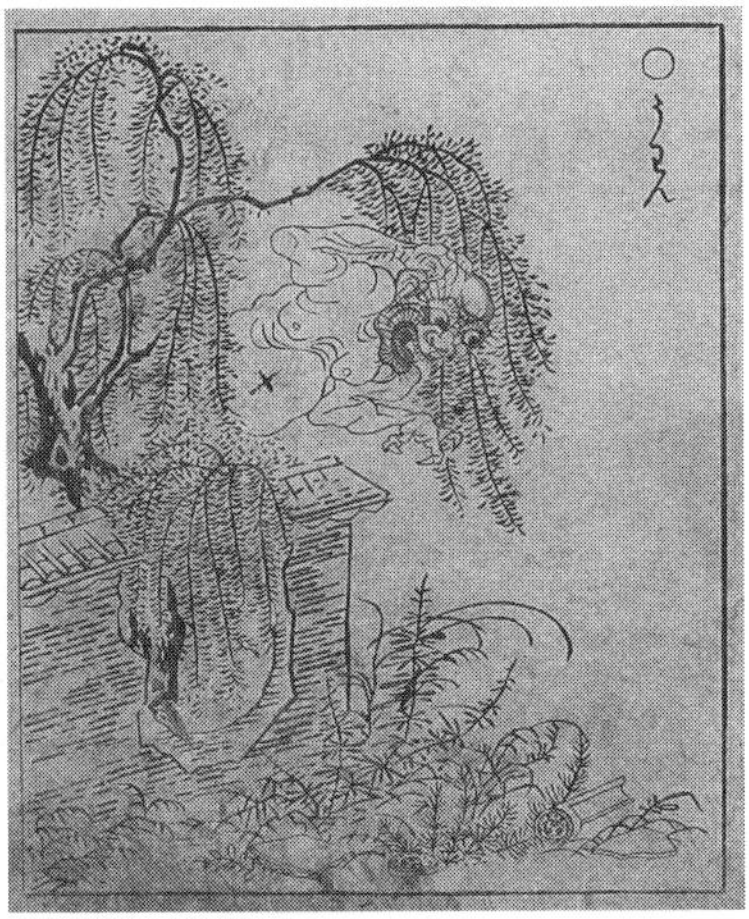

❷鳥山石燕のうわん

（東京藝術大学附属図書館蔵『画図百鬼夜行』）

藤澤は『妖怪画談全集　日本篇上』で、「古屋敷にウワンといふきびの悪い叫びを上げる怪」とした。気味の悪い叫び声という部分からスピーカーがモチーフに組み込まれた。

侍戦隊シンケンジャー

『侍戦隊シンケンジャー』の主題歌CDのジャケット。

登場する主な妖怪

※登場するアヤカシのモチーフになった妖怪

おおかむろ・鎌鼬《かまいたち》・土転び《つちころび》・水虎《すいこ》・衾《ふすま》・覚《さとり》・木霊《こだま》・一つ目小僧・傘化け・おとろし・児啼爺《こなきじじい》・提灯お化け・のっぺらぼう・栄螺鬼《さざえおに》・天狗・網剪《あみきり》・油すまし・うわん・瓶長《かめおさ》・目目連《もくもくれん》・一反木綿《いったんもめん》・牛鬼・獏《ばく》・火車《かしゃ》・

放送　二〇〇九年二月一五日～二〇一〇年二月七日
制作　東映

狂骨《きょうこつ》・小袖の手・泥田坊《どろたぼう》・雷獣・塗り壁・山颪《やまおろし》・ベトベトサン・釣瓶火《つるべび》・餓鬼・飛頭蛮《ひとうばん》・陰摩羅鬼《おんもらき》・煙羅煙羅《えんらえんら》・朧車《おぼろぐるま》・手の目

あらすじ

三〇〇年前（一七〇九年）より志葉《しば》家の侍たちは、その当主と家臣で構成された侍戦隊シンケンジャーを組織し、モヂカラという書いた文字を具現化させる力を駆使して、外道《げどう》衆たちと代々戦っていた。外道衆はこの世とあの世の狭間を流れる三途の川に棲み、古くから人間たちを襲い苦しめ続けてきたが、先代当主の時代に、外道衆の大将である血祭《ちまつり》ドウコクの封印に成功した。現代（二〇〇九年）になり、志葉家の現当主を務める志葉丈瑠《たける》は、シンケンレッドとして一人で外道衆と戦う日々を送っていた。しかし、後見役の日下部彦馬《くさかべひこま》は、外道衆のこの世への本格的な進行が始まったときに、一人での戦いに限界が来ることを予見し、家臣の四人の子孫たちを招集し、新たに侍戦隊シンケンジャーを結成する。

コンセプト

戦隊側のモチーフをシリーズ初となる「侍」とし、『忍者戦隊カクレンジャー』（一九九四年～一九九五年）から一五年を経て、妖怪が敵役の戦隊シリーズ作品。登場する怪人たちはアヤカシと呼ばれ、外道衆に三途の川からこの世に送り込まれる。

『仮面ライダー響鬼』（二〇〇五年～二〇〇六年）同様、妖怪伝承のそもそものルーツが作品に登場するアヤカシであるという設定が採用されている。そのデザインのモチーフの多くは、妖怪＋動植物で構成されている。『忍者戦隊カクレンジャー』が「ブロンクスの妖怪」というコンセプトでアメコミやストリートカルチャーなど現代に生きる妖怪を表現したのに対して、本作は和風のデザインになっている。デザインは『忍者戦隊カクレンジャー』と同様、篠原保が担当した［注1］。

アヤカシはモチーフとなった妖怪の名前ではなく、オリジナルの名称が付与されている。鎌鼬はオオツムジ、一つ目小僧はヒトミダマという分かりやすい名称のものから、油すましのオイノガレなどの妖怪が類推しにくいものまである［注2］。

デザインの基本は前述の通り妖怪＋動植物だが、妖怪画からのものも何体か存在する。カゲカムロというアヤカシは、下半身が大きな顔のようにデザインされていて、戸を開けると、突然巨大な顔で人を驚かすというおおかむろの伝承のルーツと設定されている。これは、速水春暁斎《はやみしゅんぎょうさい》『絵本小夜時雨《えほんさよしぐれ》』の狸が巨大な顔に化けて人を脅《おど》かすという絵が基であるが［❶］、そこに「おおかむろ」という名称はなく、この絵をリライトして「おっかむろ」として紹介したのは水木しげるであり、いまだ水木しげるの影響の強さを感じる。その他、泥田坊のルーツとされているアゼミドロは、左上半身から右肩にかけて泥田坊の全身を表現している。泥田坊は、大映妖怪三部作や『忍者戦隊カクレンジャー』など多くの作品に

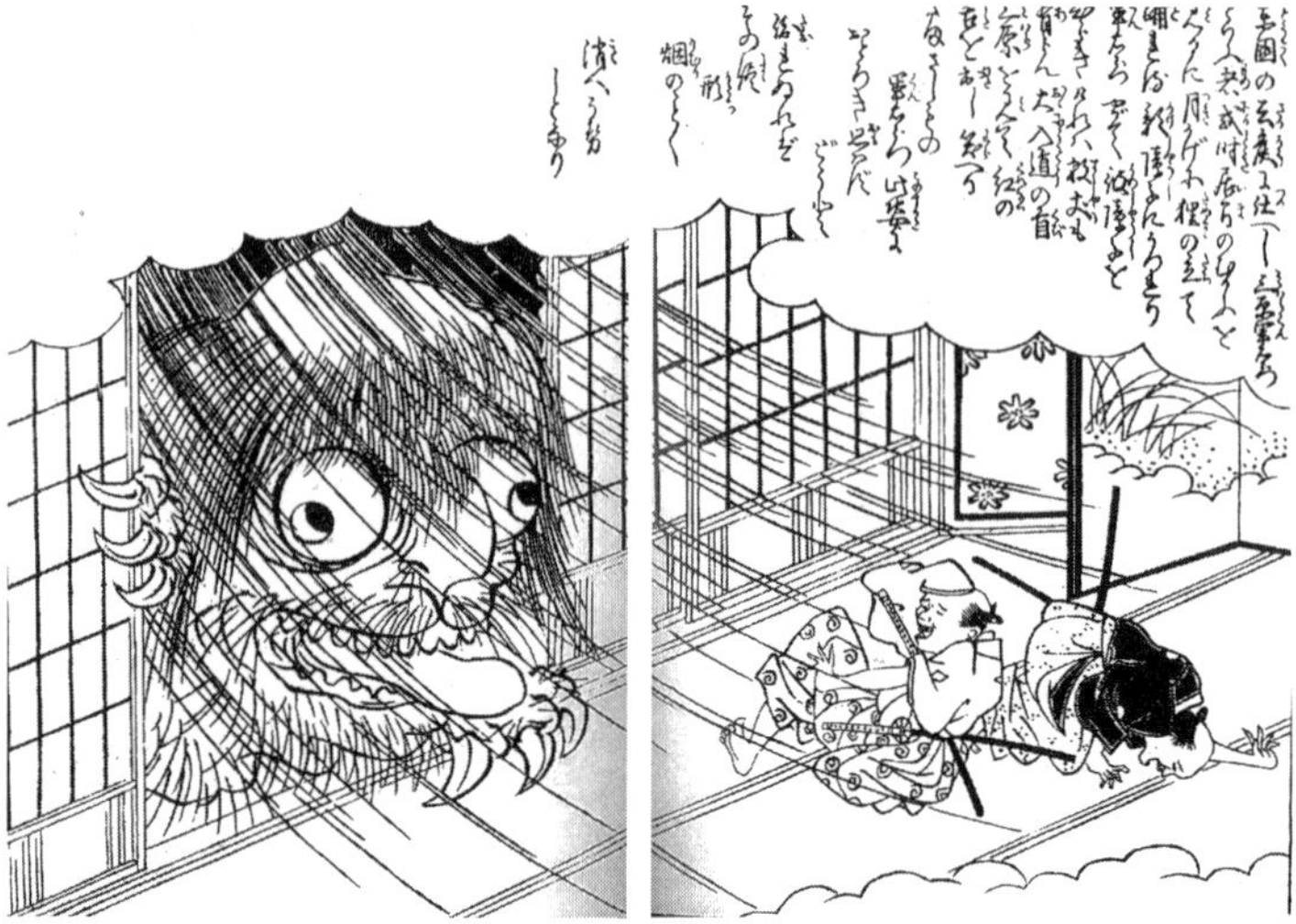

❶速水春暁斎『絵本小夜時雨』「古狸人を驚」（近藤瑞木編『百鬼繚乱　江戸怪談・妖怪絵本集成』）。カゲカムロのデザインの基になっている。

登場するポピュラーな存在である。一方で、ヨモツガリというアヤカシは、鬼火弾を吐き出す鳥のような右腕を、陰摩羅鬼という鳥型の妖怪に見立てた珍しいケースである。陰摩羅鬼は、『妖怪百物語』、『妖怪大戦争』にも登場するが、獣のような姿をしていて、鳥山石燕《とりやませきえん》の図版のような鳥型を踏襲したのは初である。これらの登場傾向は、鳥山石燕『画図百鬼《がずひゃっき》夜行《やこう》』のシリーズがインターネットや角川ソフィア文庫などで手軽に見ることができるようになったこと以外に、京極夏彦の影響も大きい。次に、その影響を見ていきたい。

京極夏彦の影響

『侍戦隊シンケンジャー』に登場する妖怪で『忍者戦隊カクレンジャー』に登場しなかった一八体中一〇体の妖怪が、京極夏彦の百鬼夜行シリーズで紹介されている。対象の一〇体の妖怪は、以下の通りである。

狂骨（『狂骨の夢』）・大禿（『鉄鼠の檻』）・木霊（『絡

新婦の理』）・うわん（『塗仏の宴　宴の支度』）・陰摩羅鬼（『陰摩羅鬼の瑕』）・小袖の手（『百鬼夜行　陰』）・瓶長／山颪（『百器徒然袋　雨』）・おとろし（『塗仏の宴　宴の支度』）・手の目（『今昔続百鬼　雲』）

狂骨は、陰摩羅鬼同様、大映妖怪三部作以外での登場が確認できない妖怪である。おおかむろは、デザイン上、水木しげるの影響が根底にあることは確かである。おおかむろと鳥山石燕が描いた大禿は、厳密には別にすべきであるが、妖怪の選定の段階で京極夏彦作品の影響も考慮できる。また、泥田坊も前述の通り、『忍者戦隊カクレンジャー』に登場しており、『今昔続百鬼　雲』でも紹介されている。そして、手の目［❷］をモチーフにした怪人は、デメバクトという名前で登場している。妖怪研究家・多田克己の絵解きから手の目と博打《ばくち》の関連［注3］は、京極夏彦『今昔続百鬼　雲』にも使われている。デザインベースはシナリオに合わせて双六とのことだが、花札や賽《さい》など博打を想起させる小道具を取り入れている。

▼注

［注1］「侍戦隊シンケンジャー」『東映スーパー戦隊シリーズ35作品記念公式図録 百化繚乱〈下之巻〉戦隊怪人デザイン大鑑』、グライドメディア、二〇一二年、二四六、二四七頁。

［注2］第三章の作品別登場妖怪一覧で登場名と妖怪名を併記し、作中の設定も記載しているので、参照していただきたい（二二一頁）。

［注3］多田克己「絵解き画図百鬼夜行の妖怪　手の目」『季刊怪』第参号（角川書店、一九九八年）で、カルタを切りまぜる際に自分の方へ良い札が来るようにすることを「手目」といい、それが転じて賭博で自分の利のあるようにごまかす如何様《いかさま》行為の意味となったことが解説されている。

❷鳥山石燕の手の目
（東京藝術大学附属図書館蔵『画図百鬼夜行』）

円谷プロ作品に見えたる妖怪【平成編】

多様な資料より

平成に入ってからは、一九九四年の京極夏彦のデビュー以降、妖怪に関する知識が水木しげる以外で多く得られるようになってくる。モチーフの取り方としては、『仮面ライダー響鬼』（二〇〇五年～二〇〇六年）の魔化魍《まかもう》や『侍戦隊シンケンジャー』（二〇〇九年～二〇一〇年）のアヤカシのように、作中の世界ではそれ自体が昔から存在し、さらには妖怪伝承の元になっているという形式で登場するパターンが増えてくる。円谷《つぶらや》プロの作品では、この手法は『ウルトラセブン』から使われているが、平成ウルトラマンのシリーズでもそれを継承しているものが多く見られる。

一九九六年の『ウルトラマンティガ』第一六話「よみがえる鬼神」で登場する宿那鬼《すくなおに》は、その昔、宿那山で大暴れした妖怪で、後頭部にも顔が存在し、その名前からも両面宿儺をモチーフにしていると考えられる。別名二面鬼。ウルトラマンティガとの戦闘で首を刎《は》ねられるが、頭部がウルトラマンティガに噛み付く姿は酒呑童子《しゅてんどうじ》も連想できる〔❶〕。

一九九七年の『ウルトラマンダイナ』第一九話「夢幻の鳥」には、姑獲鳥《コカクチョウ》が登場する。『ウルトラマンティガ』から始まる平成ウルトラマンシリーズに関しては、当時開米プロに所属し、特殊造型を担当していた杉本末男《すぎもとすえお》氏が「京極夏彦さんの姑獲鳥の夏が出たのもその頃（筆者注・平成ウルトラマンの開始）だったと記憶しています。ダイナに姑獲鳥なんて本来マイナーなものが登場したのも姑獲鳥の夏の影響だと思ってます妖怪を出しやすかったのも平成のシリーズが光と闇みたいな漠然とした言い方になっていたので受け皿が広がったんでしょうね。」［注1］とSNS上で回顧している（ウルトラマンティガの宿那鬼とオビコのことを呟いていたら、反応いただいた）。姑獲鳥をコカクチョウとしたのは、『和漢三才図会《わかんさんさいずえ》』の呼称を採用したものであることは間違いなく、不吉な鳥としてのイメージと羽毛を脱ぐと女性に変化する説から作られたデザインと考えられる［注2］。

『ウルトラマンコスモス』二〇〇一年の第九話「森のともだち」のヤマワラワは童心妖怪、その名の通り山童をモチーフにしていると思われ［❷・❸］、その後、本放送で未放送だった第五六話「かっぱの里」には河童のかわのじも登場する（一一一頁参照）。ヤマワラワは、名称以外に山童の要素をあまり垣間見

❶国立国会図書館蔵『大江山酒天童子絵巻物』二。切断された酒呑童子の首が凄まじい形相で源頼光に襲い掛かる。

❸鳥山石燕の山童
（東京藝術大学附属図書館蔵『画図百鬼夜行』）

❷『ウルトラマンコスモス』のヤマワラワ
（『週刊ウルトラマン OFFICIAL DATA FILE １２』）

ることができないが、日本に昔から住んでいて民話に語り継がれる妖怪でおとなしく温厚で寂しがりの性格、普段は人間大の姿だが、怒りで巨大化する。ヤマワラワと親しくなった少年が大人にさらわれると誤解して巨大化し、ウルトラマンコスモスと対峙する。二〇〇二年の第三六話「妖怪の山」には再登場し、ナマハゲをモチーフとした伝説悪鬼マハゲノムを封印するために、ウルトラマンコスモスと共闘する。

怪獣の形態と妖怪

最後に、二〇〇六年の『ウルトラマンマックス』第二九話「怪獣は何故現れるのか」に登場した怪獣ゲロンガを紹介したい。『ウルトラQ』の未製作プロット「ゲロンガ対山椒《さんしょう》ラウス」から名前を取るなど、『ウルトラQ』のオマージュ的なエピソードとなっている。

ゲロンガの別名は牛鬼怪獣で、作中でも現地の人々から牛鬼が出ると呼ばれているシーンがある。このゲロンガに対し牛鬼と称する形式は、『ウルトラセブン』で、テペト星人という宇宙人を河童に見立てるという形式に似ている。平成ウルトラマンシリーズが、登場する怪獣たちを妖怪として取り扱っているのに対して、ゲロンガに関しては、怪獣という得体のしれない生物に大きな角がある形状から「牛鬼」と呼ばれたという違いがある。これは妖怪的な捉え方ではあるが、たまたま呼称が妖怪の牛鬼と同じだけだったともいえる。前述の通り『ウルトラQ』という旧作のオマージュを組み込んだ回でもあり、ウルトラマンのシリーズとして原点回帰（『ウルトラマンマックス』という作品自体が原点回帰を一つのテーマにしている）を見せつつ、怪獣と妖怪の結び方によって、これぞウルトラマンシリーズという独自性を出したエピソードなのではないか。

▼注

[注1] 杉本末男（chara）@charashanben1 の Twitter（現X）でのツイートより（2022/05/26 19:48）。杉本氏はオムニバス形式の妖怪ドラマ『妖ばなし』の監督・脚本も手掛けている。文中の宿那鬼・オビコ・姑獲鳥・かわのじは杉本氏の作、ゲロンガの納品監修もしていたことも教えていただいた。

[注2]『和漢三才図会』には、「本綱に鬼神の類なり　能く人の魂魄を収む　荊州に多く之有り　毛を衣て飛鳥と爲り　毛を脱げば女人と爲る」とある。

成熟期 二〇一〇年代以降

■『妖怪ウォッチ』ブーム

「黎明期」とした一九六〇年代も「過渡期」とした一九七〇年代から一九八〇年代も、特撮に限らず漫画・アニメも水木しげるが大衆娯楽に見えたる妖怪を牽引してきたといっても過言ではなく、発展期とした一九九〇年代から二〇〇〇年代までも、京極夏彦による影響を多く受けながら、それ以前の水木しげるの影響は継続していたといえる。そのような中、二〇一〇年代に入り、妖怪関連の大きなトピックとして、二〇一三年からの『妖怪ウォッチ』のブームがあげられる。同年に一作目のゲームが発売、二〇一四年よりアニメ放送が始まると、小学生を中心とした人気は非常に高まり、その年の「新語・流行語大賞」トップテンに選ばれ、年末の第六五回NHK紅白歌合戦でキャラクターたちが登場することとなった。

『妖怪ウォッチ』自体も、水木しげるなどの先行の妖怪作品に影響を受けていないというわけではない。しかし、二〇一三年のゲーム一作目には古典妖怪の姿はなく、いくつか旧来の妖怪をモチーフにしたものもありつつ、基本的にはオリジナルの妖怪である。そのため完全に独立したキャラクターではあるものの、世の中に起きる不思議な出来事を妖怪の仕業とすることは旧来の妖怪伝承の考え方に近い。現代の日常生活を舞台としているため、子どもにもより身近に妖怪に触れやすい新たな土壌を作ったといえる。二〇〇〇年代後半頃から悪事を働く妖怪を退治する物語よりも妖怪と共生するという物語がゲームに限らず漫画・アニメ・実写ドラマ作品で作られていくが、『妖怪ウォッチ』の「ともだち契約」もこの路線の一つと見ることができる。

そして、ブームは加速し、一作目の一年後に発売されたゲーム二作目『妖怪ウォッチ2』で、古典妖怪が登場し、『妖怪ウォッチ』の好きな子どもたちに多くの妖怪たちを知ってもらえる機会が得られた。

妖怪知識の拡大

このブームに乗るかたちで、妖怪の書籍も多く刊行され、ゲームの内外で妖怪の知識は拡散していった。また、この時期は、子どもたちもインターネットで簡単に妖怪の情報を取得することができるようになり、子どもも含めた妖怪知識の拡大を前提として、『手裏剣戦隊ニンニンジャー』（二〇一五年〜二〇一六年）が放送された。妖怪との共生路線は多く作られるようになったが、その前後にもスーパー戦隊シリーズでは、妖怪をモチーフとした怪人をいくつか登場させているので、妖怪モチーフは退治されるものとしてもいまだ健在といえる。

『天装戦隊ゴセイジャー』（二〇一〇年〜二〇一一年）で

❶ 2011 年～ 2021 年までのスーパー戦隊シリーズの怪人画集『戦変万化』。『手裏剣戦隊ニンニンジャー』と他の作中に単体で登場した妖怪モチーフの怪人も網羅できる 1 冊。

は、ツチノコ、河童、ケサランパサラン、天狗、人魚、貘《ばく》といった日本の幻獣や妖怪をUMAの一種と見なし、それらをモチーフにした怪人が登場した。『快盗戦隊ルパンレンジャーVS警察戦隊パトレンジャー』（二〇一八年〜二〇一九年）では、獺《かわうそ》をモチーフにし、鳥山石燕《とりやませきえん》の獺をデザインに取り入れた怪人（その名もナイーヨ・カパジャー）も登場した。『騎士竜戦隊リュウソウジャー』（二〇一九年〜二〇二〇年）では幻獣やモンスターをモチーフとし、その中になぜか百々目鬼《どどめき》をモチーフにしたものやその映画版『魔進戦隊キラメイジャーVSリュウソウジャー』（二〇二一年）では、コロナ禍で注目を集めたアマビエをモチーフにした怪人までが登場している［❶］。

■ 妖怪との共生を描く

前述の通り二〇一〇年代は、妖怪との共生や日常に登場する妖怪といった傾向のドラマ作品も多く発表された。二〇二三年までに全一〇〇話が公開された、妖怪をテーマにしたオムニバス形式のドラマ『妖ばなし』（二〇一七年〜二〇二三年）は、今まで特撮に限らず漫画・アニメ・ゲームなどでも登場していなかった妖怪の取り扱いも多い。これも資料の拡充によるものと分析ができる。他にも『妖怪！百鬼夜高等学校』（二〇一八年）や『妖怪シェアハウス』（二〇二〇年）など、妖怪たちの日常が垣間見える作品も増えてきている。

これらを「特撮に見えたる妖怪」に含めるかどうかは悩むところではあるが、現在の映像作品における妖怪の登場傾向の顕著な例になると思い、本書では年表や妖怪別登場作品一覧に組み込んでいる。妖怪が持つ多面性、時代の変遷における妖怪の普及のされ方としても注目される点であろう。

今後も妖怪が登場する作品は作り続けられていくことは間違いないが、「成熟期」としたこの時期から今後どのような作品が生み出されていくのだろうか。

手裏剣戦隊ニンニンジャー

放送　二〇一五年二月二十日〜二〇一六年二月七日
制作　東映

サンスター文具のお年玉袋。スーパー戦隊シリーズは２月開始２月終了のため、アカニンジャー超絶（パワーアップ）とスターニンジャー（追加戦士）が写っている。

登場する主な妖怪

鎌鼬《かまいたち》・河童・火車《かしゃ》・がしゃどくろ・土蜘蛛《つちぐも》・雲外《うんがい》鏡《きょう》・天狗・猫股《ねこまた》・一反木綿《いったんもめん》・ダイダラボッチ・煙《えん》羅煙羅《らえんら》・山童・幽谷響《やまびこ》・二口女《ふたくちおんな》・傘化け・海坊主・おとろし・鵺《ぬえ》・獏《ばく》・塗り壁・雪女・貉《むじな》・九尾の狐・児啼爺《こなきじじい》・大百足《おおむかで》・朧車《おぼろぐるま》・目目連《もくもくれん》・網剪《あみきり》・貧乏神・酒《しゅ》呑童子《てんどうじ》・震々《ぶるぶる》・輪入道

あらすじ

一五七一年、恐怖による天下統一をもくろむ戦国時代最凶最悪の武将・牙鬼幻月《きばおにげんげつ》は、伊賀崎一族をはじめとする忍者たちに打倒された。幻月は最後に「四四四年後、もう一度、天下を恐怖で支配せん」という予言を残し絶命した。伊賀崎家最強の忍者・伊賀崎好天《いがさきよしたか》は、鬼面を依り代に妖怪として復活した幻月との戦いの末、四八枚の封印の手裏剣で祠に封印し、後にラストニンジャと呼ばれるようになる。

時は流れて現代（二〇一五年）、好天の孫である伊賀崎天晴《たかはる》は、放浪の旅から四年ぶりに伊賀崎忍術道場に帰ってきたが、道場に突然現れた怪人たちをアカニンジャーに変身して撃破する。道場にそろっていた天晴の妹・風花《ふうか》、いとこの加藤・クラウド・八《や》雲《くも》、松尾凪《まつおなぎ》、百地霞《ももちかすみ》に父・旋風《つむじ》は幻月の言い残した四四四年後とは今年ではないかと告げる。同じ頃、十六夜九衛門《いざよいきゅうえもん》によって祠の封印は解かれたが、幻月の完全復活には至らず、妖怪たちは幻月の完全復活に必要な「恐れ」を集めるため、人々を襲い始める。天晴たち五人は旋風から忍者一番刀を託され、手裏剣戦隊ニンニンジャーとして人々を守るため、幻月の完全復活を阻止するため妖怪を退治する。

コンセプト

『侍戦隊シンケンジャー』（二〇〇九年～二〇一〇年）から『手裏剣戦隊ニンニンジャー』の五年間の大きな出来事としては『妖怪ウォッチ』（二〇一三年～）を外すことはできない。『手裏剣戦隊ニンニンジャー』は『妖怪ウォッチ』ブーム後の作品であるため、『侍戦隊シンケンジャー』で除外された分かりやすい妖怪が復活している。『手裏剣戦隊ニンニンジャー』もあえて妖怪モチーフとしたのは、子どもの妖怪知識の広がりによるものだと特撮雑誌にメインライターがコメントしている［注1］。

登場する妖怪たちは、各地に散らばった封印の手裏剣が無機物に取り憑き妖怪化するという設定である。鳥山石燕《とりやませきえん》などの妖怪画に描かれたものを下地に無機物を取り入れたデザインとなっている［注2］。

例えば、第一話に登場する鎌鼬はチェーンソー、第三五話の大百足は電源タップというように器物と妖怪を合成した姿となっている。もともと無機物をモチーフとした妖怪たちは別のものに置き換えられており、例えば第五話の鏡の妖怪・雲外鏡はパラボラアンテナ、第三七話の目目連はキーボードで表現されているが、もともとの鳥山石燕の画では、障子に浮かび上がった目である。極めつけは第一六話の傘化けは傘ではなく、万年筆で表現され、インクの雨を降らせるのは面白い。

前述の雲外鏡は、鳥山石燕の描いたデザインの再現性も高い［❶］。他にも、細かい部分ではあるが、インラインスケートをモチーフにしている第三話の火車は、ホイール部分が鳥山石燕の描く火車［❷］

❶国立国会図書館蔵『画図百器徒然袋』の雲外鏡。藤澤衛彦『妖怪画談全集　日本篇上』では鳥山石燕の添え書きが消されている。

❷鳥山石燕の火車（東京藝術大学附属図書館蔵『画図百鬼夜行』）。死体を運ぶ猫のような化け物に胸から腹にかけて乳首が描かれている。

の乳首になっている点や、スニーカーがモチーフになっている第一三話の山童は、シューズの紐が浮き出た肋骨《ろっこつ》のように見える点は素晴らしい。

その他、本書ではキリがなくなってしまうので、日本の妖怪に限定してピックアップしているが、本作では西洋妖怪として西洋甲冑と他の無機物をモチーフとしたドラキュラ、フランケン、狼男［注3］や、隼《はやぶさ》やサイなどの動物をモチーフにした忍者も登場している（忍者の中で貉は妖怪モチーフとしても捉えられる）。

妖怪ウォッチの影響？

『手裏剣戦隊ニンニンジャー』の登場妖怪のうち以下は、『妖怪ウォッチ』にもオリジナル要素を加えた名称違いの亜種やそのままの名前で古典妖怪として登場したものである。

雲外鏡・九尾の狐・天狗・塗り壁（ムリカベ）・
ダイダラボッチ・海坊主・猫股（ジバニャン）・
河童・獏・鵺・土蜘蛛・一反木綿（イッタンゴメン）・

がしゃどくろ・傘化け・大百足（ムカムカデ）・
朧車（マヨイグルマ）・貉・貧乏神・煙羅煙羅

登場妖怪のかぶりが非常に多い印象を受けるが、ジバニャンのように明確に意識してデザインされたものはあるものの（一四五頁参照）、『妖怪ウォッチ』に直接影響を受けてというよりも、特撮に限らず妖怪を紹介した資料が増え、それを脈々と受け継いできた世代がクリエイターになり始めたことや、何度も刷り込まれていくうちに一九七〇年代の河童や鬼、化け猫などと同じベースで一般化されてきた流れを感じることができる。これは、二〇一六年の『妖怪ウォッチ3』で『手裏剣戦隊ニンニンジャー』に登場した鎌鼬、おとろし、酒呑童子が登場していることからも同じことが考えられる。

この時期は玉石混交はあると思うが、『妖怪ウォッチ』のメイン対象の小学生向けに限らず、『妖怪ウォッチ』と関係のない妖怪本も大量に出版された印象がある。古典妖怪からオリジナルの妖怪まで多様性を持ったキャラクターを登場させた『妖怪ウォッチ』をきっかけに、そのモチーフの基になった鳥山石燕などが描いた妖怪のデザインにも触れられるようになっていった。『手裏剣戦隊ニンニンジャー』が放映されたのはそのような時期だったといえる。

▼注

［注1］「下山健人（メインライター）×武部直美（プロデューサー）」『東映ヒーローMAX』vol.51、辰巳出版、二〇一五年、四頁。

［注2］「手裏剣戦隊ニンニンジャー」『戦変万化　スーパー戦隊怪人デザイン大鑑』、ホビージャパン、二〇二二年、一二四頁。

［注3］第二章「コラム　特撮に見えたる世界妖怪たち」（一五一頁）でも触れている。

第二章

特撮に見えたる妖怪

河童《かっぱ》

河童は宇宙人である

■拡散されていく河童像

妖怪に興味がなくても河童を知らない人は、ほとんどいないであろう。頭に皿、背に甲羅《こうら》がある水辺の妖怪【❶】。きゅうりの巻き寿司は河童巻きと称され、「河童の川流れ」や「屁の河童」など慣用表現としても使われ、鬼や天狗と並んで代表的な妖怪の一つといえる。

江戸時代以前から絵巻や随筆などでその存在は知られていたが、初期の映像作品に影響を与えた講談や歌舞伎などの演芸作品での登場は、『闇梅百物語《やみのうめひゃくものがたり》』（一九〇〇年初演、明治時代の作品）の例外もあるが、実は多くはない。大正時代に入ると、幻想怪奇を取り扱った映像作品は増えていくが、妖怪としての河童をメインに取り扱った作品としては、『河童妖行記』（一九二五年）を待つことになる（それ以前にも泳ぎの達人を河童と称する事例は存在する）。その後、『河童大合戦』（一九三九年）や美空ひばりのデビュー曲「河童ブギウギ」を挿入歌とした『踊る龍宮城』（一九四九年）へとつながっていく。

映像作品以外では、一九五三年から『週刊朝日』で漫画家・清水崑《しみずこん》が「かっぱ天国」を連載開始、一九五五年には酒造会社・黄桜がイメージキャラクターとして採用、同年スナック菓子メーカー・

カルビーは「かっぱ天国」から名称を取り、かっぱあられを販売した［注1］。清水崑による河童は、一九五九年から都民の日のバッジとしても採用され、キャラクターとしての河童の認識が世間でも一般化されてきたことが分かる。その後、水木しげるも一九六一年に『河童の三平』を貸本で刊行し、『河童の三平　妖怪大作戦』（一九六八年）として実写ドラマ化されている。

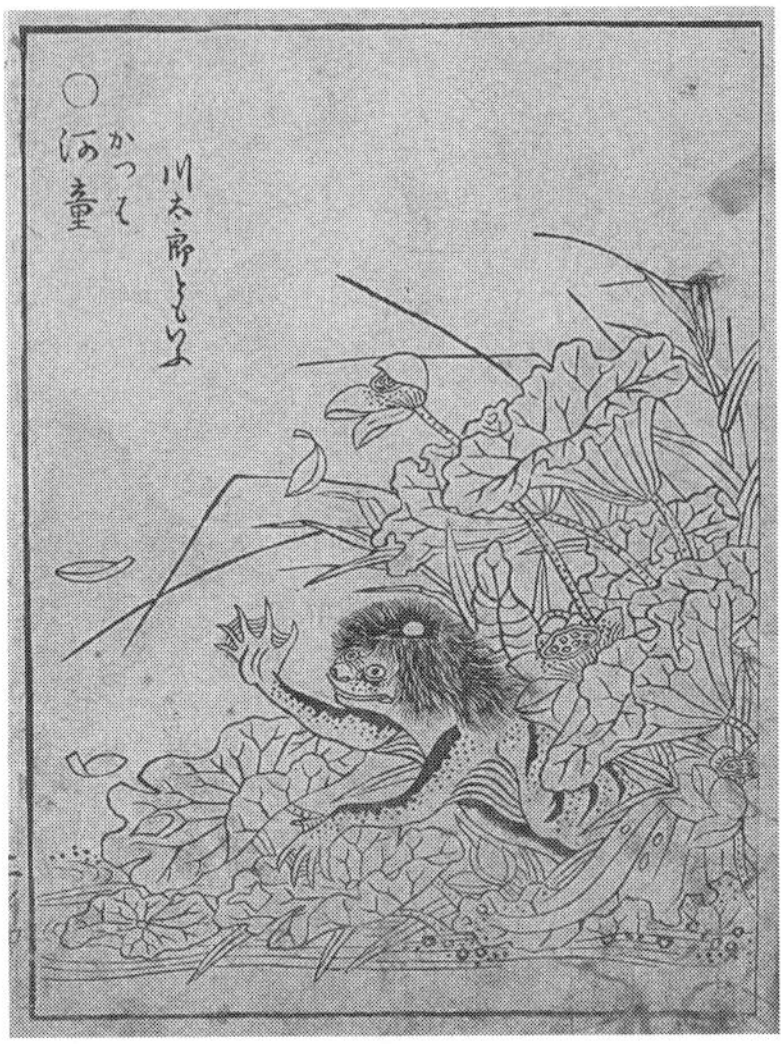

❶鳥山石燕の河童
（東京藝術大学附属図書館蔵『画図百鬼夜行』）

■河童変じて宇宙人

一九六八年の『河童の三平　妖怪大作戦』と同年に上映された大映の『妖怪百物語』と『妖怪大戦争』でも河童が登場した。ウルトラマンシリーズも例外ではなく、『ウルトラセブン』第四一話「水中からの挑戦」にテペト星人とテペトという河童型の宇宙人と怪獣が登場する［❷］。この回では、日本河童倶《く》楽《ら》部《ぶ》という団体が登場し、河童談義が繰り広げられている。当時の資料や河童知識が垣間見えるので、書き起こしたものを記載する［❸］。

「水中からの挑戦」は、一九六八年七月の放送で

❷テペトは『週刊少年マガジン』の怪獣募集で金賞を取った怪獣（『週刊少年マガジン』1968年3月24日13号）。

漫画家「さあ、いよいよ河童にご対面できるぞ」
カメラマン「なんだか胸がわくわくするわ」
漫画家「そう、待ちに待った河童ちゃんだ」
料理屋「だいたいねぇ、河童などという妖怪変化はねぇ」
漫画家「意義あり。河童は妖怪じゃない」
カメラマン「そうよ、アイヌじゃミンツチ。つまり、水の神様。博多へ行けばかっぱ仏というのもあるわ」
漫画家「そうだそうだ、和歌山のガタロ祭り、徳島の川祭り、岡山のカハコ祭り……。皆河童を祀っているんだよ」
料理屋「ハハハ、こりゃまた失言を」
(略)
漫画家「しかし、河童はいいなあ。好きだなあ。秋の末、ヒョウヒョウと鳴きながら、川岸を山へ向かう河童」
▼別シーン
SF作家「まだ言ってやがる。河童なんて、この世にいるわけないだろう。昔からみんなが、河童だ、河童だって言ってんのは、ホントは宇宙人なのさ。甲羅がボンベで、口が尖っているのはマスク……」

❸『ウルトラセブン』第41話「水中からの挑戦」河童倶楽部会員の会話の書き起こし。

はあるが、日本河童倶楽部の会員の中でも、妖怪として見る人、神様の類として見る人、宇宙人として見る人、実存の有無などの観点の違いが当時の限定された情報量を考えるとマニアックであり、現在においても全く古さを感じない回となっている。

一九六八年は、アニメ『ゲゲゲの鬼太郎』（第一期）、前述の映画『妖怪百物語』、『妖怪大戦争』と現代の妖怪作品へのつながりができつつある転換期にあたる年代と分析できる。水木しげるの『週刊少年マガジン』増刊号の『日本妖怪大全』も、この年の年末の刊行であり、参考資料として水木しげるの妖怪図鑑が使われ始める前の段階であることが推測される。

■マニアックな河童知識を追え！

では、この年代でこのようなマニアックな河童知識は何を元ネタとして、脚本に組み込まれたのであろうか。


まず、怪しいと思った資料としては柳田國男『妖怪談義』と折口信夫「河童の話」であるが、双方とも会話に登場するような河童の記載は十分されておらず、決定打に欠けた。次に今野圓輔《こんのえんすけ》『怪談　民俗学の立場から』を見ると、「Ⅲ—4 遊泳自在の妖怪」に前述の会話に組み込まれている情報のすべてが記載されていた（一一六、一一七頁）。

まずはアイヌのミンツチについて、「ミヅチはすなわち「倭名類聚抄《わみょうるいじゅうしょう》」などに出ている水の神をさす日本語であった。ミヅチ系の名称は北海道アイヌのミンツチ」とある。次に、かっぱ仏は福岡市博多と表記された写真が掲載されていた。河童を祀《まつ》る祭りに関しては、「和歌山県伊都郡信太村《いとぐんしのだむら》で六月の晦日《みそか》に行うガタロ祭、徳島県長岡郡や九州五島の川祭、岡山県井原町《いばらちょう》のカハコ祭など、いずれも河童を祀り、水の恩恵を感謝し、水害を防ぐための水神祭りを行っている」と紹介され、並びに至るまで同様である。

そして漫画家の「ヒョウヒョウと鳴き山川を行き

来する河童」の台詞《セリフ》の元となっているのは「大隅の白引のスジンドンとよばれる水神様は、ヒョウヒョウと鳴きながら二月八日の春彼岸に地面や空を通って川に降り、秋は山に帰るといい、その山に帰ったスジンドンあるいはザラッパとよばれる河童をワロドンまたはオヂドンとよんでいる」と記されている一節からであろう。同年代の水木しげる原作の『悪魔くん』や『河童の三平　妖怪大作戦』や大映妖怪三部作は別として、この年代の作品の参考資料を考える上では重要な回といえる。

もう一点、気になるのがSF作家のいう「河童宇宙人説」である。一九五六年の『毎日グラフ』七月一日号の「新説・カッパは宇宙人なり」で、劇作家の北村《きたむら》小松《こまつ》は「このカッパというところの一見奇妙な外見のものは、じつは「宇宙人」であるという新説を、ここにもち出したらどういうことになるだろう。（略）クチバシがあるように描かれているのは、ガスマスクのような一種のマスクであり、甲羅と思ったのは、彼らが呼吸する気体のボンベにちがいないのである」から来ていると考えられる。これは冗談で書いたものと北村小松は述懐しているが、その後SF作家の斎藤守弘《さいとうもりひろ》も一九七五年の『惑星動物の謎』でこの説を紹介していることから、『ウルトラセブン』に限らず、SF分野での広がりもあったようである。河童宇宙人説は、約二〇年後に米米CLUBのボーカル石井竜也《いしいたつや》が監督をした、映画『河童』（一九九四年）でも見られる人気の解釈といえる。これらの河童論を組み込みつつ、『ウルトラセブン』という作品に沿った形で、河童は宇宙人あるいは怪獣としてウルトラセブンと対峙するという絶妙なバランスで作られた回となっている。

■河童要素の正統系譜

河童モチーフの怪物は、二〇二三年まででもっとも登場頻度が高いといえる。特に頭頂に皿があり、尖《とが》った口、背中に甲羅という姿は多くの作品に踏襲されていく。

一九六八年の作品としては、『ウルトラセブン』のテペト星人、テペトの他に、『妖怪百物語』、『妖怪大戦争』、『河童の三平　妖怪大作戦』に河童が登場し、頭の皿、クチバシのような口、甲羅という基本要素を取り入れつつも各作品で独自性を出している。

『妖怪百物語』では、角ばった怖い面相の着ぐるみで口は突き出ているが、鳥のクチバシのようではない。それに対して、『妖怪大戦争』では愛嬌のある表情で、口は黄色く着色されていて完全にクチバシになっている。また、『妖怪百物語』と比較して登場シーンも多く、動きやすさを考慮してか、頭部はマスクで、身体は着ぐるみではなく、襞襟《ひだえり》に腹掛け、腰蓑《こしみの》という衣装となっている。『妖怪大戦争』は、『妖怪大戦争』（二〇〇五年）とその続編『妖怪大戦争ガーディアンズ』（二〇二一年）としてリメイクされるが、その二作品の河童は、俳優の顔が分かりやすい特殊メイクとなった。『河童の三平　妖怪大作戦』では河童の姿は基本要素を押さえているが、平時は人間の姿で登場し、頭部の皿が河童であることを表現している。頭部の皿という一要素だけで河童自体を表現できることが『河童の三平　妖怪大作戦』からも分かるが、『妖怪百物語』から『妖怪大戦争ガーディアンズ』の河童の変遷は、技術進歩や登場作品それぞれのキャラクターの動き方などの表現の住み分けが見える事例といえる。

『妖怪百物語』からの河童らしさは、『白獅子仮面』（一九七三年）や『行け！牛若小太郎』（一九七四年〜一九七五年）の河童に受け継がれていく。この二作品は、妖怪がそのまま敵怪人として登場し、『白獅子仮面』では河童が主人公・剣兵馬《つるぎひょうま》を水に引き込むシーンがあり、『行け！牛若小太郎』の河童は力が強く相撲好きである。

少し間が空くが（その間に登場した特徴的な河童たちのことは後述する）、『仮面ライダー（スカイライダー）』（一九七九年〜一九八〇年）のオカッパ法師は、スタンダードなデザインの河童型改造人間である。頭の皿を投げて爆発させる「皿爆弾」や甲羅による防御方法「甲羅返し」など、河童デザインを活《い》かした戦い方や体を腐らせるほどの威力のある「屁のカッパ攻撃」、口から吐き出した黒い布状の物質で締めつける「カッパ巻き」といった攻撃方法を用いる。これらの戦闘方法は河童の容姿や縁のある言葉の一般化を感じる。一般化という観点からは、『救急戦隊ゴーゴーファイブ』（一九九九年〜二〇〇〇年）の熊手《くまで》サイマ獣《じゅう》ガバラにも触れておきたい。河童型の怪人であるが、髑髏《どくろ》の首飾りや熊手を武器にしている点など、『西遊記』の沙悟浄《さごじょう》をイメージに取り入れている。沙悟浄は、原作で水怪として表現されるが、それは河童ではない［注2］。しかし、日本において、水怪が河童として一般化した結果のデザインである。

二〇〇〇年代に入ると、『さくや妖怪伝』（二〇〇〇年）に、利根川の大河童とその遺児である榊太郎《さかきたろう》が登場する。利根川の大河童は、皿、突き出した口、甲羅と要素がそろった姿で、江戸時代の地誌『利根川図誌』によると、利根川は禰々子《ねねこ》という河童の女親分がいた土地とされることから、その辺を踏まえての設定であろう。また榊太郎の方はほとんど人間の姿で、頭部の皿のみで河童を表現している点から『河童の三平　妖怪大作戦』の系譜といえる。

また、榊太郎には河童秘伝の薬を作る設定があり、この河童の秘薬の伝承は全国に残っているものである。これらの伝承的な河童要素の入れ込みは、一九九〇年以降の妖怪資料の拡充から来たものと考えられる。『仮面ライダー響鬼』（二〇〇五年〜二〇〇六年）の秩父《ちちぶ》の河童は、まさにイメージ通りの河童という姿で登場する。『仮面ライダー響鬼』の敵方の魔化魍《まかもう》は、序盤二種の生物の合成されたデザイン（例えば秩父のおとろしはサイと亀を合わせたような）の巨大な怪物として表現されていたが、河童は従来作品の等身大の怪人スタイルで夏の魔化魍として登場した。能力は、凝固する液体を口から吐き出し動きを封じる（剥がすとガスが発生して声が甲高くなる）ことや、胴体から首を切り離し、バラバラになった身体から増殖するなど、本来の河童伝承にはない要素を作り出している。魔化魍は現在の妖怪伝承の元になった存在として設定されているので、河童らしい姿や人間を溺れさせるという河童の基本情報を内含した上で、自由な設定を作り出したものといえる。

河童伝承が広く知られた影響は、怪獣として登場する河童にも影響を与えた。『ウルトラマンコスモス』（二〇〇一年〜二〇〇二年）の本放送で放送されなかった第五六話「かっぱの里」に登場したかわのじは怪獣ではなく、河童となっている。〇〇怪獣という別名ではなく、日本に昔から住んでいる心優しい妖怪として扱われている点がポイントである。等身大の姿で平時は人間と共存するが、怒りで巨大化し、ウルトラマンコスモスと対峙する展開になっている。かわのじは相撲と酒ときゅうりが好物で、怪我をした若者に秘伝の薬を渡すという、これでもかという程に典型的な河童として表現されている。

この人間と共生し、巨大化する河童像は『デスカッパ』（二〇一〇年）も同系統である。ただし『デスカッパ』はデザインこそ基本的な河童の造形だが、怪獣映画の要素が強く、核爆発によって巨大化している。妖怪映画の正当な系譜といえる『さくや妖怪伝』を手掛けた原口智生《はらぐちともお》が監督をしているのも面白い。

■変化する河童たち

基本要素に忠実な河童が登場する反面で、一九七〇年代以降は河童の要素を取り入れつつも、デザインや設定に多様性が生まれ始める。

『快傑ライオン丸』（一九七二年〜一九七三年）に登場するヤマワロ童子は、名前こそヤマワロとついているが、予告や関連書などで河童怪人（水神怪人とも）と称されている。頭部が皿状で口も尖っていて、名称や設定を確認しなくても河童型の怪人だと思えるデザインである。河童の姿でありながら、山童から名前を取っているのは、『快傑ライオン丸』という作品がウルトラセブンと同じく、今野圓輔『怪談民俗学の立場から』を参照にしていることに他ならない。今野圓輔は「カッパは夏は川に住み、冬になると山へ登って山ン太郎とか山ワロ、セコとよばれるものになる」と書いている［注3］。ヤマワロ童子という名称は漢字表記すると「山童童子」になるので、「童」が重複するのではと思っていたが、今野圓輔の表記から命名したとするると納得がいく。

『ウルトラマンA』（一九七二年～一九七三年）に登場したキングカッパーも斬新なデザインかつ設定となっている。頭頂部をプールに見せかけ、子どもたちを引きずり込み、ヘソを取って、前身に鱗の生えた「カッパ人間」にする。このように人間を水辺に引き込み、化け物にしていくという筋の話は、『超神ビビューン』（一九七六年～一九七七年）でも使われており、人間を沼に引き込み、水を飲まし、河童の仲間であるスイコ社会の一員にするという回がある（一二二頁参照）。姿形は変わっても、河童は水に引き込むものという認識が生きている。

『大戦隊ゴーグルファイブ』（一九八二年～一九八三年）のカッパモズーも皿を投げつけ、「カッパ皿移し」という術で人間を「カッパ人間」に変えている。カッパモズーが搭乗するカッパコングともども、基本デザインを取り入れつつ改造された姿である。『天装戦隊ゴセイジャー』（二〇一〇年～二〇一一年）の幽《ゆう》魔獣《まじゅう》・河童のギエム郎［❹］がやはり人間を全身についているダニで吸い取り、河童のエネルギーを注入して河童に変えている。作中では、敵対組織がいくつか登場し、幽魔獣は日本の幻獣や妖怪なども含むUMAと虫を組み合わせたモチーフの怪人となっている。河童のギエム郎は皿、クチバシのような口、甲羅と河童らしいデザインになっているが、頭部に乗った大きなダニが皿状になっていて、手足や首にダニが張りついている。設定としても相撲好きで相撲の技を得意としている。このように人間を怪人へ変化させ配下にする話は、河童に限らず多いが、河童モチーフの怪人はその担い手となる傾向が強いことは面白い。

■ 緑の身体と黄色のクチバシ

❹『天装戦隊ゴセイジャー』の河童のギエム郎。河童らしいデザインになっているが、デザインにダニが組み込まれている（『スーパー戦隊 OfficialMook 21世紀 Vol.10　天装戦隊ゴセイジャー』）。

❺『行け！グリーンマン』のカッパルゲ。この姿で河童モチーフと分かる（『行け！グリーンマン』のミニカード）。

緑の体色と黄色のクチバシの河童の系譜を見ていく。

『行け！ゴッドマン』（一九七二年〜一九七三年）と『行け！グリーンマン』（一九七三年〜一九七四年）のカッパルゲ〔❺〕は、河童デザインの認識の変化と定着が垣間見える。カッパルゲは、頭部の皿も身体の甲羅もない。緑の顔にクチバシがあるだけである。『キカイダー01』（一九七三年〜一九七四年）の地獄河童は頭部に皿を持つことで、河童と識別できるが、やはり体色は緑で口は黄色のクチバシをしている。身体はウェットスーツで（北村小松の河童宇宙人説を意識してか）背中にはボンベを背負っている。ミイラ状の水爆河童にも変身して、人間の背中に張りつき、その人を道連れに自爆する。河童の口が突き出ているのはスッポンの要素と考えられているが、『妖怪大戦争』を経て（『ママとあそぼう！ピンポンパン』に一九六八年から登場した河童のキャラクター・カータンも緑の体色に黄色のクチバシである）黄色のクチバシを持ち緑の体色というだけで河童を想起されるよう

❻左の頭部がカップのようになっているのが、『アクマイザー３』のカッパード（『アクマイザー３』のミニカード）。

になっている。

『鉄人タイガーセブン』（一九七三年～一九七四年）のカッパ原人は、タイガーセブンと戦うシーンもなく、一話に少し登場するだけなので、映像では分かりにくいが、水棲生物のような緑系の体色と突き出た口が特徴となっている。

『スーパーロボット・マッハバロン』（一九七四年～一九七五年）のデスマルクWOも河童をモチーフとした侵略ロボットであるが、全体的なシルエットは河童というよりも蛙のようである。頭頂のプロペラは皿を模していて、「カッパブーメラン」という武器になる。水棲生物と皿という要素を入れるのみで、河童に見えるぎりぎりのデザインと思われる。

『アクマイザー3』（一九七五年～一九七六年）のカッパード［❻］に関しては、頭の水がなくなると動けなくなるという設定と名前から河童をモチーフとしていると考えられるが、頭部は皿というよりも西洋の杯のようであり、河童の要素を意図的に廃しているようにすら見える。続く『超神ビビューン』は、スイコの回で河童的な話はすでに取り入れてしまっていることもあってか、傘をかぶった河童のようなカサカッパが登場する。身体は鱗に覆われて、口はクチバシ状だが、牙が生えている。唐傘に化けて子どもに近づいて襲うというカサバケの要素も入っている。傘の頭の部分が皿のようにも見える。傘の頭紙の部分をカッパと呼ぶので、名称からの連想だとしても形状からの連想だとしても面白い組み合わせとなっている。

一九九〇年代以降も自由なデザインや設定の河童たちが登場する。『忍者戦隊カクレンジャー』（一九九四年～一九九五年）の河童は現代社会に馴染《なじ》み、相撲ではなく、サッカーを嗜好し、競泳選手を思わせるデザインとなっている。また轆轤首《ろくろくび》と夫婦という設定も新しい。

同じくスーパー戦隊シリーズの『手裏剣戦隊ニンニンジャー』（二〇一五年～二〇一六年）の河童は、消火器が古来の河童伝承を受け継いだ姿として、頭部も皿ではなく消防士のヘルメットのようになっている。無機物と妖怪の組み合わせが『手裏剣戦隊ニンニンジャー』の怪人の特徴であるが、『超神ビビューン』のカサカッパと通じるものがある。この妖怪河童も、横綱級の相撲の腕前という基本設定を取り入れつつも、デザインは新しい変化を加味している。

こうして特撮に見えたる河童たちを並べてみることで、河童が代表的な妖怪たるゆえんを感じる。過去より描かれ、伝承され、随筆や小説などに書かれ、基本的なデザインや設定が受け継がれることで河童と認識できるコードが確立されてきた。そのお約束事を取り入れていけば、多くの人が河童と認識しやすく、扱いやすい妖怪なのであろう。

▼注

［注1］カルビー公式noteアカウント「発売から半世紀以上！ロングセラー商品「かっぱえびせん」開発の歴史を紐解く」、https://note.calbee.jp/n/n14d59eb1afc3。

［注2］『西遊記』では「程なく流沙河の岸に到った。この河は幅が広い。どうして渡らうかと考へてゐると、河の水が山のやうに捲き上って、そのほか恐ろしい妖魔が手に寶杖を下げ、波を蹴立てて岸に上がり、観音菩薩へ向かって跳びかかった」と妖魔と称されている。また、「私はこの河中に身を沈めて居りますが、食料がなくなり、飢えに苦しむときは、往来の人を殺して食べて過ごして居ります」ともあり、河の中に潜む妖魔であることが分かる。これを日本の水の妖怪に当てはめて河童の姿が与えられることになる。

［注3］今野圓輔『怪談　民俗学の立場から』、社会思想社、一九五七年、一一七頁。

河童のようで河童ではない!!

水虎《すいこ》

■水虎とは何か

『妖怪ハンターゼノン』という石森章太郎《いしのもりしょうたろう》を原作とする特撮番組の企画書がある。その真贋《しんがん》を疑いながらもゼノンという水虎《すいこ》をモチーフとした半妖怪のヒーロー、濡れ女のヒロインという興味深い内容だった（六〇頁参照）。主人公が変身するゼノンのモチーフとなった水虎の設定は、架空のガス気体状元素ゼノンを生体化したものであり、「気体にも　液体にも　個体にもなり、何者にでも侵入できる能力があります。液体になって水に溶け込むことも　気体になって空をとぶことも　固体になって打ちこわすことも協力です」（強力と考えられるが原文のまま）と企画書には記載されている。この設定を糸口に、古典から特撮まで、様々な水虎の特徴を見ていくことにする。

はじめに、特撮のキャラクターではない水虎とは、そもそもどのような妖怪だろうか。

寺島良安《てらしまりょうあん》『和漢三才図会』には中国明代の本草書『本草綱目《ほんぞうこうもく》』を元に「水虎は襄沔記注《じょうべんきちゅう》に云　中廬県《ちゅうろけん》に涑水《そくすい》有て沔《べん》中に注ぐ　物有り　三四歳小児の如く甲は鯪鯉《りょうり》の如く　射ても入ること能はず　秋沙上に曝す　膝頭虎掌爪に似たり　常に水を没し膝を出して人を示す　小児之を弄へば便ち人を咬む

人生きながら得る者其の鼻を摘まんで之を小使いとすべし」とある［❶］。日本では中国の水虎に相当する妖怪はいないが、長崎県や青森県などで河童と混

❶『和漢三才図会』の水虎
（国立国会図書館蔵）

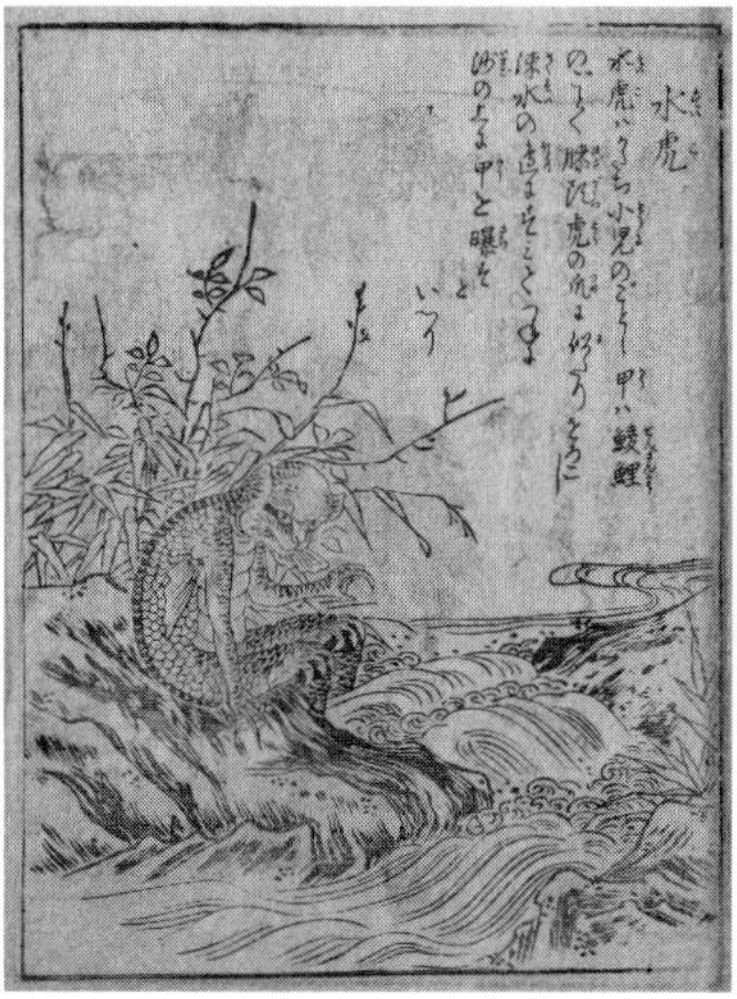

❷鳥山石燕の水虎
（九州大学附属図書館蔵『今昔画図続百鬼』）

同され、地域特有の呼称として「水虎」という同名の水辺の妖怪、あるいは水神の類を見ることができる［注1］。

鳥山石燕《とりやませきえん》の『今昔画図続百鬼《こんじゃくがずぞくひゃっき》』では水虎の図版と説明書きが見られるが［❷］、前述の『本草綱目』を引用して書かれている。

また、今野圓輔《こんのえんすけ》『怪談　民俗学の立場から』には「河童の元の型は、今もなお、神として祀られている水神様であって、青森県あたりでは、水虎様であるとか、オシッコサマという変な名前で呼ばれているものだが、これが河童の直接に、前の段階を示す神がみである」［注2］と河童のようでありながら、神として祀られている水神様に対して、水虎様と称されたもののようである。水虎様は雌雄で祀られることもあり、同じく今野圓輔『日本怪談集　幽霊篇』では、「玄関をあがった取付の2畳の神棚に、津軽地方の河童の神様である左右一対の〝お水虎さま〟を祭っていた折口信夫先生」［注3］という記述も見られる。他にも細かい情報はあるが、先に進まないので、次

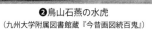

に大体の要素をまとめる。

妖怪としての水虎の特徴

①中国由来の河童のようなものである。
②三・四歳の子どものような姿で、鱗のようなものが体にあり、頑丈。
③膝頭は虎の掌爪のようである。
④日本の水神や河童と混同、統合されて水虎様などの名称で祀られることがある。
⑤左右一対（雄雌）で祀られることがある。

『妖怪ハンターゼノン』のような「気体にも　液体にも　個体にもなり」という要素はないことが分かる。『妖怪ハンターゼノン』は一九七〇年代半ばの企画とコラムでも推定したが（六〇頁参照）、当時の特撮を作る上での参考資料は水木しげると佐藤有文がかなり大きな影響を与えていると考えられ、ゼノンの設定は明確に『ゲゲゲの鬼太郎』に登場する水虎の影響にあると思われる。

■水木しげるの水虎

では、水木しげるはどのような水虎を描いていたのであろうか。まず、鳥山石燕タイプの水虎だが、『ゲゲゲの鬼太郎』の妖怪ラリーの回の毛沢東《もうたくとう》語録を片手に参戦する姿が印象深い［❸］。『妖怪なんでも入門』などでも紹介されるものの使用頻度は低く、水木は鳥山石燕タイプの水虎をあまり描いていない。

また、『水木しげるお化け絵文庫』などの妖怪図鑑で水虎として紹介される場合は頭に皿、背中に甲羅のある肉づきの良い河童のような姿で描かれ、『日本妖怪大全』に至るまでデザインはこの系統で定着している［❹］。

一方で『ゲゲゲの鬼太郎』では、妖怪ラリーに登場する水虎以外に同名の別の水虎が存在している。こちらの水虎は液体状［❺］で壺に封印されていたが、壺を掘り起こした少年があやまって水虎を飲んでしまい、水虎に操られる。しかし、鬼太郎に対峙するときは霧状の幽霊のような姿になっている。また、自ら他者の体内に入り込むこともできる［❻］。水虎に入り込まれた鬼太郎は、雪の中で身体を冷やし、体内の水虎を凍らせ、再封印する［❼］。雄と雌がおり、アニメ版では虎のような姿で描かれることも多い（五期は図鑑系統の姿を踏襲）。

こちらも出典やより細かい情報を入れていくとキリがないので、次にまとめる。

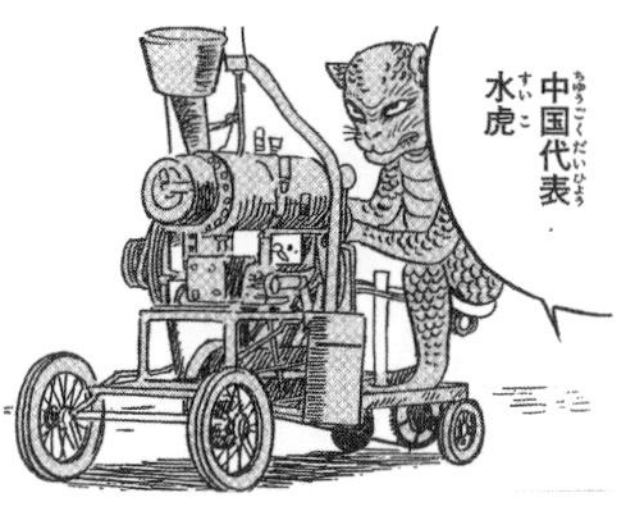

❸妖怪ラリーに参加した水虎
（『水木しげる漫画大全集』32「ゲゲゲの鬼太郎　妖怪ラリー」）

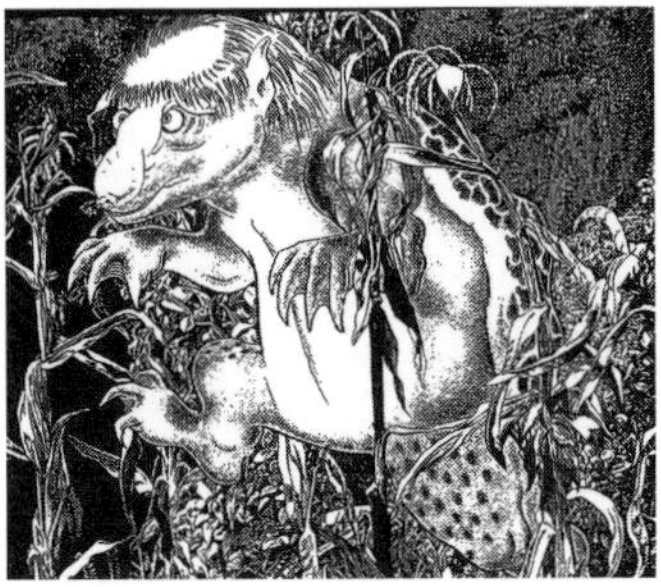

❹妖怪図鑑で紹介される水虎
（『決定版日本妖怪大全　妖怪・あの世・神様』）

水木作品での水虎の特徴

⑥中国（長江）の代表妖怪。石燕のデザインを踏襲（①・②・③の要素）。

⑦頭に皿、背に甲羅のある河童のようなデザイン（日本の河童のイメージ）。

⑧水状の妖怪。幽霊のような霧状や凍らせられ固体になることもある。雌雄がある（④・⑤の要素）。

⑨⑧に加えてアニメ版では虎のようなデザインで表現されることもある（文字からのイメージ）。

以上から『妖怪ハンターゼノン』でいう「気体に

も　液体にも　個体にもなり、何者にでも侵入できる能力があります。液体になって水に溶け込むことも　気体になって空をとぶことも　固体になって打ちこわすことも協力です」の要素は水木作品での水虎の特徴の⑧が強いことが分かる。

❺水のようなもの（液体）なので、殴られても切られても平気だ（❺〜❼『水木しげる漫画大全集』29「墓場の鬼太郎　水虎」）。

特撮に見えたる水虎

一九七〇年代半ばと推測される企画書『妖怪ハンターゼノン』だが、同年代かつ同じ石森章太郎原作の『超神ビビューン』（一九七六年〜一九七七年）もあり、こちらにも水虎が登場する［❽］。デザインとしては、虎の頭と身体が甲羅に覆われている怪人で、水虎の特徴⑨の虎デザインの影響も感じられる（ビビューンは一九七六年、アニメ『ゲゲゲの鬼太郎』一期は一九六八年）。「虎」の入った名前由来かもしれないが、ストーリー展開の上でもこの水虎に呪いの水を飲まされた人が水虎の社会の一員となるという設定があり、壺に入っていた液状の水虎を飲んで操られる流れと重なって見えてくる。

次に水虎をモチーフにしたキャラクターが登場する特撮作品は、二〇〇九年まで待つことになる。『侍戦隊シンケンジャー』（二〇〇九年〜二〇一〇年）にナミアヤシという怪人が登場するが、アヤカシという怪人が古来より伝わる妖怪伝説の元になっているという設定のため、水虎の伝承のルーツになっているのが、怪人ナミアヤシである。

右半身は虎、左半身は激流のデザインとなっている。膝頭に虎の掌爪が配置されている点は、水虎の特徴の③に合致する。この虎の掌爪を膝頭に配置したことが鳥山石燕の解説を意識したものであるか、そうでないのかは判断はつかないが、独自性を垣間見ることができる面白いデザインといえる。本作放送時は妖怪に関する資料がかなり拡充されており、参考にしていてもおかしくはない。

❻霧状（気体のよう）になって、空を飛び、何者にでも侵入できる。

❼（凍らされて封印されたが）氷（固体）になることも可能！

三つの特撮作品（一作は未放映）を前述の特徴との関連を含めて、次にまとめる。

特撮に見えたる水虎の特徴

⑩『妖怪ハンターゼノン』では⑧の特徴を引き継いだ形で水虎を表現。

⑪『超神ビビューン』では⑨と⑦に通じる日本の河童のイメージ。

⑫『侍戦隊シンケンジャー』では⑨のイメージと水難に通じる④のようなイメージも見られる。

以上のように『本草綱目』や鳥山石燕で紹介された水虎が、日本の水神や河童と結びつき、そして、水木しげるが漫画や妖怪図鑑などでそれらを別々に表現した。蓄積されていった資料を参考にした（と思われる）特撮作品は、要素を取捨選択し、さらに新しい要素を付加して水虎のデザインやストーリーを生み出していったことは非常に興味深い［❾］。

▼注

［注1］村上健司『妖怪事典』「水虎」、毎日新聞社、二〇〇〇年、一九六頁。

［注2］今野圓輔『怪談　民俗学の立場から』、社会思想社、一九五七年、一一〇頁―一一一頁。

［注3］今野圓輔『日本怪談集　幽霊篇』、社会思想社、一九六九年、二九二頁。

❽『超神ビビューン』のスイコ。人々に呪いの水を飲ませて、スイコ社会の一員を増やすぞ！
（『石ノ森章太郎変身ヒーロー画集　After1975』）

❾水虎イメージの変遷と関連性

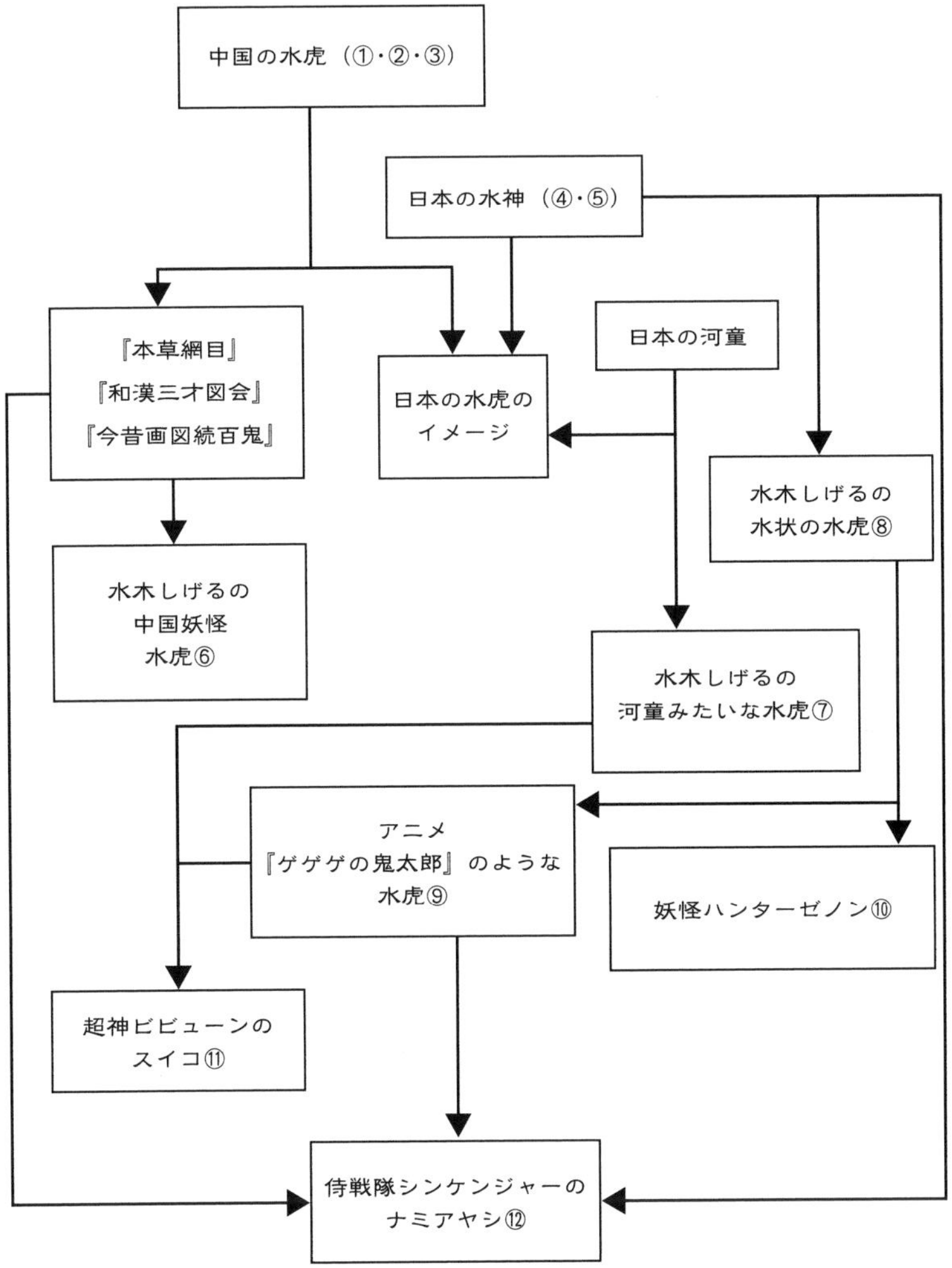

時代によって変化した飛行物体

天狗《てんぐ》

■山伏・鳥・流星・狐

山中に棲《す》む妖怪で、日本全国に伝承や伝説が分布する天狗。翼がある人のような姿で、赤い顔をして鼻が高い鼻高天狗（大天狗）や猛禽《もうきん》類のような顔［❶］の烏天狗もいる。手に葉団扇《はうちわ》を持ち、一本歯の高下駄を履き、山伏や僧侶のような服装をしている。神通力があり、葉団扇で大風を吹かせたり、翼を使い自由に飛翔することもできる。民話では、天狗の隠れ蓑という道具を使い、姿を隠すとされている。山林でお囃子《はやし》の音や木を倒すような音、小石をぶつけられることなどの原因として考えられ、それぞれ、天狗囃子《ばやし》や天狗倒し、天狗礫《つぶて》と呼ばれる。人が行方不明になる神隠しも天狗の仕業とされてきた。

日本での天狗のもっとも古い記述は『日本書紀』で、舒明天皇九年（六三七年）二月に「大なる星、東より西に流る。便ち音有りて、雷に似たり。時の人の曰く、流星の音なり、亦曰く、地雷なりと、於いて是に僧旻僧《みんほうし》曰く、流星にあらず、是れ、天狗《あまつきつね》［注1］なり、其の吠ゆる声雷に似れるのみ」とある。

中国でも『史記』天官書巻五に「天鼓は音あること雷の如く雷にあらず。音地に在りて、下りて地に及ぶ。その往く所の者は、兵その下に発す。天狗は状大奔星の如くして声あり。其の下地に止まりて、狗に類す。堕つる所炎火に及ぶ、之を望むに火光の如し。炎炎として天を衝く」とあり、流星のように雷に似た音を出しながら流れるものを、天狗と称したことが分かる。

　平安時代末期になって、天狗は猛禽類の姿を得ることになる。『今昔物語集』巻第二十第三「天狗仏と現じて木の末に坐せる語」では、京都五条の道祖神のある柿の木の上に仏が現れたが、深草天皇の子［注2］である光の大臣は、「実の仏の、此く俄に木の末にいでたまふべきやうなし。此れは、天狗などの所為にこそ有めれ。外術は七日には過ぎず、今日

❶鳥山石燕の天狗
（東京藝術大学附属図書館蔵『画図百鬼夜行』）

我行きて見む」といって、その仏を監視すると「此の仏、暫くこそ、光を放ち花を降しなど有りけれ、強ちに守る時に侘びて、忽ちに大きなる屎鵄《くそとび》［注3］の翼折れたるに成て、木の上より土に落てふためくを、多くの人、これを見て、奇異なりと思ひけり」と、正体を見破られて、屎鵄の姿となった天狗は打ち殺されている。また、同巻第六「仏眼寺の仁照阿闍梨の房に天狗の託きし女の来る語」では、京都東山の仁照という高僧の下に、女性が訪ねてきて、世話を焼き誘惑してくるので、「量らざる外に我魔縁に取り籠られたり、不動尊、我を助け給へ」と念珠を強く握り、床に強く頭をついて、不動尊へ祈ると、女性は苦しみ、「我は東山の大白河に罷り通ふ天狗なり。それに、此の御房の上を常に飛びて罷り過ぎつる間に、御行ひ緩み無くして、鈴の音の極て貴く聞えつれば、此れ構へて落し申さむと思ひて、此の一両年、此の女に託きて、謀りつる事なり」と、自分が天狗であること、高僧を堕落させてやろうと誘惑していたことを話し、降参する。

このように当時の天狗は、仏法を妨げる魔物として現れた。また、傲慢な僧侶が死ぬと、仏法者なので、地獄には堕ちずに往生もできないので、天狗道に堕ちるとされた。また、崇徳院のように怨霊が天狗となり、災いを起こすという例もある［注4］。

中世には、仏法の敵というイメージが強い天狗であるが、修験道では天狗を山の精霊や神として捉え、修行者を守護するものと考えられた［❷］。天狗が修験道の山伏のような格好をしているのは、この影響が見られる［注5］。さらに、江戸時代以降の天狗は、赤い顔で鼻が高い姿で、祭りの先導役として登場するようになる。これは、天孫降臨の案内役を担った猿田彦の鼻の高い姿がルーツと考えられている［注6］。

このように時代の変遷によって天狗はその性質や姿形を変えながら現代まで伝わった、もっともポピュラーな類の妖怪である。当然、特撮作品での登場頻度も高いので、次に見ていきたい。

■特撮に見えたる天狗

特撮作品としての天狗の登場は、古くは大映の妖怪三部作があげられる。大きな活躍はないものの、『赤胴鈴之助三つ目の鳥人』の鳥人のマスクを流用した烏天狗が、『妖怪百物語』（一九六八年）から三作品連続で登場している。また、鼻が高いタイプの天狗も『妖怪大戦争』（一九六八年）に登場、リメイク版の『妖怪大戦争』（二〇〇五年）では、鼻の高い大天狗と烏天狗の両方が起用されている。その続

❷群馬県迦葉山弥勒寺参道のこぐれやの天狗面と茨城県愛宕神社の天狗の絵馬。天狗は信仰の対象になっている。

郵便はがき

料金受取人払郵便

王子局
承認

7032

差出有効期間
2024年11月
7日まで

114-8790

東京都北区東十条1-18-1
東十条ビル1-101

文学通信 行

■注文書 ●お近くに書店がない場合にご利用下さい。送料実費にてお送りします。

書名 冊数

書名 冊数

書名 冊数

お名前

ご住所 〒

お電話

読者はがき

これからの本作りのために、ご意見・ご感想をお聞かせ下さい。

この本の書名

お寄せ頂いたご意見・ご感想は、小社のホームページや営業広告で利用させて頂く場合がございます（お名前は伏せます）。ご了承ください。

本書を何でお知りになりましたか

文学通信の新刊案内を定期的に案内してもよろしいですか

はい・いいえ

●上に「はい」とお答え頂いた方のみご記入ください。

お名前

ご住所 〒

お電話

メール

編『妖怪大戦争ガーディアンズ』（二〇二一年）では、山伏のような装束で顔を白塗りにした人間型の天狗が登場する。同じ天狗でも、かぶり物から役者自身の顔を出す傾向への変化を見ることができる。

テレビ放送として天狗を取り扱ったものは、『スペクトルマン』（一九七一年～一九七二年）のテングドンという鼻の高いタイプの天狗の怪獣で、葉団扇のような武器で突風を起こす。『快傑ライオン丸』（一九七二年～一九七三年）のテングワラシも、鼻高天狗に似た姿で、優れた跳躍力を持つ。

『キカイダー01』（一九七三年～一九七四年）のテングムササビは、鼻高の天狗面をつけた人間に化け、配下に烏天狗を持つ。怪人態も頭部は鼻高天狗タイプで、身体は爬虫類のような鳥のような姿をしており、飛行能力がある。また、背中から天狗うちわを発射する。『行け！牛若小太郎』（一九七四年～一九七五年）では、『ゲゲゲの鬼太郎』の烏天狗のような姿で人の心を読む勘の良い妖怪が登場し、天狗の隠れ蓑の回もある。

この四作品では、鼻高天狗、烏天狗、飛行能力、葉団扇で突風を起こす、天狗の隠れ蓑という見た目、能力ともに天狗らしい要素が使われている。特に、隠れ蓑は、天狗の民話が一般的に認知されていたことがよく分かる。

『アクマイザー3』（一九七五年～一九七六年）のテングラーは、煙を噴霧してなんでも消してしまう。このテング隠しという技は天狗攫《さら》いを彷彿とさせる。テングラーは、サイボーグ化されているアクマ族なので、高い鼻はドリル状である。その父・オニテングは、高い鼻も含めて多くの角が生えている。名前も含めて鬼なのか天狗なのか判別しづらい容姿となっている。その後も『忍者キャプター』（一九七六年～一九七七年）の鼻高天狗面の甲賀あか天狗、烏天狗タイプの甲賀ヤミガラス、同年の『超神ビビューン』のカラステング、『大戦隊ゴーグルV』（一九八二年～一九八三年）のテングモズーとテングコング、『兄弟拳バイクロッサー』（一九八五年）のオオテング、『世界忍者戦ジライヤ』（一九八八年～一九八九年）の

❸『忍者戦隊カクレンジャー』のテング
（『スーパー戦隊 Official Mook 20 世紀 1994　忍者戦隊カクレンジャー』）

❹『天装戦隊ゴセイジャー』の天狗のヒッ斗
（『スーパー戦隊 Official Mook 21 世紀 vol.10　天装戦隊ゴセイジャー』）

烏忍カラス天狗と、一九七〇年代から一九八〇年代にかけて、安定して天狗モチーフの怪物たちが登場している。その設定の多くは前述の通り妖怪・天狗の容姿や能力を踏襲したものがほとんどである。安定感のあるキャラクター性といえる。

　それは、一九九〇年代以降も受け継がれる。『忍者戦隊カクレンジャー』（一九九四年～一九九五年）のテング［❸］は、鼻ピアスをつけた現代風であるが、葉団扇や人を操る能力も持っている。また、思い上がった人を評する「天狗になる」という言葉を体現するように、自尊心が高い性格をしている。『仮面ライダー響鬼』のテングは、主に夏に現れ、見た目も烏天狗のような容姿をしている。空を飛び、怪力と高い知性、鮫《さめ》の歯の爪を持つ。江戸時代に正体が分からなかった鮫の歯の化石を「天狗の爪」と呼ぶことがあり、その設定を活かしたものと見て間違いない。

　残りの三作品に関しても、天狗らしいデザインになっている。

『侍戦隊シンケンジャー』(二〇〇九年～二〇一〇年)のイサギツネは、烏天狗をモチーフとしている。百の不思議な術を操るという術使いである。名前がイサギツネなのは、『釈日本紀』での天狗の読み「アマツキツネ」から来ている。続く『天装戦隊ゴセイジャー』(二〇一〇年～二〇一一年)の天狗のヒッ斗[❹]は、非常に天狗らしいデザインだが、サソリの要素を加え、鼻や髭がサソリになっている。腕に装着した団扇で、くすぐり風を起こし人間を笑わせ、瓢箪《ひょうたん》の中に閉じ込めるという技を使う。この技は『西遊記』の金角・銀角の話を基にしていると思われるが、天狗の技としているのは珍しい。最後に『手裏剣戦隊ニンニンジャー』のテングは、クラリネットモチーフでありながら、比較的にオーソドックスな鼻高天狗を表現している。鼻はクラリネットの底の部分、頭襟はマウスピースになっている。天狗らしい神隠しのエピソードにちなんで、ハーメルンの笛吹き男のイメージでクラリネットが採用されている。

天狗は、ポピュラーな妖怪故にキャラクター性が安定していることは前述の通りであるが、それを大きく崩さずに新しい要素を組み込もうとする創意工夫を強く見ることができる。

▼注

[注1]本文は新編日本古典文学全集3『日本書紀②』(小学館、一九九六年)による。ここでいう「天狗」には、新編日本古典文学全集、日本古典文学大系(岩波書店)ともに頭注にて『漢書』天文志の出典を指摘し、「狗」は犬の意であるが、『伝暦』や古訓に「アマツキツネ」とあることを指摘しているので、「アマツキツネ」とした。

[注2]仁明天皇の異称。

[注3]屎鵄は鳶に似ているが、ノスリの異称である。

[注4・5・6]村上健司『妖怪事典』「天狗」、毎日新聞社、二〇〇〇年、二三一―二三二頁。

巨大な雪女に襲われる

雪女《ゆきおんな》

■巨大雪女現る

一九六七年『悪魔くん』一八話「怪奇雪女」、一九六九年『怪奇大作戦』二六話「ゆきおんな」、一九七二年『帰ってきたウルトラマン』四〇話「冬の怪奇シリーズ　まぼろしの雪女」で登場する雪女は、どれも示し合わせたように巨大である。

『悪魔くん』では、地底から雪女が出現し、「山は私だけのもの」と黒谷《くろたに》気象観測所の所員に冷気を吹きつけて襲う。雪女が現れたことを知った悪魔くんとメフィストは黒谷に向かい、山小屋で一泊したところ、雪女に襲われる。メフィストが反撃すると雪女は巨大化する［❶］。水木しげる原作らしい姿だが、腕が異様に長く、巨大化当初の大きさは一〇メートルに満たない程度だが、徐々に大きくなる。雪女という人間の姿形を残した妖怪が巨大化する姿は、四〇メートルを超す怪獣とは異質の恐怖を感じる。

『怪奇大作戦』では、ＳＲＩ（科学捜査研究所）に所属する小川さおりの友人・秋子が、父親が起こした時価四千万円のダイヤモンド盗難事件に巻き込まれ、父親のかつての仲間に追われる。雪の降る中、荒野を逃げる秋子。追いつかれそうになったその時、秋子にそっくりの巨大な雪女が現れる。その大きさは、寄った映像では地平線の上空に大きな目だけし

か見えず、引いた映像でも肩までしか映らない程の大きさなので、山のように巨大だと考えられる。登場した雪女は秋子の死んだ母親で、秋子を助けるために現れたという筋にはなっているが、『怪奇大作戦』の基本スタイルは、怪奇な事件を科学的に解き明かすもので、この回（最終話）では「あるときの気象条件によって自分自身の影が雪のスクリーンに映し出されることがある。雪女の現象っていうのは大体そんなようなものだ」という台詞《セリフ》で締めくくられている。

『帰ってきたウルトラマン』では、冬の怪奇シリーズとして三九話が雪男、四〇話が雪女を扱った話となっている。雪山でアベック（ここでは男女二人連れ）を狙った失踪事件が発生する。それは、ブラック星人が若い男女を連れ去り、子どもを産ませて、地球人を奴隷とする計画によるものだった。ブラック星人は、人間を氷漬けにするために雪女を連れていたが、犯行を知られると雪女は巨大化して、スノーゴンとしての正体を現す〔❷〕。

❶『悪魔くん』の雪女
（『全怪獣怪人』上巻）

怪奇シリーズは、『ウルトラマンレオ』まで続き、冬だけでなく夏、童謡や名作民話などもテーマに派生して、定番化された。伝承や伝説・民話などを怪獣や宇宙人と関係づける話づくりは、『ウルトラセブン』四一話「水中からの挑戦」でテペト星人を登場人物がその姿から河童と連想する話にもつながる。スノーゴンは身長四五メートル、別名は雪女怪獣である。余談となるが、この話はスノーゴンの攻撃でウルトラマンジャックがバラバラにされる大ピンチの回なので、ハラハラしながら鑑賞していただきたい。

三作品で大きさは異なるが、「雪女」を話の中に

❷雪女怪獣スノーゴン
（『全怪獣怪人』上巻）

組み込み、巨大化させるという共通点がある。

■巨大化の理由

では、なぜこれらの作品の雪女は、巨大だったのであろうか。

まず、『悪魔くん』について、平山亨プロデューサーが企画の経緯を「結果としては既に怪獣特撮ブームがあって、遅ればせながら東映テレビ部も参入したという形になった。（中略）妖怪を巨大にするというヒントになったのは水木しげる先生に聞いた妖怪『見越《みこ》し入道《にゅうどう》』の話。ぞっとする気配に振り返ると背後の家や山の上から見越す（山などを越して見下ろす）大入道が『見越し入道』だという。妖怪も大きくなれるシチュエイションなら巨大に描くのも手法と思い立ったのだ」とDVD付録の解説書で語っている。ここから怪獣特撮に乗る形での妖怪の巨大化あったことが分かる。

『悪魔くん』では、怪獣的な悪魔や妖怪も登場しているが、等身大のものも多く、その中でなぜ雪女がと思わずにはいられない。しかし、雪女のような等身大サイズだと先入観があるものを巨大化する演出は、まさに「見越し入道」的な恐怖の演出が意図的に成功していると思う。

次に、『怪奇大作戦』の雪女だが、科学的解釈として述べられた「あるときの気象条件によって自分自身の影が雪のスクリーンに映し出されることがある」というのは、ブロッケン現象（ブロッケンの悪魔やブロッケンの幽霊）のことである。『怪奇大作戦』前後の時代に刊行された雑誌記事には、おばけの正

❸ブロッケン現象が紹介された記事（左『科学の友』1947年11月号、右『ぼくら』1965年5月号）。

体としてブロッケン現象を紹介する記事が多かった[❸]。

例えば、『妖怪画談全集』や『図説日本民俗学全集』などを編し、水木しげるや山田野理夫《のりお》を介して現在の妖怪解説を良くも悪くも築きあげた藤澤衛彦は、対談の中で「ブロッケンの幽霊」の話を何度かしている（『科学の友』一九四七年三巻八号「座談會　妖怪変化・迷信を解く」・『少年』一九五二年七月号「おばけや幽霊はほんとうにいるのか」）。これは、おばけの正体を暴くという趣旨の記事でもよく紹介されたトピックだった（『週刊少年サンデー』一九六四年三三号「図解おばけの科学」、『ぼくら』一九六五年五月号「科学であかすおばけのしょうたい——日本のおばけ　世界のおばけ」など）。実際のブロッケン現象は、太陽の光を受けた自分の影が厚い雲や霧に映る現象なので、『怪奇大作戦』作中の雪女のようにくっきりとした姿が見えることはない。

また、雪女の目だけが荒野に浮かぶ姿は、一九六四年の小林正樹《こばやしまさき》監督映画『怪談』の「雪女」を思い浮かべる。これは、小泉八雲《こいずみやくも》の『怪談』を原作とした映画であり、雪女は巨大化しないが、背景の空に大きな目のみを描く演出が入る。それは自分のことを他言しないように雪女が監視をしているようにも見える。対して、『怪奇大作戦』の雪女の目は見守っているようにも見えるので、影響関係を見出すには若干強引ではあるが、ブロッケン現象以外の影響の可能性として挙げておく。

最後に『帰ってきたウルトラマン』では、雪女そのものではなく、スノーゴンが雪女に化けたものなので、妖怪をそのまま怪獣特撮のフォーマットに落とし込んだ『悪魔くん』に対して、ウルトラマンという怪獣特撮ありきで妖怪を使っている。若干不自然な雪女の登場と巨大化ではあるが、『ウルトラセブン』のテペト星人と同じ流れでウルトラマンの世界観に妖怪的な怪奇を取り入れることに成功している。

■巨大雪女の記述

巨大雪女の前後の影響として記すのは、難しいところではあるが、藤澤衛彦『図説民俗学全集四　民間信仰・妖怪』「妖怪編三　雪女」では、『宗祇諸国《そうぎしょこく》物語《ものがたり》』を引用し、「一たん計りむこうの竹藪《たけやぶ》の北の端に、怪しの女ひとりたてり。せいの高さ一丈もやあらん、かほより肌すきとほる計りに白きに、しろきひとへの物を着たり」（一〇八頁）とあり、『古今百物語評判』の雪女の図が掲載されている【❹】。一丈は約三メートルなので、特撮の巨大雪女ほどではないが、人間態にしては間違いなく大きい。『俳諧叢書』第六冊所収の『宗祇諸国物語』巻五を見ると「化女苦し朧夜の雪」がある。こちらにも三メートルの雪女の図版が掲載されている【❺】ので、『古今百物語評判』の雪女と併せて紹介したい。

余談となるが、一九五〇年代以降は「雪男」に関しても話題にこと欠かなかった。一九五四年英紙デーリー・メールの主宰で雪男の特別探検隊が組織

❺『宗祇諸国物語』の雪女。左の人物との対比で、雪女の３メートルという大きさが伝わる（『宗祇諸国物語』巻之五）。

❹『古今百物語評判』の雪女。特に巨大とは書かれていないが、人物との対比から大きいことが分かる（東京大学駒場図書館蔵『古今百物語評判』）。

され、その後、アメリカは六回、ソ連では二回の探検が行われた。一九五九年一一月から一九六〇年にかけて、日本でも雪男学術探検隊が組織されている。フィクションにおいては、一九六三年に刊行されたSF小説のフレドリック・ブラウン『未来世界から来た男』では、いわゆる毛むくじゃらのイエティ型の怪物が登場する短編「雪女」が収録されている。巨大雪女の記述はないが、人より大きな存在と雪山で遭遇するという点は恐怖感の演出につながる要因の一つとして挙げておきたい。

前述の通り、『帰ってきたウルトラマン』三九話の冬の怪奇シリーズ第一弾は「二〇世紀の雪男」で、雪男として恐れられたバルダック星人が登場する。四〇話で雪女が人間の姿で巨大化した後にスノーゴンに変化するのに対して、バルダック星人は最初から怪人の姿で登場する。元より未確認生物として印象のある雪男と民話などで古くから知られる雪女との描かれ方の差も面白いところである。

もう一点、『少年ブック』一九六八年一〇月号では、北川幸比古《さちひこ》が「ＳＦ童話雪女をうて！」という一ページの短編の読み物が掲載されている［❻］。この話では、なんと三〇〇メートルの巨大な雪女が登場する。

そこには、「これは、新しいＳＦ（空想科学）童話である。北の基地にあらわれた、三百メートルもの巨大な〈雪女〉の正体は、いったい何だったのか……？？」とある。この話は、『おばけを探検する』など妖怪や怪談関連の書籍や雑誌記事を書き、ＳＦ児童文学も手掛けていた北川幸比古ならではの、雪山のような閉鎖された状況での恐怖の象徴としてのお化けの側面と、ヒート・キャノンという近代兵器でそれを退治するＳＦ的な展開の側面が含まれた作品である。

恐怖の象徴としての雪女は、藤澤衛彦も『図説民俗学全集四　民間信仰・妖怪』で、次のように書いている。（雪女の系統の妖怪を列挙した上で）「これらの雪の妖精は、国でいろいろ呼名がちがっているのだが、いずれも、大雪が人間にあたえる恐怖が象徴されているものといえよう。（略）ヤナギの木や、

SF童話 雪女をうて！
◆これは、新しいSF（空想科学）童話である。北◆の基地にあらわれた、三百メートルもの巨大な◆〈雪女〉の正体は、いったい何だったのか……??

●「これがヒート・キャノンか。日本軍でいえば熱線砲だな。うん、これがあれば、雪がどんなに多くても、作戦行動ができる」
北の基地の司令は、新しく部隊に配置された新兵器ヒート・キャノンを見て、うなずいた。強力な熱線を放射して、敵をやき殺す。作戦のじゃまになる雪ぐらいとかすのは、わけもないことだった。

「司令！　基地の北方に、雪女が出現しました。たいへんです」

「なに？　雪女？　なんだそりゃあ」

「わかりません。人間の女のかたちをしている雪のかたまりです」

参謀は、まっさおになっていた。

❻北川幸比古の「ＳＦ童話雪女をうて！」。子ども抱えた巨大雪女のイラストが見られる（『少年ブック』1968年10月号）。

枝のすくない木に雪がふりつもると、そのようすは、白衣の女性の立姿と錯覚されるし、大きな木といくつかの小さな木がならんでいるのに雪がふりつもったようすは、雪女が多くの子供を生む伝承となった」（一一四頁）。このような解釈は、藤澤衛彦が雪女を解説するときの常套句となっていて、他でもいくつかの書籍や雑誌でも見ることができる。

　雪女ではないが、SFの観点で考えると、一九五八年の『妖怪巨大女』なども、直接ではないにしても、人間サイズのものが巨大になる歪さやその恐怖が受け継がれている。

■その他の雪女の記述

　インパクトの強い巨大な雪女の話だが、ここで雪女として広く知られているイメージについても触れておきたいと思う。

　まず、一般的に広く知られる雪女像を作り上げたのは小泉八雲の『怪談』であることは間違いないだろう。小林正樹をはじめ、多く映像化された作品である。東京府西多摩郡調布村《ちょうふむら》に住む百姓の親子から聞き作られている話の筋は次の通りである。

　雪女は若い木こりの巳之吉《みのきち》に懸想をし、命までは取らないが、自身の姿を見てしまったことを誰にも話さないように言い残し、消える。巳之吉は雪女のことを誰にも話さずに暮らし、結婚をして子どもを授かったが、ある日、妻に雪女のことを話してしまう。しかし妻の正体は雪女で、約束は守られなかったが、我が子を大事に思う心より、巳之吉を再び見逃し、その後二度と姿を現さなかった。

　妖怪図鑑などでも『怪談』「雪女」が解説の要素に入っていることが多い。例えば、一九六六年の大《おお》伴昌司《ともしょうじ》『妖怪大図鑑』では、「大吹雪《ふぶき》の夜、一人で、さびしい野山を歩いていると、雪の中に、見なれぬ美しい女が立っている。不思議に思って近づくと、まっ白な口をひらいて、つめたい息をはく。この息をすうと、その人は死んでしまうのだ。また、この雪女を見かけたことを、ほかの人に話をすると、吹雪の晩に雪女がどこからともなくやってきて、その人をこごえ死にさせると、いわれている。日本に昔からつたわる、美しいが、こわい妖怪だ」（一四頁）と『怪談』を短くまとめたような解説が掲載されている。

このように『怪談』の「雪女」は有名ではあるが、いくつかの地域では、『怪談』とは異なる伝承が存在している。都道府県別に伝承された妖怪がまとめられている、千葉幹夫『全国妖怪事典』より抜粋し、列挙したい［❼］。これは、「雪女」と表記されているもののみの抜粋なので、ユキオナゴやユキジョロウなどは外しているが、雪女だけでもいくつかの系統が見える。『図説民俗学全集四　民間信仰・妖怪』にある子どもを連れている雪女は、東北地方の定番の話型であることが分かる。面白いのは、青森県の雪女の子どもが巨大になる点である。まさか雪女だけでなく、子どもまでも大きくなるとは。

■ 等身大雪女も現る

巨大雪女の登場作品を立て続けに見てきたので、巨大雪女が特撮作品のスタンダードのような印象を受けたかもしれないが、等身大の雪女も登場している。

まずは、一九六九年『河童の三平　妖怪大作戦』二三話「妖怪雪女」は、『悪魔くん』と同スタッフの作品であることから差別化していると思われるが、等身大の雪女のみで、時代的に巨大雪女だけが受容されていたわけではないことが分かる。この回の雪女は、子どもをさらいに来る。子どもを預ける、または子脅しの系統の伝承とともに、子どもを直接さらうような実際の伝承話はあるのか。今まで参考にした書籍を含めて確認してみると、日本全国で伝承されたものだけでなく、絵画に描かれたもの［❽］など幅広い妖怪をまとめた村上健司『妖怪事典』の雪女の項目には、「新潟県では人を凍死させたり、子どもをさらって生き肝を取ってしまうと伝えられ

・**青森県**：西津軽郡の「雪女」は正月元旦に来て卯の日に帰るという。雪女のいるあいだは一日に三十三石余の稲の花がしぼむ。それで卯の日の遅い年は作が悪いという。美しい女の顔をし、子を抱いて出る。人が近寄ると子を預かってくれという。預かると女は消えるが、子は、天までもとどくほど大きくなる。だが預からないと殺される。（内田邦彦『津軽口碑集』）（二一頁）

・**岩手県**：遠野地方では小正月の一月十五日、または谷の満月の夜には雪女が外に出て遊ぶという。その雪女は子供をたくさん連れてくるという。だから冬の満月の夜に限って「雪女が出るから早く家に帰れ」という。（柳田国男『遠野物語』）（三一頁）

・**宮城県**：山形との境、面白山峠付近でマタギが会ったという。峠の暗い夜道で二〇メートル前方に人を見たそのマタギの父は「話を交わすな、顔も見るな」といった。こわごわと袖の下からのぞく赤い縞模様らしい着物をつけた、顔の白い女だった。家に帰ってから父は「あれは雪女で言葉を交わすと食い殺される」といった。（毛利総一郎・只野淳『仙台マタギ鹿狩りの話』）（三四・三五頁）

・**秋田県**：出会った人に子を預かってくれと頼む。うっかり預かるとその子の重みで雪に埋もれてしまう。子は雪の魂なのだという。（日野巌『動物妖怪譚』）顔がのっぺりしていて目鼻立ちがはっきりしない。若く美しい雪女に出会うと命を取られるという。（藤沢衛彦『日本民俗学全集』三）（四〇頁）

・**茨城県**：常陸の雪女は子供をだましにくるという。（藤沢衛彦『日本民俗学全集』三）（五二頁）

・**鳥取県**：東伯郡小鹿村中津（三朝町）の雪女は白幣を振り、淡雪に乗って現れ「氷ごせ湯ごせ」という。水をかけると膨れ、湯をかけると消える。（『民俗語彙』）（一六九頁）

❼千葉幹夫『全国妖怪事典』より引用（参考文献の著者表記は原文のまま）。

ている」とある。また、怪異や妖怪に関する日本全国の伝承を集めた国際日本文化研究センターの『怪異・妖怪伝承データベース』を雪女で検索すると、「子供がなかなか寝つかなかったりすると、母親は、「雪の降る晩に、だあれか一人泣く子を貰う。寝ない子を貰う」と言い乍《なが》ら子供を寝かせる。（『上毛民俗学会』通巻三二号）」があった。積雪時の外出の危機意識を植えつけるような子脅《こおど》しの系統の話ではあるが、『河童の三平　妖怪大作戦』の雪女もこの延長上に存在にするといえる。

❽鳥山石燕の雪女
（東京藝術大学附属図書館蔵『画図百鬼夜行』）

　次に等身大の雪女が登場するのは、一九七六年『アクマイザー3』二一話「なぜだ!?東京がカチンカチン」になる【❾】。この雪女は冷気を噴出する銃で人間を凍らせて雪ダルマにしてさらった。最終的には、ガス管に冷気を送り、人間たちを冷凍することが目的である。

　その後約二〇年の空白を経て、一九九五年の『忍者戦隊カクレンジャー』四八話「大雪女の雪合戦」に登場した雪女は、「季節限定冬の妖怪と言えば、雪女が定番よ。昔は雪山で人をたぶらかすだけだったけど、現代の雪女は雪曼荼羅《ゆきまんだら》の妖魔術を使うのだ。すでに雪曼荼羅には五体の雪ダルマが並べてある。六体の雪ダルマがそろえば世界は一気に雪と氷の寒冷地獄に陥《おちい》るのだ」と作中で自己紹介をしている。人間を雪ダルマに変えて、（ガスと魔術の違いはあるが）世界を凍らせるという作戦は約二〇年前と変わりがない。

　最後に、二〇一五年『手裏剣戦隊ニンニンジャー』二三話「夏だ！忍者キモだめし」に登場した妖怪雪女は、かき氷器が古来の「雪女」伝承を受け継いで、

❾『アクマイザー３』の雪女
（『全怪獣怪人』下巻）

❿『手裏剣戦隊ニンニンジャー』の妖怪ユキオンナ
（『スーパー戦隊 Official Mook 21 世紀 vol.15　手裏剣戦隊ニンニンジャー』）。

現代に現れた妖怪で、かき氷器のハンドルを回し、細かい氷を吹きつけて、人間を氷漬けにする設定。あらゆるものをうらやましがるネガティブな妖怪として描かれている〔❿〕。

以上が、等身大の雪女の特撮登場の事例である。紹介した伝承や民話を直接参考にしたという証跡はないが、雪女の情報が作品の設定にうまい具合に噛み合った形で、等身大のままや巨大化して登場する。雪女は、人間と姿に差異がないので、人間のような姿形を崩さずにデザインを作り出すことの苦心の跡が垣間見える妖怪といえる。

人を操る怪猫騒動

化《ば》け猫《ねこ》

■化けるネコの俗信と伝説から化け猫映画まで

　人間に変化する、手拭いをかぶって踊る、言葉を話す、死体を操る、人に憑《つ》く、祟《たた》るなどの怪異をなすネコのことを「化け猫」と呼ぶ。尾が二つに分かれるほど年を経たネコは猫股《ねこまた》というが、化け猫は長年飼った古猫に限らず、理由もなくネコを殺すと化けて出るようなものもある。年を経たネコが化け猫になる可能性は高く、広島県山県郡《やまがたぐん》では七年、茨城県や長野県では一二年、沖縄県国頭《くにがみ》地方で一三年以上など飼う年数によって、主人を殺すような化け猫になるという俗信が日本全国にある［注1］。また、尻尾の完全なネコは化けるという俗信もあり、化け猫にならないように根本だけ残して尾を切断するという風習もあった［注2］。

　化け猫に関する伝説としては、鍋島《なべしま》・有馬《ありま》・岡崎の化け猫騒動が有名である。鍋島・有馬に関しては失意に亡くなった飼い主のために化けたネコが人々に害をなして、退治されるという筋である。岡崎の化け猫に関しては、失意で死んだ女性の亡霊と岡崎にある猫石の精が一つになり化け猫となったもので、怨念を晴らして消える。これらは三大化け猫騒動と呼ばれ、『花嵯峨野猫魔稗史《はなのさがねこまたぞうし》』、『梅初春五十三駅《うめのはるごじゅうさんつぎ》』、『独道中五十三駅《ひとりたびごじゅうさんつぎ》』などの歌舞伎、

『佐賀の夜桜』などの講談の題材として取り扱われる。

さらに映像技術が発達すると、これらを原案とした化け猫映画は一つの作品ジャンルとして定着していく。

初期の作品としては、M・パテー商会の『鍋島の猫』、日活の『岡崎猫』（一九一二年）、『鍋島猫騒動』（一九一九年）、小林商会の『有馬怪猫伝』（一九一四年）、天活の『佐賀の化け猫』（一九一六年）や『怪談有馬の猫』（一九一九年）が挙げられ、歌舞伎などと地続きの三大化け猫騒動の大筋を変えずに、細かな点を作り変えた翻案作品が公開された。一九三〇年代以降も継続して翻案作品が作られ続けるが、極東キネマの『幻城の化け猫』（一九三九年）といった娯楽性の高いオリジナルの化け猫映画も作られた。

戦後になると、一時期、連合国軍占領下でチャンバラ映画自体が規制されるが、新東宝の『鍋島怪猫伝』（一九四九年）を皮切りに、大映が『怪猫　有馬御殿』、『怪談佐賀屋敷』（一九五三年）、『怪猫五十三次』（一九五六年）などの翻案作品と、『怪猫呪いの壁』、『化け猫御用だ』（一九五八年）といったオリジナル作品の両輪で化け猫映画を含む怪奇映画を量産した。他にも東映の『水戸黄門漫遊記　怪猫乱舞』（一九五六年）や『怪猫からくり天井』（一九五八年）、新東宝の『亡霊怪猫屋敷』（一九五八年）など数多くの化け猫映画が作られ、後の妖怪特撮作品の礎の一つとなった。

■特撮に見えたる化け猫

一九五〇年代で、化け猫の要素はかなり浸透していた。特撮におけるモチーフとしても、化け猫を取り入れたものは数多い。

まず水木しげる原作の二作品『悪魔くん』（一九六六年～一九六七年）の黒猫妖怪と『河童の三平　妖怪大作戦』（一九六八年）の猫道人が挙げられる。二作品の共通点としては、どちらも黒猫が関わる点である。黒猫妖怪は名前の通り黒猫が妖怪化したもの、猫道人は黒猫を操る。黒猫を不吉と見る流れは強く、

❶『超神ビビューン』のネコマタ
（『全怪獣怪人』下巻）

❷『アクマイザー３』のバケネゴーン
（『全怪獣怪人』下巻）

『キカイダー01』（一九七三年～一九七四年）の化猫ロボットや『超神ビビューン』（一九七六年～一九七七年）のネコマタ〔❶〕は、作中で三毛猫に化けるが、本来の姿は黒猫となっている。このネコマタは、人を操る能力もあるが、『白獅子仮面』（一九七三年）の化け猫も人を操る能力を持っている。『アクマイザー3』（一九七五年～一九七六年）のバケネゴーン〔❷〕の催眠術や『忍者戦隊カクレンジャー』（一九九四年～一九九五年）の化け猫の「ネコ」の鳴きまねで子どもを誘《おび》き寄せるのも、人を操る能力の一端と見ることができる。そして人々をさらい、食料にするという要素は、『悪魔くん』と『忍者戦隊カクレンジャー』で見られる。さらにこの『忍者戦隊カクレンジャー』の化け猫の回では、神隠しを化け猫が起こしているという筋が面白い。化け猫らしく油を舐める描写もある。

　この神隠しの要素もそうだが、その時々の情報によって変化したと思われるものも存在する。『仮面ライダー響鬼』（二〇〇五年～二〇〇六年）の化け猫は九本の尾があり、その尾から増殖するという設定がある。本数が異なるので、参考資料としてだが、村上健司『妖怪ウォーカー』には、佐賀県杵島郡《きしまぐん》白石町《しろいしちょう》にある猫大明神の祠《ほこら》に、尾が七本の猫の姿が刻まれていることが紹介されている。これは、鍋島の化け猫の祟りのせいか、退治した千布家に跡継ぎが生まれなくなってしまったため、化け猫を祀《まつ》った祠だという。化け猫≠猫股の分かれている尾が二つという固定概念にとらわれないものである。

尾が二つに分かれているタイプとしては、『手裏剣戦隊ニンニンジャー』（二〇一五年～二〇一六年）のネコマタとマタネコも踏襲している。ただしこれは、当時大流行していた『妖怪ウォッチ』のジバニャンを意識してのデザインであり、本作品は無機物と妖怪を掛け合わせる特徴があるが、その道具は時計となっている。また、色合いもジバニャンと同じオレンジ色をしている。

最後に一つ面白い設定を紹介して、この項は締めたい。『スパイダーマン』（一九七八年～一九七九年）の怪猫獣は、猫塚に埋められていた化け猫の骨を改造したものだという。実際に猫塚は東京都港区立赤羽小学校内に碑が、隣接した三田高校内に塚が存在している。この場所は、有馬の化け猫騒動の有馬家の上屋敷跡にある。

化け猫は、古文献や民間伝承で広く知られていた妖怪であったが、その時々の大衆娯楽に反映され、新しい要素や時には突飛《とっぴ》な発想を付与され、現代まで多くの人々を怖がらせ、楽しませてくれている存在といえる。

▼注

［注1］「化け猫」村上健司『妖怪事典』、毎日新聞社、二〇〇〇年、二七一頁。

［注2］今野圓輔「第七章　恐ろしい動物の怪」『日本怪談集妖怪篇』上巻、中央公論新社、二〇〇四年、一七六頁。

戦うために抜けた首

轆轤首《ろくろくび》

■轆轤首の基礎知識

轆轤首《ろくろくび》とは、普通の人間の姿をしているが、首が伸びる、あるいは首が外れて空を飛ぶ妖怪である。首が伸びる妖怪をなぜ「轆轤首」と呼ぶのか明確な回答はないが、井戸の滑車の別名や傘の骨をまとめるスライド部分をそれぞれ轆轤《ろくろ》と呼び、轆轤を支点として桶をつなぐ縄や傘の柄が長く見えることからとする説や、陶芸に使う轆轤上で粘土が回転し伸びる状態からという説などがある［注1］。いずれの説にも沿う形で漢字表記では「轆轤首」とされるが、鳥山石燕《とりやませきえん》は『画図百鬼夜行《がずひゃっきやこう》』で「飛頭蛮」という字を当て、「ろくろくび」と読ませている。

この飛頭蛮は、江戸時代中期に寺島良安《てらしまりょうあん》によって編纂された日本の百科事典『和漢三才図会《わかんさんさいずえ》』で中国南部から東南アジアにかけて飛頭蛮という種族が住んでいて、首の項《うなじ》に赤い痕《あと》があり、夜になると耳を翼として飛んで虫などを食べ、明け方になると戻って来るというように紹介されている［注2］。この首が外れるタイプの轆轤首は、前述の通り日本の轆轤首にも見られ、日本では抜け首ともいう。鳥山石燕の描いたもの［❶］やそれに類する前後の絵巻などでの姿は、首と身体が細い紐のようなものでつながっている。

轆轤首になるのは、男性の事例がないわけではないが、主として成人したばかりの女性で、心の緩みで発症する離魂病《りこんびょう》の一種といわれる。その症状は、寝ているときに虫も含む食料や行燈《あんどん》の油や水など求めて首が伸びるというものだ［注3］。

■変化する伸びる首の表現

轆轤首の知名度は、文献以上に巷《ちまた》の噂話によって拡散され、一八一〇年に上野の山に見世物の一つとして出たのを始めとし、両国やその他でも人気を博したという［注4］。見世物小屋の出し物の轆轤首は、正座した着物姿の首のない人形の後ろに幕を引き、実物の頭だけを幕から出し、頭は作り物の首と紐でつながっていて、頭を出している人が立ったりしゃがんだりと上下することによって、首を伸縮させる様を表現した［❷］。見世物としての轆轤首の表現は、実寸程度の太さの首がそのまま伸びる姿を見せたようだ。また、細い紐のように表現されてきた絵画における轆轤首の首も時代が下るにつれて太く描かれるようになってくる。

特撮においては、一九六八年上映の『妖怪百物語』や『妖怪大戦争』でも轆轤首が早い段階で登場する。背景を黒くし、轆轤首を演じる女優も首だけ出るように黒い布で身体を隠し、樹脂で作った長い首に顔を乗せて撮影された。これは、見世物小屋で使われた表現の正当な流れとしての技術革新といえる。時代が下り、一九九六年の『学校の怪談2』ではCGを使用した表現で首を伸ばすことに成功した。この

❶鳥山石燕の飛頭蛮（東京藝術大学附属図書館蔵『画図百鬼夜行』）。藤澤衛彦『妖怪画談全集　日本篇上』では、「人無き折に頭をのばすと信ぜらるる飛頭蛮」とした。

流れは、リメイク版『妖怪大戦争』（二〇〇五年）や『妖怪大戦争ガーディアンズ』（二〇二一年）などに登場する轆轤首表現に継承されている。さらに二〇一七年放送の『妖ばなし』の轆轤首は、映像表現の系譜を踏みながらも、鳥山石燕などの表現も取り入れ、細めの首で表現されている点は面白い。

以上に登場する轆轤首たちは、表現手法においては身体を動かさないシチュエーションが通例で（『学校の怪談2』などはかなりの長さに首が伸び、追いかけっこを繰り広げるので、かなりアクティブではある）、ヒーロー特撮に採用するには不向きな妖怪ではあった。しかし、一九七二年から放送の『キカイダー01』一三話に登場するシャドウロクロは、二〇メートル伸びるという首で絡みつき、伸ばした首を投げつけるハンマーロクロという必殺技まで繰り出した。また、一九九三年放送開始の『五星戦隊ダイレンジャー』一七話から二二話まで登場するネックレス官女も轆轤首のように首が伸び、『キカイダー01』同様CGや合成を使わない撮り方で首が伸びる表現をアクションシーンに取り入れた事例である。轆轤首は、特撮作品でも選定件数の多い妖怪であるが、その表現は撮影方法の技術進歩で変化する面白い題材といえる。

❷宮武骸骨が主催する滑稽新聞社発行の『絵葉書世界』では、「見せ物の内幕」として見世物の轆轤首の仕掛けが描かれている（富田昭次『絵はがきで見る日本近代』）。

■飛頭蛮の時代

一方で、日本の轆轤首のルーツと考えられる飛頭《ひとう》蛮《ばん》は、落頭、飛首とも呼ばれ、類例が東南アジア全域にも分布される。インドネシアのボルネオ島のポンティアナ（ポンティアナックとも）、マレーシアのペナンガランなどは、内臓をぶら下げた状態で首が離れ、飛び回り、吸血して人を襲うという［注5］。これらは、インドネシアやマレーシアのポピュラーな題材で多く映像作品が上映されている。中でも一九八一年にインドネシアで上映された『Mystics in Bali』は、日本でも『首だけ女の恐怖』としてDVDソフト化されている。

このような飛頭蛮型の轆轤首は、一九九〇年代に入ると、特撮作品や漫画などで登場が顕著になる。一九九〇年連載開始の『うしおととら』に登場する餓眠《がみん》様は、作中でも飛頭蛮として描かれている。この餓眠様を皮切りに、ヒーロー特撮作品として扱いやすくなったのか、飛頭蛮型の轆轤首も見られるようになっていく。一九九四年から放送の『忍者戦隊カクレンジャー』では、頭部がタコのような形状で身体が分離するタイプの女性の轆轤首が初回から登場する。また、二〇〇九年から放送の『侍戦隊シンケンジャー』では、轆轤首ではなく飛頭蛮をルーツとするアヤカシ・ツボトグロが登場する。これは生物の体内で暴れる絶痛虫《ぜっつうちゅう》を操るという能力があり、その絶痛虫は蜂のような姿で腹の部分が人の顔のようになっている。

その他、『忍者戦隊カクレンジャー』と『侍戦隊シンケンジャー』の間で放送された『仮面ライダー響鬼』（二〇〇五年～二〇〇六年）では、妖怪をモチーフとした魔化魍《まかもう》の性質上、そのほとんどが二つの生物を掛け合わせた姿になるため、轆轤首にシュモクザメとムカデの要素を取り入れ、かつ巨大な姿で描かれた。ムカデ部分を首が伸びる表現としているが、これもCGという技術進歩による新しい轆轤首の姿といえよう。しかし、『忍者戦隊カクレンジャー』と『侍戦隊シンケンジャー』と共通の登場妖怪も多い『手裏剣戦隊ニンニンジャー』（二〇一五年～二〇一六年）に、轆轤首は登場しない。『手裏剣戦隊ニンニンジャー』は妖怪画を再現した怪人のデザインをしているが、首が分離する飛頭蛮型は妖怪画として少なく、また首が伸びる轆轤首型を採用するには、妖怪画の再現と首が伸びた状態でのアクションの両立が難しかったのではなかろうか。
ここまで首が伸びる轆轤首型だけでなく、首が分離する飛頭蛮型も特撮作品に追加されていったが、今後さらに首が分離しつつも内臓をぶら下げたペナンガラン型の登場も、資料や映像の充実によって見られる日が来るかもしれない。

▼注

［注1］しげおか秀満「妖怪うんちく話～名前の話～」『たわらがた　実験号』、亀山書店、二〇一九年。

［注2］『和漢三才図会』に「南方異物志に云　嶺南の溪峒の中飛頭蛮有り　赤き痕項に有り　夜に至て耳を以て翼と爲飛去り　蟲物を食　将に暁けんとす復た還りて故の如し也」とある。

［注3・4・5］多田克己「絵解き画図百鬼夜行の妖怪　飛頭蛮」『季刊　怪』vol.0015、角川書店、二〇〇三年。

コラム

特撮に見えたる世界妖怪たち

本書では日本の妖怪に焦点を当てているため、世界の妖怪に関してのリストアップを行っていない。とはいえ、『変身忍者嵐』（一九七二年〜一九七三年）や『手裏剣戦隊ニンニンジャー』（二〇一五年〜二〇一六年）などでも、世界の妖怪が登場し、とても魅力的な存在である。すべては紹介しきれないが、ドラキュラ、フランケンシュタイン、狼男といった一般的に知られているものから、バックベアードやモズマのような珍しいものまで、番外編としてまとめて紹介したい。

ユニバーサル・モンスターズ

日本のヒーロー特撮に限らず西洋妖怪として取り扱われる場合、ドラキュラ、フランケンシュタイン、狼男があがることが多い。これら三体の怪物たちは、一九三〇年代にユニバーサル・スタジオが製作し、アメリカで上映された『魔人ドラキュラ』、『フランケンシュタイン』、『倫敦《ロンドン》の人狼』が基礎になっている。もちろん小説のブラム・ストーカー『ドラキュラ』やメアリー・シェリー『フランケンシュタイン』の原作も含めた怪奇文学を前提とするが、この三体がセットで登場する点やデザインの一般化は、これらの映画が大きな影響を与えている。以降もドラキュラ、フランケンシュタイン、狼男だけでなく、ミイラ男や透明人間、半魚人なども交えて新作が発表されていく。一九四〇年代には『フランケンシュタインの館』、『ドラキュラの館』、『凸凹《でこぼこ》フランケンシュタインの巻』で、ドラキュラ、フランケンシュタイン、狼男が共演しているのも大きな影響を感じる。

一九五〇年代には、日本の映画雑誌でもこれらの作品が紹介され、情報としての素地《そじ》もできていく。一九六四年には、一連の作品群が吹き替えでテレビ放送、一九六五年二月号の『少年画報』(少年画報社)で藤子不二雄の『怪物くん』の連載が始まる。怪物くんのお供として、ドラキュラ、フランケン、狼男が登場している。藤子不二雄Ａは、日本テレビの二〇二二年のインタビューでアメリカの怪奇映画が大好きで、それにインスピレーションとした旨を話をしている。また、その少し後に映画雑誌以外の『SFマガジン』や『ボーイズライフ』でも映画評としてではなく、怪物たちに焦点を当てた記事が見られるようになる。さらに一九六六年の『週刊少年マガジン』の『ゲゲゲの鬼太郎』「妖怪大戦争」でバックベアードと魔女と一緒にドラキュラ、フランケンシュタイン、狼男も西洋妖怪として登場している。こうして三体が登場することと「西洋妖怪」というくくりが完成した。

特撮では一九六七年放送開始の『ジャイアントロボ』のドラキュラン、一九七一年放送開始の『帰ってきたウルトラマン』のドラキュラスなど単体かつドラキュラモチーフの登場に最初は限定されていたが、一九七二年放送開始の『変身忍者嵐』、一九七五年放送開始の『アクマイザー3』と、放送回はすべて別だが三体とも選定される傾向ができあがっていく。同時期の『ウルトラマンレオ』(一九七四年～一九七五年)では、「見よ！ウルトラ怪奇シリーズ」のうち三話で、狼男、吸血蝙蝠(ドラキュラ)、半魚人とユニバーサル・モンスターズをモチーフに使っている。

さらに二〇〇八年放送開始の『仮面ライダーキバ』では、仮面ライダーキバをヴァンパイア(ドラキュラ)として、ガルル(狼男)、ドッガ(フランケン)に加えてバッシャー

（半魚人）というユニバーサル・モンスターズで味方キャラを配置している。これは二〇一五年放送開始の『手裏剣戦隊ニンニンジャー』も同様で二四話から二七話にかけてドラキュラ、フランケンシュタイン、狼男が登場する。特に狼男に関しては、『怪物くん』の狼男が料理人であるという設定をイメージして穴あき包丁をその姿のモチーフに組み込んでいる。

今後も単体での登場になるか三体一緒に登場するか、あるいはその他の怪物がセレクトされるか選択肢の幅は広いが、今後もドラキュラ、フランケンシュタイン、狼男などのユニバーサル・モンスターズがモチーフとして選定されることがあるだろう。

児童向けに紹介された世界妖怪たち

一九六〇年代～一九七〇年代の雑誌記事や付録では、日本の妖怪を紹介する際に世界の妖怪たちも併せて紹介された。そこにはユニバーサル・モンスターズや悪魔、一九六六年『大魔神』や一九六九年『魔神バンダー』などの魔神が紹介されるようになる。創作物も多く含まれるが、モンタギューサマーズ・日夏耿之介《ひなつこうのすけ》『吸血妖魅考』などを参考にして紹介された世界妖怪もある。その流れを色濃く受けたのは、『変身忍者嵐』の西洋妖怪であろう。ドラキュラ、ミイラ男、狼男、フランケン、ゴルゴン、スフィンクス、タランチュラ、メドーサ、マーダラ、ザルバー、ワーラス、ドーテム、モズマ、ゴーレム、グレムリン、サイレン、バラーラ、インデゴ、ジャワラ、ベックベアード、グール、ゴーストファーザー、白髪鬼、クンバーナが登場する西洋妖怪の名前である。前半はユニバーサル・モンスターズや神話などでよく知られているものだが、創作と思しきものがちらほら入っていく。モズマは、斎藤守弘が少女雑誌で紹介した後に山内重昭『世界のモンスター』にも転載されたもの、ワーラスは、中岡俊哉が『世界の魔術・妖術』などで紹介したものを参考にしていると年代から想定できるため、この二つが収録されている『世界怪奇スリラー全集』が選定資料として使われていると見て良いであろう。

最後にバックベアードであるが、これは、北川幸比古が一九六五年『少年ブック』八月号「世界の幽霊おばけ100選」で「昆虫の目」（別名バックベアード）と、複眼を持つイギリス・アメリカの妖怪として紹介したものである。その後、一九六六年に水木しげるもこの別名を使いバックベアードとしてイラスト入りで紹介したが、『ゲゲゲの鬼太郎』「妖怪大戦争」の回に登場させたものが元となっている。『変身忍者嵐』のバックベアードは、ブルガリアの妖怪とされている［❶］。さらに一九七六年に『超神ビビューン』に登場するバックベアードは、『変身忍者嵐』同様に、昆虫の目というよりも人間の大きな目玉が特徴的な妖怪になっているので、水木しげるが参考にした北川幸比古の記事ではなく、水木しげるの妖怪解説や漫画を参考にしたものと考えられる［❷］。バックベアードのような巨大な目玉の怪物は妖怪として取り上げられないものも多いが、興味深いモチーフではあるのでコラム「特撮に見えたる怪奇」（一八六頁参照）として取りあげたいと思う。

❶『変身忍者嵐』のバックベアード
（変身ヒーロースナックカード、発売元グリコ）

❷『超神ビビューン』のバックベアードのデザイン画（『アクマイザー3　超神ビビューン大全』）。

その知識と影響の変遷を斬る！

鎌鼬《かまいたち》

■水木しげるの解説を見る

第一章で、一九六〇年代以前の映像作品は、歌舞伎などの芸能と地続きのお化け（幽霊や化け猫／狐／狸など）や民話として一般的に周知されていたもの（河童や天狗など）が多いことを紹介した。さらに六〇年代後半から七〇年代にかけて、水木しげるや佐藤有文らが妖怪図鑑を刊行したことによって、登場妖怪の多様性は格段に増すことになる。中でも鎌鼬は、河童や天狗ほどではないが、特撮のみならず漫画やゲームなどでも登場の機会が多く、また知識や資料の変遷によって取り扱われ方も様々なので、まとめておきたい。

まずは、一九七五年の『水木しげるお化け絵文庫』の鎌鼬の解説の一部を引用する［❶］。

水木しげるが、特撮に限らず妖怪が登場する作品のデザインや妖怪の特性に関して影響を与えていることは間違いないが、『水木しげるお化け絵文庫』の時点で、すでに多くの妖怪の解説が完成している（九〇年代以降の参考としては、『日本妖怪大全』が使われている可能性は高いが、解説文や妖怪画も多くは、この流用である）。鎌鼬の解説に関しても、この時点で完成しており、三つの特性が見えてくる。

ある男が道を歩いていると、びゅーっと風が吹いている。何事もなさそうなのでそのまま家へ帰ると、女房が、

「あんた、どうしたのその怪我は。たいへんな血よ」

と叫んだ。見ると脚から血がどくどく流れ出している。

こういうことがむかしは、しばしばあった。これは一種のいたちの妖怪と考えられ、つむじ風に乗って現れると言われていた。そのいたちの爪は鎌のように鋭く、そのために切られてもても痛みを感じない。

また一説には、これは風の作用ともいう。美濃や飛騨（現在の岐阜県）の山間部では「鎌鼬」がよく出現した。これは周囲が山であるために、特殊な風がよく吹いたせいであろうと思われる。この地方では、「鎌鼬」は三人の神のようなものだと考えられていたらしい。初めの神が突っかかり、次の神が切り、三番目の神が薬をつけると言われる。だから痛みがないのだという。

（中略）

いたち自体も一種の妖獣と考えられていたふしもあるから、「鎌鼬」という名で呼ばれるようになったのであろうか。また、空気が何らかの作用で一部真空になると、気がつかないうちに怪我をしてひどく血が出、「鎌鼬」と同じ症状になることがあるそうだ。

やはり自然現象が原因なのであろう。

❶『水木しげる漫画大全集　媒体別妖怪画報集 II』補巻 2
「お化け絵文庫」488 頁より引用。

①つむじ風に乗って現れる爪が鎌のように鋭い（デザイン上は爪が鎌になっている）イタチの妖怪
②三人の神のようなもので、おのおの転ばせ、斬って、治すという三位一体の妖怪
③自然現象（真空）

この三つの特性が娯楽作品に受容された順番を並べ替えると③が一番早く、その後に①、②と続く。一つずつ作品の中でどのように使われてきたかを見ていきたい。

■自然現象（真空）を原因とした事例

廣田龍平『妖怪の誕生　超自然と怪奇的自然の存在論的歴史人類学』「真空説——その誕生から衰退まで」（二〇二二年）では、カマイタチ真空説（知らない間に鋭利な刃物で切られたような傷ができる、カマイタチ現象の原因を真空とする説）の誕生から衰退まで詳しく書かれているので、参考にしながら特撮などの娯楽作品との関連を見ていきたい。

明治時代以降、井上円了《いのうええんりょう》『妖怪学講義』（一八九六年）の時点で、真空説は「常識的な〈科学〉知識となっていた」という。一九一六年の『迷信と宗教』で円了は、確かに鎌鼬の発生する原因を「其の道理は、今日にては理學上より説明せられてあるから妖怪ではない」（七六頁）とも書いている。

実際に真空説を採用している記述は多く、何点か調べただけでも、『科学画報』二六巻一号（一九三七年）では「勿論これは、眞空《しんくう》を生じたために皮膚が破れたのであって、獣とは関係ない」と説明され、『少年世界』一二巻七号（一九〇六年）でも真空説が取りあげられている。また、『日本民俗学大系』八巻（一九五九年）、『日本怪談集　妖怪篇』（一九八一年）の二冊で今野圓輔《こんのえんすけ》は、「一般には小旋風の中心に真空状態ができるとおこるのだろうと合理的に解釈されている現象である」（『日本怪談集　妖怪篇』下巻、一六八頁）と記載している。これらから、一九八〇

年代前半までは少なくとも真空説が「合理的」な解釈とされていたと見られる。

　この状況を踏まえて、真空説を取り扱った作品を見ていきたい。『怪奇大作戦』一六話「かまいたち」は一九六八年の放映である。つむじ風が巻き起こり、一瞬で人体がバラバラになるという不可思議な殺人事件をＳＲＩ（科学捜査研究所）が解き明かす話である。作中に妖怪そのものは登場しないが、「かまいたち」という現象に対して、作中でも百科事典を取り出し「鎌鼬、つむじ風が起きたとき、空気中に真空の部分ができ、人体がこれに接触すると、鎌ででも切ったように鋭く皮膚が裂ける現象を云う。信越地方に多く、昔は鼬の仕業とした」と説明され、円了の記述とも合致する。また、漫画『ブラック・ジャック』一八一話「通り魔」（一九七七年）では、ミサイル発射の際に発生する真空が切り裂き事件の原因だった。

　このように一九六〇年代～一九七〇年代において、真空説を取る作品は、真空説が定着していた時期と合致している。

　では、真空説が衰退した時期と娯楽作品への影響も見ていきたい。

　『妖怪の誕生』では、真空説に対して初めて代案を提示した批判として、一九二九年に発表された物理学者・寺田寅彦の「化け物の進化」を挙げている。そこで、寺田は「たとえかなり真空になってもゴム球か膀胱か何かのように脚部の破裂する事はありそうもない。これは明らかに強風のために途上の木竹片あるいは砂粒のごときものが高速度で衝突するために皮膚が截断されるのである」と述べ、皮膚が裂ける原因を強風によって高速で衝突する木片や砂粒のようなものとしている。『少女クラブ』二八巻三号に掲載された寺田寅彦の伝記記事である諏訪三郎《すわさぶろう》「お化けと大科学者」（一九五〇年）では、寺田の中学時代、かまいたち小僧の話を、物理教師が真空説を唱えて否定したことに疑問を持っており、それによって生まれた批判であると書かれている。

　この寺田寅彦の批判は、二〇一三年の『怪奇大作

戦　ミステリー・ファイル』四話「深淵を覗く者」で採用されている。これは、前述の『怪奇大作戦』「かまいたち」をベースにしていて、第一の犯罪では袈裟懸けに斬られた殺人事件が起こる。ここでは空気の温度差によって発生したつむじ風によって巻き上げられたガラス片や小石のようなものによって切断されている。

『高志路』通巻三三〇号「かまいたち談義」によると、一九七〇年代には気象学者たちに自然現象であることが否定されたとある。それは、一九七〇年『気象』通巻一六〇号の高橋喜彦「かまいたち」、同誌通巻一六一号の田村竹男「新潟県における「かまいたち」調査」によるもので、筋肉が緊張して張った状態によって、皮肉が裂けることが原因であり、空気中にできた真空、つまり「かまいたち」という現象の原因ではありえないことを指摘している。

『妖怪の誕生』の廣田も、このことに触れており、七〇年代以降の新聞報道や労災認定、気象学の事典などを皮切りに徐々に浸透したとしている。前述の今野の『日本怪談集』や一九九〇年の水木しげる『日本妖怪大全』の鎌鼬の解説まで真空説の記載があったが、一九九四年の文庫化にあたり記載がなくなっている（削除されたというより、文庫の文字数の調整であると考えられる）。

廣田は『妖怪の誕生』に先行する二〇一四年に自身のブログで「カマイタチ真空説について一部勘違いされている方もいそうですが、真空説は提唱当時はまっとうな科学的仮説として受容されていまして、疑似科学とみなされたことは滅多になかったことを言っておきます。なにせ、あの井上円了が、自分で説明するまでもないとして受け入れたぐらいですからね」とも綴っている。

現在では疑似科学として解釈される説も当時のスタンダードであり、それを基に良質な娯楽作品が誕生したことは覚えておきたいことである。

■鎌を物理的・身体的に持つ事例

真空説は実存しない鎌鼬の原因として唱えられたものであるが、作中世界で登場する場合、何らかの物理的なデザインは必要になってくる。後述の三体の鎌鼬のデザインも含めて、結果的に腕や尾などが鎌状になっている、あるいは持ち物として鎌を持っているというケースで踏襲される。こちらも年代の古い順から見ていきたい。

一九七二年『変身忍者嵐』四話「怪人！卍カマイタチ!!」の卍カマイタチ［❷］は、棒状の武器の上下に鎌がついている武器を持つ（二本組み合わせることで卍の形になった棒を回転させて戦う）。七〇年代の作品なので、真空説が否定され始めた時期とおおむね一致している。次は、一九七五年『アクマイザー3』一七話「なぜだ!?もう一人のザビタン」の鎌鼬は手に鎌を持ち、頭に触覚のように鎌が二本生えているようなデザインでイタチ的な要素はあまり見られず、色も黒いのでアリを想起させる［❸］。

少し年代を経て一九九四年の『忍者戦隊カクレンジャー』三五話「おしおき三姉妹シスターズ」に登場する鎌鼬は、作中で紹介される妖怪画が石燕風《せきえん》のものとなっている反面で、武器として鎖鎌を持ち、フライトジャケットを着て、戦闘機のような羽の生えたイタチの姿である。小学校を占拠し、自身を校長として、子どもたちを妖怪化しようとした。作中の解説では、「昔の鎌鼬は、風に乗って見えない速さで人を切り裂きましたが、現代の鎌鼬――校長先生は、それだけでなく立派な教育者であります」とあり、真空説に関係しないものである。

対して、二〇〇九年『侍戦隊シンケンジャー』第二幕「極付粋合体」のオオツムジは、その技の名前に真空説の名残を感じる解説が『侍戦隊シンケンジャー』DVD特典映像の「アヤカシ絵巻」にある。「つむじ風のような、たくさんの鎌をぶら下げたような、アヤカシ。つむじ風を刃として操る大技「真空つむじ鞭」で、人々を切り裂いて苦しめる。「旋風大鎌刀」を鎌のように振り回し、一度にたくさん

❷『変身忍者嵐』の卍カマイタチ
（『変身忍者嵐』のミニカード）

❸『アクマイザー3』の鎌鼬（左の黒い方）
（『アクマイザー3』のミニカード）

の獲物を刈り取る戦法を好む。現代の伝承では、風とともに前足の鎌で人を傷つける「かまいたち」という妖怪がいる。オオツムジがつむじ風を巻き起こして暴れる姿が「かまいたち」伝承のルーツだと思われる」。首から頭部にかけてのデザインはムカデのようにも見えるが、石燕の窮奇《かまいたち》を思わせる［❹］。既存の妖怪に寄りすぎないよう工夫した苦心がデザインから垣間見える。

年代は前後するが、二〇〇七年『妖怪奇談』は、ろくろ首、かまいたち、のっぺらぼうの三篇のオムニバス形式の連作作品となっている。各話の主人公たちの、首、爪、顔が異常に変形していく奇病をそれぞれの妖怪に当てはめている。「かまいたち」は、爪が異常に伸びたことで、刃物のように鋭利な状態と化し、最終的には人を傷つけるようになってしまう。鎌鼬のイメージを形にした一例であることに間違いない。

余談となるが、二〇一六年『ウルトラマンオーブ』二三話「闇の刃」では、建物に刀で斬りつけられたような損壊事件が起こり、（『ウルトラマンX』以降の作品で紹介される）架空の書物『太平風土記』に記されているカマイタドンの仕業ではないかと調査するが、実際にはパソコンに映し出された画像のみで未登場の怪獣である。損壊事件の元凶は、カマイタドンではなく、無幻魔人ジャグラスジャグラーなのだが、正体不明のものの原因を推測するという物語はある意味で妖怪っぽさを感じさせる。カマイタドンのデザインは、左腕に大鎌のような太刀のようなものを持っているようにも生えているようにも見えるので、鎌を身体的に持った事例のカテゴリに入れておく。

■三位一体の事例

関敬吾《せきけいご》「治病の祈祷その他」（柳田國男編『山村生活の研究』一九三八年）によると「岐阜丹生川《にゅうかわ》で謂《い》ふカマイタチは、カマイタチ神は三人つれ立つて通り人目には姿は見えないが一番先のが人を倒し、二番目のが刃物で傷をつけ、第三番のが薬をつけて去るといふ」とある。『綜合日本民俗語彙』（一九五五年）や前述の水木しげるの解説もおおむね同様である。以降の記述としては、多田克己『幻想世界の住人達IV 日本編』（一九九〇年）や千葉幹夫『全国妖怪事典』（一九九五年）にも三匹の鎌鼬の記述が見られる。単独の話であれば、山村生活や民俗語彙を参考にしている可能性もあるが、複数体の妖怪を登場させる作品においては水木や多田、千葉、もう少し後になると村上健司『妖怪事典』（二〇〇〇年）などが参考資料となる可能性が高い。

この系統の鎌鼬が登場する作品を紹介する。漫画『うしおととら』（一九九〇年～）第九章「風狂い」（五巻）より登場する鎌鼬は三兄妹で、『地獄先生ぬ～べ～』（一九九三年～）二八話「三匹が斬る！」でも、親子で鎌鼬が登場する。漫画作品では三位一体としての扱いなのに対して、特撮作品としては、二〇〇五年『仮面ライダー響鬼』三二話「弾ける歌」三三話「装甲う刃」、二〇一五年『手裏剣戦隊ニンニンジャー』

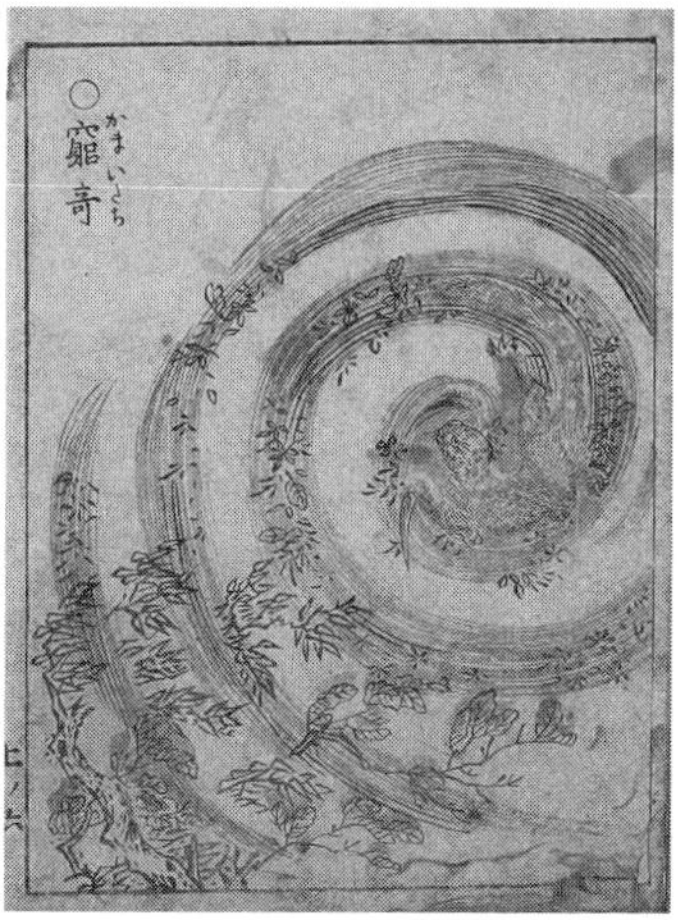

❹鳥山石燕の窮奇
（東京藝術大学附属図書館蔵『画図百鬼夜行』）

一話「俺たちはニンジャだ！」ともに、一体の鎌鼬に三位一体のデザインを取り入れている。

ゲーム『大神』（二〇〇六年）やTVドラマ『妖怪！百鬼夜高等学校』（二〇一八年）でも鎌鼬が三体登場しており、妖怪・鎌鼬を表現する現在のスタンダードとなっている。

■妖怪情報の変遷と妖怪の姿

本書では基本的に、クリーチャーとして登場するものを中心に情報蒐集《しゅうしゅう》しているが、まとめるにあたって『怪奇大作戦』の避けては通れない回として「かまいたち」と「ゆきおんな」がある。鎌鼬は、河童、天狗、鬼などのもともと誰でも姿や形を連想しやすいもの、化け猫・狸・狐など映像作品以前の芸能作品に登場するものに続く登場の多さである。そこで年代順に並べて、どのように鎌鼬が取り扱われているかを確認すると、『怪奇大作戦』のものがカウントする限りでは古く、真空説の衰退のタイミングが以降の特撮作品への影響とおおむね合致している。妖怪情報の変遷が、特撮に登場する妖怪の姿形やストーリーに影響を与えることが顕著な好例として、鎌鼬を位置づけることができる。

いつの間にやら悪者に
なってしまった妖狐

九尾《きゅうび》の狐《きつね》

■ 玉藻前・九尾の狐・殺生石

中国に伝わる九本の尾を持つ狐。謡曲『殺生石《せっしょうせき》』や『絵本三国妖婦伝《えほんさんごくようふでん》』などの物語の中では、美女に変化して人々の世を惑わす存在の正体として知られている。『封神演義《ほうしんえんぎ》』などの殷《いん》王朝を傾けたとされる美女・妲己《だっき》や天竺《てんじく》の華陽《かよう》夫人、日本の玉藻前《たまものまえ》［❶］など、国の為政者に近づき、魅了し、悪政に走らせて国を滅ぼしてきた。日本で「玉藻前」と名乗っていた際、鳥羽《とば》天皇に近づくが、陰陽師・安倍泰成《あべのやすなり》に正体を暴かれる。九尾の狐は、現在の栃木県那須塩《なすしお》原《ばら》に逃れ、そこで退治される。その怨念はすさまじく、毒気を吐き出す石と化した。その毒は近づくものだけではなく、飛ぶ鳥さえも殺したという。その後、会津の玄翁《げんのう》という僧侶が、その石を砕き、九尾の狐を成仏させた。こうした悪狐としての九尾の狐の話が定着したのは、『絵本三国妖婦伝』などの物語が寄与している。一方で、もともとの九尾の狐は、その姿が確認されること自体が泰平の世を示す瑞獣・神獣とされていた。九尾の狐を食べることで辟《へき》邪《じゃ》の要素もあった［注1］。また、九尾の狐が退治されて変じた石は殺生石と呼ばれ、玄翁が砕いたかけらは、栃木県の那須塩原の他に福島県、愛知県、岡山県、山口県、大分県などに四散したという［注2］。

❶鳥山石燕の玉藻前
（九州大学附属図書館蔵『今昔画図続百鬼』）

一九六〇年代には、水木しげるも『ゲゲゲの鬼太郎』の「妖怪反物」の回で、チーという玉藻前の弟の九尾の狐を登場させている。漫画作品としては、九尾の狐や玉藻前という名称は使われていないが、藤田和日郎《ふじたかずひろ》『うしおととら』（一九九〇年～一九九六年）の白面の者も九尾の狐をモチーフにし、『絵本三国妖婦伝』や殺生石のような描写も見られる。また、岸本斉史《きしもとまさし》『NARUTO』（一九九九年～二〇一四年）のうずまきナルトに封印された尾獣・九喇嘛《くらま》は九尾の狐である。

■特撮に見えたる九尾の狐

では、映像作品での九尾の狐はどのようなものが存在したのか。戦前、日活で一九一二年、一九一四年、一九一八年に、小松商会で一九一六年、松竹では一九二二年に『九尾の狐』という全て同じタイトルで、新興キネマでは一九四〇年『金毛狐《きんもうきつね》』というタイトルで、九尾の狐に関する映画が上映された。化け猫や狸映画はその後も多く作られることになるが、九尾の狐を題材にした映画はそれほど多くは作られなかった。実際に特撮作品に関しても、九尾の狐が登場する作品はそれほど多くはない。

『ウルトラマンタロウ』（一九七三年～一九七四年）では、栃木県那須岳の九本の尾を持つ狐火怪獣・ミエゴンが九尾の狐の正体とされた。透明化と火炎放射で攻撃する。怪獣を妖怪の正体とする世界観は、ウルトラマンのシリーズらしいものである。ミエゴンの九本の尾の表現は、一本の大きな尾を主軸として小さな八本の尾に分かれているという表現となっ

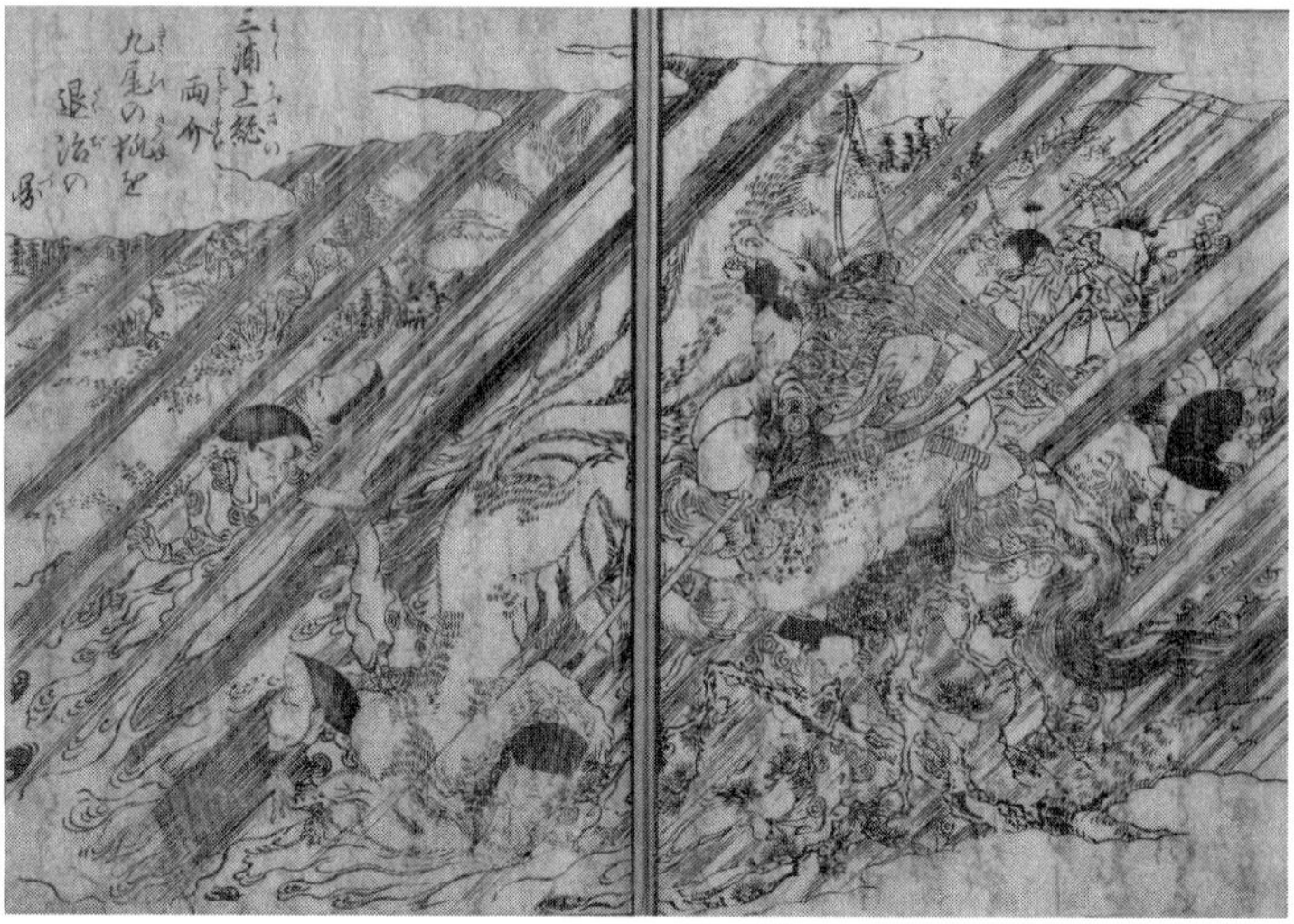

❷三浦上総両介九尾の狐を退治の図
（高井蘭山『絵本三国妖婦伝』、著者蔵）

ている。

『忍者戦隊カクレンジャー』（一九九四年～一九九五年）の九尾の狐は、昔、インドや中国を渡り歩いていた悪賢いキツネだったという『絵本三国妖婦伝』【❷】を踏襲しつつも、現代になると大都会に住み着き、子どもたちを誘拐し、その身代金で世界中の妖怪たちが住めるビルを建設しようとしている。九本の尾の表現は、身体に巻き付いているものと腰から何本かが垂れているものがある。

『獣拳戦隊ゲキレンジャー』（二〇〇七年～二〇〇八年）の獣人ツネキは、モチーフとしては普通のキツネだが、九体に分身する妖術・九尾分身変が九尾の狐を意識している技である。

最後に『手裏剣戦隊ニンニンジャー』（二〇一五年～二〇一六年）では、敵組織である牙鬼軍団の小姓・十六夜九衛門《いざよいきゅうえもん》が開発した巨大ロボ・カラクリキュウビが九尾の狐をモチーフにしている【❸】。小型カラクリメカのコギツネも計九体あり、一斉射撃を行う。また、十六夜九衛門自身の最終形態である牙鬼《きばおに》久右

❹『手裏剣戦隊ニンニンジャー』の牙鬼久右衛門新月
（『スーパー戦隊 Official Mook ２１世紀 vol.15　手裏剣戦隊ニンニンジャー』）

❸『手裏剣戦隊ニンニンジャー』のカラクリキュウビ（『スーパー戦隊 Official Mook21世紀 vol.15　手裏剣戦隊ニンニンジャー』）

衛門新月《しんげつ》も九尾の狐をモチーフとしている［❹］。背中に後光のような形で八本の尾が表現されている。十六夜九衛門は、ラストニンジャ・伊ケ崎好天《いがさきよしたか》の下で修行した忍者であったが、離反して妖怪化した過去を持つため、九本あったら人間の世界に戻ってこれないのではという、デザインした篠原保《しのはらたもつ》の配慮からである。

登場した作品を並べてみて面白いことは、玉藻前などの悪女の要素が組み込まれることは少ない。なお日本の映像作品では、九尾の狐はあまり取りあげられていないが、近年の韓国のテレビドラマでは『僕の彼女は九尾狐』（二〇一〇年）や『九尾の狐とキケンな同居』（二〇二一年）が放送されている。

▼注

［注1］『山海経』には「其の狐の如く　九の尾あり　其の音嬰児の如く　能く人を食う　食う者は蠱せず」と記載がある。

［注2］村上健司『妖怪事典』「殺生石」、毎日新聞社、二〇〇〇年、二〇二頁。

柳田國男《やなぎたくにお》の妖怪たち

■「妖怪名彙」の妖怪

柳田國男は、日本の民俗学を確立した人物として知られる。妖怪に関する論考は『妖怪談義』にまとめており、この中に収録される「妖怪名彙」には、日本全国で伝承される妖怪計八〇種を立項している。柳田國男が紹介した妖怪たちは、基本的には姿の記述のないものが大部分を占《し》めるが、水木しげるは「妖怪名彙」を参考にして、姿なき妖怪たちに形を与えた。特に『ゲゲゲの鬼太郎』に登場する砂かけ婆、子泣き爺、一反木綿《いったんもめん》、ぬりかべといった鬼太郎の味方の妖怪たちは名前を出せば、多くの人がその姿を連想できるほどに浸透している。これらは、伝承にその形の基になる要素はいくつか見られるが、一反木綿が目や手の生えた長くひらひらとしたペナント状の化け物であったり、塗り壁が足の生えた壁であったり、児啼爺《こなきじじい》が蓑《みの》を着た子どものような爺であるということは書かれていない。水木しげるが、伝承の中から情報を拾い、その上でデザインされたものである。水木しげるのすごさは、それらしい形を当て嵌《は》めるセンスと、その形で昔から伝わっているかのように見せる卓越した画力にある。

　では、柳田國男「妖怪名彙」で立項された妖怪は他にどのようなものがあったのか。立項された妖怪を一覧記載し、本書で紹介した特撮に登場する妖怪を太文字とした。なお、漢字表記があるものは、「妖怪名彙」の記述のみ記載した。

シヅカモチ（静か餅）・タタミタタキ・タヌキバヤシ（狸囃子）・**アヅキトギ（小豆磨ぎ）**・センダクキツネ（洗濯狐）・**ソロバンボウズ（算盤坊主）**・**コナキジジ（児啼爺）**・カヒフキボウ（貝吹坊）・コクウダイコ（虚空太鼓）・カワツヅミ（川鼓）・ヤマバヤシ（山ばやし）・**タケキリダヌキ（竹伐狸）**・テングナメシ（天狗なめし）・ソラキガエシ・フルソマ（古杣）・オラビソウケ・**ヨブコ（呼子）**・ヤマノコゾウ（山の小僧）・イシナゲンジョ・シバカキ・**スナカケババ**・スナマキダヌキ（砂撒狸）・**コソコソイワ**・オクリスズメ（送雀）・オクリイヌ（送犬）・ムカエイヌ・オクリイタチ・**ベトベトサン**・ビシャガツク（ビシャがつく）・**スネコスリ**・アシマガリ・ヤカンザカ（薬缶坂）・テンコロコロバシ・**ツチコロビ**・ヨコヅチヘビ（横槌蛇）・ツトヘビ・タンタンコロリン・キシンボウ（木心坊）・ツルベオトシ（釣瓶落し）・フクロサゲ（袋下げ）・ヤカンヅル・**アブラスマシ**・サガリ・**ヌリカベ（塗り壁）**・**イッタンモメン（一反木綿）**・ノブスマ（野衾）・シロボウズ（白坊主）・タカボウズ・シダイダカ（次第高）・ノリコシ・オヒガカリ・ノビアガリ（伸上り）・ミアゲニュウドウ（見上げ入道）・ニュウドウボウズ（入道坊主）・**ソデヒキコゾウ（袖引小僧）**・**オイテケボリ（置いてけ堀）**・オッパショイシ（オッパショ石）・シャクシイワ（杓子岩）・ヒトリマ（火取魔）・ヒヲカセ（火を貸せ）・ミノムシ（蓑虫）・キツネタイマツ・テンピ（天火）・トビモノ・ワタリビシャク・トウジ・ゴッタイビ・イゲボ・キカ・ケチビ・イネンビ（遺念火）・**タクロウビ**・ジャンジャンビ・ボウズビ（坊主火）・アブラボウ（油坊）・ゴンゴロウビ（権五郎火）・オサビ（筬火）・カネノカミノヒ・ヤギョウサン（夜行さん）・クビナシウマ（首無し馬）

以上のように、特撮作品において「妖怪名彙」に記録された伝承由来の妖怪の採用率はそれほど高くないことが分かる。また、ソロバンボウズやタクロウビなど珍しいものも太字にしているが、これはリメイク版の『妖怪大戦争』（２００５年）など多数の妖怪が登場する作品の中で採用されたケースである。このケースを差し引くと、『ゲゲゲの鬼太郎』で鬼太郎の味方として登場し、有名になった妖怪が特撮作品で採用されている。

以下では、一つ一つの妖怪が「妖怪名彙」でどのように記録され、また特撮作品にどのような設定を付されて登場してきたかを紹介する。

■児啼爺

「妖怪名彙」の児啼爺は、「阿波《あわ》の山分の村々で、山奥にいるという怪。形は爺だというが赤児の啼声をする。あるいは赤児の形に化けて山中で啼いているともいうのはこしらえ話らしい。人が哀れに思って抱き上げると俄《にわ》かに重く放そうとしてもしがみついて離れず、しまいにはその人の命を取るなどと、ウブメやバリオンと近い話になっている。木屋平《こやだいら》の村でゴギャ啼《な》キが来るといって子供を嚇《おど》すのも、この児啼爺のことをいうらしい。ゴギャゴギャと啼いて山中をうろつく一本足の怪物といい、またこの物が啼くと地震があるともいう」と紹介されている。

水木しげるは、赤児の泣き声を出す爺、あるいは赤児に化けることのできる爺であることから赤児のような腹掛けを身につけた爺の姿をデザインした。『行け！牛若小太郎』（一九七四年〜一九七五年）では、泣き虫じじいという名称で登場する。水木しげるのデザインの系譜であるが、この作品は佐藤有文《さとうありふみ》『いちばんくわしい日本妖怪図鑑』（一九七二年）を多く参考にしている。

『忍者戦隊カクレンジャー』（一九九四年〜一九九五年）では、作中で講釈師が、従来の妖怪の姿を浮世絵風の絵で紹介し、その児啼爺はやはり水木しげるのデザインが踏襲されている。ところが、実際に登場する姿は、妖力を封じられ、人の世に馴染《なじ》んだ現代風の姿として丸い身体のピエロのようなデザインとなっている。赤ん坊のような小さな姿に化け、腕を触手のように伸ばし、人間に抱きつき、身体を重くする。爺要素はあまり見られない。

『侍戦隊シンケンジャー』（二〇〇九年～二〇一〇年）では、ナキナキテという名称で登場する。抱きついて離れない赤鬼子と人間の子どもと入れ替わる白鬼子を生み出す。ナキナキテが生み出す赤鬼子が児啼爺伝承のルーツとして位置づけられている。球状の物体が身体にいくつもついているデザインで、それ自体も赤児がしがみついているイメージとなっている。

『手裏剣戦隊ニンニンジャー』（二〇一五年～二〇一六年）では、鉄アレイをモチーフにすることで重厚感が出ている。両腕の鉄アレイからビームを照射して、ターゲットに別の人間を強制的に背負わせ、動きを封じる。自らおぶさって、オンギャーオンギャーと泣きながら無限に重量を増し続け、地の底へ沈める攻撃も行う。

赤ん坊を想起するものとしてスーパー戦隊シリーズの三作品では、丸みを帯びたデザインで表現されている。

■一反木綿

「妖怪名彙」では、「一反木綿という名の怪物。そういう形のものが現れてひらひらとして夜間人を襲うと、大隅高山《おおすみこうやま》地方ではいう」と紹介されている。

水木しげるは、一反木綿を目と手のあるペナント状の形状にすることで、漫画上の小さなコマでも奥行きを伝えることに成功している。この秀逸なデザインは、水木しげる以降の妖怪画家の多くが踏襲しており、リメイク版の『妖怪大戦争』（二〇〇五年）やその続編『妖怪大戦争ガーディアンズ』（二〇二一年）、『ゴーストブックおばけずかん』（二〇二三年）と、その登場から五〇年以上経過しても色褪《あ》せずに踏襲され続けている。

『忍者戦隊カクレンジャー』では、妖怪の世界で一番の殺し屋という設定でバイクに乗り、人間の首を絞めて殺害する。水木しげるとは異なる系統で全身の布が風にたなびくイメージを表現されているが、妖怪自身が解説する絵では水木しげるデザインが踏襲されている。

『仮面ライダー響鬼』（二〇〇五年〜二〇〇六年）では、燕のような翼と黄色い鳥の足が生えたエイのような姿でデザインされている［❶］。マッハ3で飛行する。一反木綿の怪童子と妖姫はマントのようなひらひらした衣装を引きずり、空中を浮遊する。

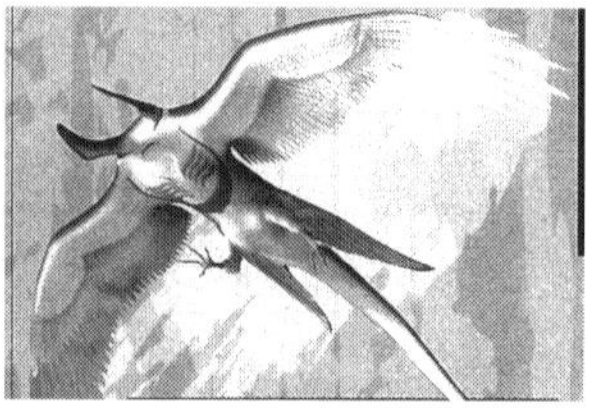
❶『仮面ライダー響鬼』イッタンモメン
（『仮面ライダー平成 vol.6　仮面ライダー響鬼』）

『侍戦隊シンケンジャー』では、ウラワダチという名称で一反木綿伝承のルーツとして位置づけられている。服に取り憑き、着ている人間が死ぬまで命をすすり尽くす。デザインとしては、人型に水木しげるの一反木綿が波打った状態で貼りついたような姿となっている。

『手裏剣戦隊ニンニンジャー』では、魔術展に展示されるはずだった古い絨毯に強い魔力が宿り、魔法が使えるという設定。デザインも洋風で魔法の箒《ほうき》を持っているため魔法使いを連想させる。絨毯《じゅうたん》らしくカラーリングも赤である。デザイン上の影響はないと思われるが、水木しげるの一反木綿の色も赤が採用されている例がある。

「ひらひらしたもの」というデザインは統一されているが、長い布という要素しか元ネタにはなく、CGで巨大な怪物・魔化魍《まかもう》として表現した『仮面ライダー響鬼』は別として、性質上人型を取らなくてはいけない怪人では難航しそうな題材といえる。

■塗り壁

「妖怪名彙」の塗り壁は、「筑前《ちくぜん》遠賀《おんが》郡《ぐん》の海岸でい

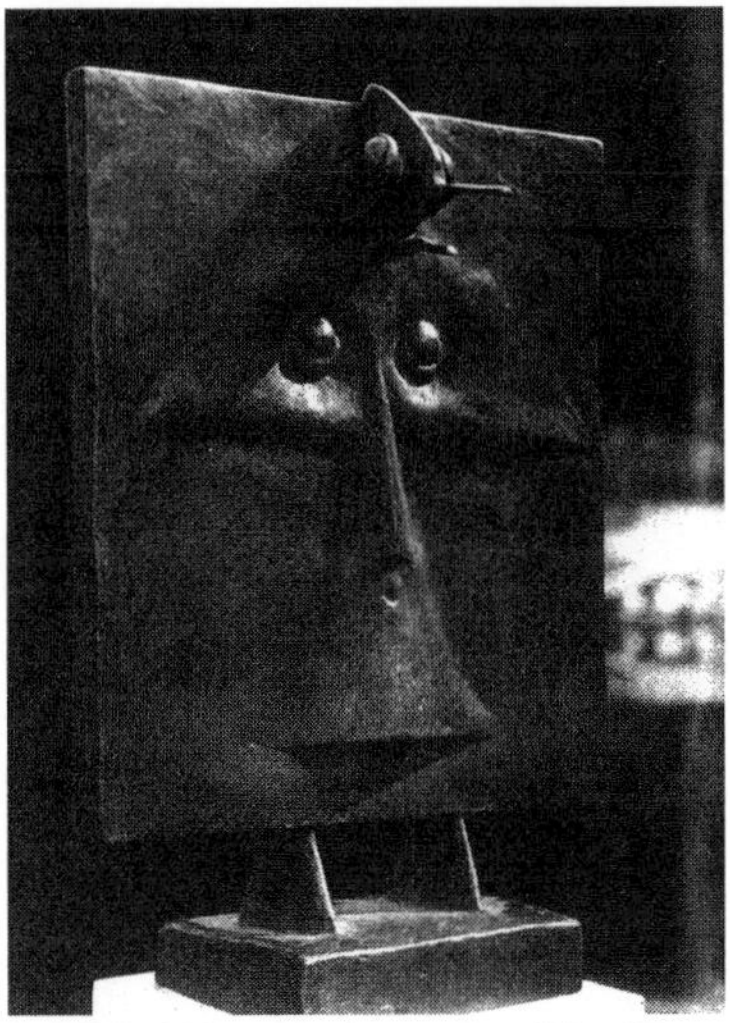
❸『芸術生活』1964年1月号で「鳥の顔」として紹介されたマックス・エルンストのBird-Head。

❷水木しげるの初期のぬりかべ
(『妖怪なんでも入門』)

う。夜路をあるいていると急に行く先が壁になり、どこへも行けぬことがある。それを塗り壁といって怖れられている。棒をもって下を払うと消えるが、上の方を敲《たた》いてもどうもならぬという。壱岐島《いきのしま》でヌリボウというのも似たものらしい。夜間路側の山から突き出すという。出る場処も定まりいろいろの言い伝えがある」と紹介されている。

水木しげるの塗り壁は、「棒をもって下を払うと消える」という対処を意識したのか、身体に対して貧相な足が生えたデザインである［❷］。足を払えば、確かに転びそうでもある。これはマックス・エルンストの作品「Bird-Head」という立体作品を基にデザインされている［❸］。伝承として「壁」記載があるので、壁タイプの塗り壁のすべてが水木デザインを踏襲したとは言い切れないが、水木しげるが漫画や妖怪図鑑などで紹介したことでメジャー化した妖怪の一体であることは間違いない。

『忍者戦隊カクレンジャー』では、目の前に突然現れ、人間を通れなくさせる妖怪だったと講釈師に紹介され、その際のイラストはやはり水木しげるデザインを思わせるものだ。しかし、登場する怪人はレンガの壁にそっくりな姿をし、その壁面にはスプレーの落書きや張り紙も見られる。その他の妖怪も含めて、本作では一九九〇年代の日本のストリートカルチャーの隆盛を色濃く表現しているため、このようなデザインである。

『仮面ライダー響鬼』の塗り壁は、カタツムリのような頭、樹皮あるいは貝殻を合わせた壁のような身体、大木の根のような脚というデザインとなっている。塗り壁の怪童子と妖姫は、樹木の幹に隠れる能力がある。

二〇〇七年八月には、ブリガムヤング大学のハロルド・B・リー図書館蔵の妖怪画に「ぬりかべ」と表記された化け物がいることが発表された【❹】。二〇〇八年二月の角川書店の妖怪雑誌『怪』vol.0024では作家の京極夏彦らがこの図版に対して座談会を行っており、「民俗資料に載る、いまわれわれが知っているぬりかべと、このぬりかべがどういう関係にあるかというのは、正直わからないとしか言えないわけです」（二一九頁）としているものの、その拡散力は高く、図鑑や漫画など立て続けに塗り壁の妖怪デザインとして三つ目の獣タイプが量産されることになる。また、水木しげるのデザインに対して、この三つ目の獣型のぬりかべを伝承上の塗り壁の「本来の姿」と断言されることもインターネット上で見かけるが、前述の通り現時点で伝承と図版と紐づける根拠はない。ただし現在の塗り壁デザインの一つとして定着してきたという事実は、特撮での塗り壁デザインを通しても感じられる。

『侍戦隊シンケンジャー』ではフタガワラという名称で塗り壁伝承のルーツとして位置づけられている【❺】。両腕は伸縮し手当たり次第に何でも食べる。巨大化時に両腕を盾のように合わせる。その形状は頑強な鬼瓦のようで壁のようでもあり、鬼瓦の顔は三つ目のようにも見え、たまたまかもしれないが、年代的に動物型のぬりかべの影響も感じられる。デザインの基はどうであれ、壁型と三つ目の獣型の二

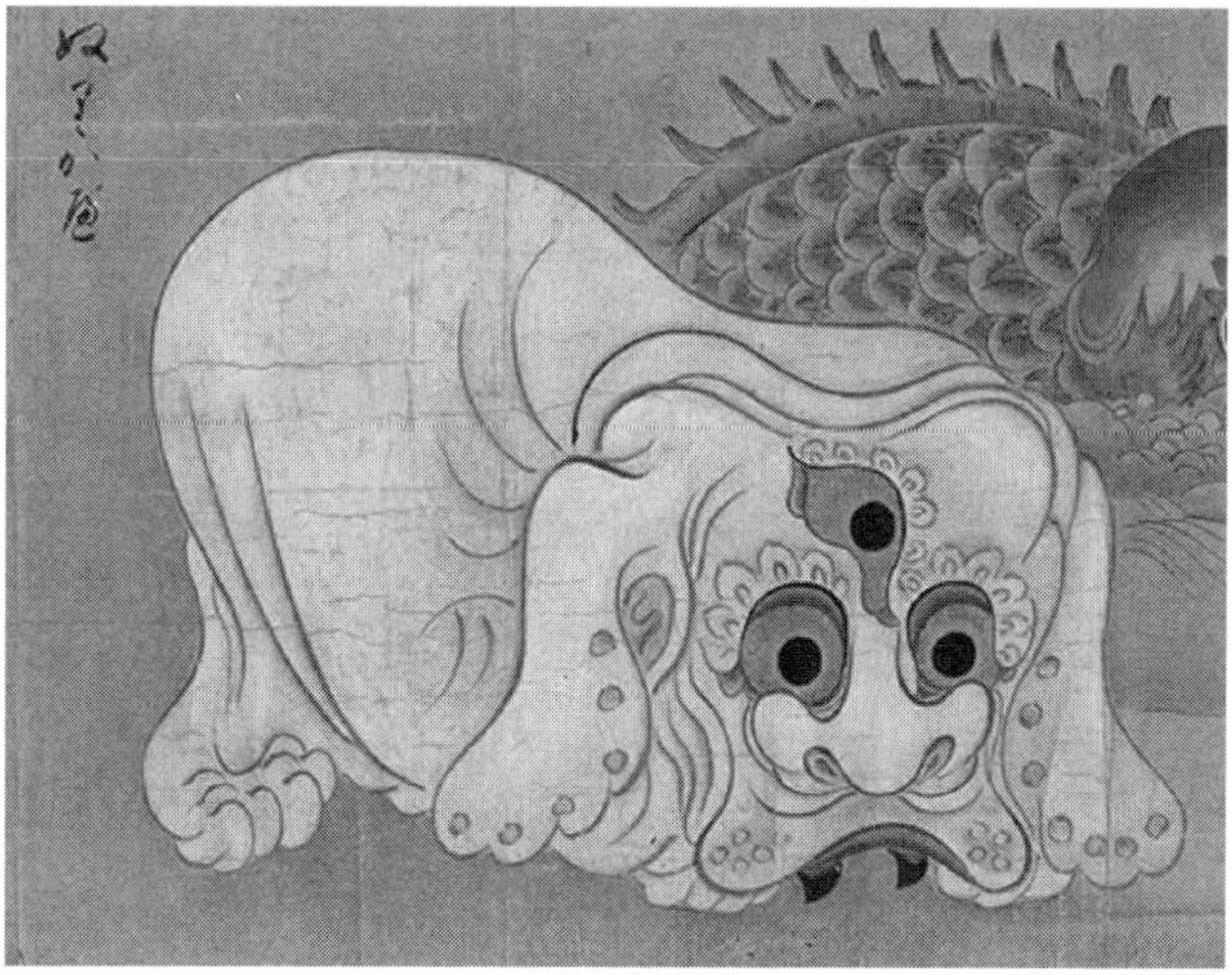

❹ブリガムヤング大学のハロルド・B・リー図書館蔵のぬりかべ。
現時点（2023年）で、柳田國男「妖怪名彙」の塗り壁と同一のものであると断定はできるものではない。

つの要素が垣間見える面白い事例である。
『手裏剣戦隊ニンニンジャー』では、人間が心に抱く障害を人生の壁として具現化し、絶望させる塗り壁は、遮断機と三つ目の獣型のぬりかべをモチーフにしている。伸縮自在の遮断機はキャノン砲になっており、塗り壁シールドで攻撃も防ぐ。壁の形状を採用せず、この姿にしたのはそれだけ獣型の情報がすでに定着していることに他ならない。

❺『『侍戦隊シンケンジャー』のフタガワラ『スーパー戦隊 Official Mook 21 世紀 vol.9　侍戦隊シンケンジャー』』）

描かれた妖怪たち

鳥山石燕《とりやませきえん》の妖怪たち

■鳥山石燕と取り扱った妖怪

鳥山石燕《とりやませきえん》は、江戸時代中期の浮世絵師で、『画図百鬼夜行』（一七七六年）、『今昔画図続百鬼《こんじゃくがずぞくひゃっき》』（一七七九年）、『今昔百鬼拾遺《こんじゃくひゃっきしゅうい》』（一七八〇年）、『画図百器徒然袋《がずひゃっきつれづれぶくろ》』（一七八四年）といった妖怪画集を描いたことで知られる。収録されている妖怪は、計二〇七種（逢魔時《おうまがどき》、日の出、隠里と三パターンの宝船といった妖怪ではないものも含まれる）を描いている。

柳田國男の「妖怪名彙」にまとめられた姿形が基本的にない妖怪たちは前の項で紹介した通り、解説文を基に水木しげるがそれに合う姿形を与え、鬼太郎を味方するキャラクターとして位置づけたのに対して、鳥山石燕の描いた妖怪たちはそのほとんどがそのままの姿形で鬼太郎の敵キャラクターとして登場した。

一九九一年に刊行された『日本妖怪大全』などの妖怪図鑑で、その多くの妖怪に対しても解説が添えられた。その解説は、鳥山石燕が妖怪画の添書《そえが》きしたものの他に、鳥山石燕以前の随筆や物語などで書かれたものもあるが、原典とされる狩野派の妖怪絵巻などにも何も解説が添えられておらず、どのような妖怪か分からないものにまで及んだ。そういったよく分からない妖怪たちの説明は、藤澤衛彦《ふじさわもりひこ》や山田

野理夫《のりお》といった作家が創作した解説や物語を水木しげるが採用したもので、「この妖怪はこういうものである」という認識が流布された。

また、一九九〇年代に入ると、京極夏彦が鳥山石燕の描いた妖怪たちの名を冠した推理小説・百鬼夜行シリーズを発表した。そこで書かれたのは、妖怪そのものではなく、作中で起きる奇怪な事件を妖怪と紐づけた上で、憑き物として落とし、事件が解決されるというものである。それ以降に製作された『仮面ライダー響鬼』（二〇〇五年～二〇〇六年）、『侍戦隊シンケンジャー』（二〇〇九年～二〇一〇年）では、ストレートに妖怪そのものとして捉えるのではなく、登場する怪物（『仮面ライダー響鬼』でいう魔化《まか》魍《もう》や『侍戦隊シンケンジャー』でいうアヤカシ）が起こした怪奇現象やその姿が現代まで伝わる妖怪伝承の元になっているとされている。これらの作品は、京極夏彦作品の影響により鳥山石燕の描いた妖怪が多く採用されているが、そもそも鳥山石燕の描いた妖怪は伝承されていない創作されたものも多く存在する。その鳥山石燕の妖怪を解釈し、新たな意味をつけて作品の怪奇現象や事件と紐づけするという流れも、京極夏彦作品と『仮面ライダー響鬼』、『侍戦隊シンケンジャー』に通じる部分である。

では、鳥山石燕が描いた妖怪はどのようなものがあったのか、立項された妖怪を一覧記載し、本書で紹介した特撮に登場する妖怪を太文字とした。

・**『画図百鬼夜行』**

［前篇陰］木魅・**天狗**・**幽谷響**・**山姥**・**山童**・**犬神**・白児・**猫また**・**河童**・**獺**・**垢嘗**・狸・**窮奇**・**網剪**・狐火［前篇陽］**絡新婦**・鼬・**叢原火**・**釣瓶火**・ふらり火・**姥が火**・**火車**・**鳴屋**・**姑獲鳥**・海座頭・**野寺坊**・高女・**手の目**・**鉄鼠**・黒塚・**飛頭蛮**・**逆柱**・反枕・**雪女**・生霊・死霊・幽霊［前篇風］**見越**・**しょうけら**・**ひょうすべ**・わいら・**おとろし**・**塗仏**・**濡女**・**ぬらりひょん**・元興寺・苧うに・**青坊主**・赤舌・**ぬっぺっぽう**・**牛鬼**・**うわん**

・**『今昔画図続百鬼』**

［上之巻雨］逢魔時・**鬼**・**山精**・魃・**水虎**・**覚**・**酒顛童子**・橋姫・**般若**・寺つつき・入内雀・**玉藻前**・長壁・丑時参［中之巻晦］不知火・古戦場火・青鷺火・提灯火・墓の火・火消婆・油赤子・片輪車・**輪入道**・**陰摩羅鬼**・皿かぞえ・人魂・**船幽霊**・川赤子・**古山茶の霊**・加牟波理入道・**雨降小僧**・日和坊・**青女房**・**毛倡妓**・**骨女**［下之巻明］**鵺**・以津真天・邪魅・**魍魎**・**狢**・**野衾**・**野槌**・**土蜘蛛**・**比々**・**百々目鬼**・**震々**・骸骨・天井下・大禿・**大首**・**百々爺**・**金霊**・天逆毎・日の出

・**『今昔百鬼拾遺』**

［上之巻雲］蜃気楼・燭陰・人面樹・**人魚**・返魂香・彭侯・天狗礫・道成寺鐘・燈台鬼・**泥田坊**・古庫裏婆・**白粉婆**・**蛇骨婆**・**影女**・**倩兮女**・**煙々羅**［中之巻霧］紅葉狩・**朧車**・火前坊・蓑火・**青行燈**・雨女・小雨坊・**岸涯小僧**・あやかし・鬼童・**鬼一口**・蛇帯・**小袖の手**・機尋・大座頭・火間虫入道・**殺生石**・風狸・**茂林寺釜**［下之巻雨］羅城門鬼・夜啼石・芭蕉精・硯の魂・**屏風闚**・**毛羽毛現**・**目目連**・**狂骨**・目競・**後神**・**否哉**・方相氏・瀧霊王・**白沢**・隠里

・**『画図百器徒然袋』**

［巻之上］宝船・塵塚怪王・**文車妖妃**・長冠・沓頬・ばけの皮衣・絹狸・古籠火・**天井嘗**・**白容裔**・骨傘・鉦五郎・**払子守**・**栄螺鬼**［巻之中］槍毛長・虎隠良・禅釜尚・鞍野郎・鐙口・松明丸・不々落々・貝児・**髪鬼**・角盥漱・袋狢・琴古主・**琵琶牧々**・三味長老・襟立衣・**経凛々**・乳鉢坊・瓢箪小僧・**木魚達磨**・如意自在・暮露々々団・箒神・蓑草鞋［巻之下］面霊気・幣六・**雲外鏡**・**鈴彦姫**・古空穂・無垢行騰・猪口暮露・**瀬戸大将**・五徳猫・**鳴釜**・**山颪**・**瓶長**・宝船・宝船

■ぬらりひょん

ぬらりひょんは、創作の設定が独り歩きした事例の一つである。妖怪絵巻や鳥山石燕『画図百鬼夜行』

に描かれている妖怪だが、本来は解説が添えられていないので、どのような妖怪であるかは不明である。着物姿の後頭部の長い大きな頭の妖怪で、『画図百鬼夜行』では、坊主頭に脇差を挿した姿で駕籠《かご》から降りる場面［❶］から、鳥山石燕は奥医師を意識して描いたのではないかと思われる［注1］。

そんなぬらりひょんが、妖怪の親玉や総大将と呼ばれる原因は、藤澤衛彦『妖怪画談全集　日本篇上』にある。藤澤衛彦は「まだ宵の口の燈影にぬらりひょんと訪問する怪物の親玉」という解説を入れ、水木しげるの妖怪解説にも組み入れられている。また、忙しい時分に勝手に家に上がり込んでいるという話は、水木しげるが『水木しげる妖怪画集』などで書いている。これは藤澤の解説にある「宵の口」という部分が「忙しい時分」に転じたものと思われる。水木しげる自身の『ゲゲゲの鬼太郎』はもちろん、漫画・椎橋寛《しいばしひろし》『ぬらりひょんの孫』など後世の設定への影響は顕著である。

❶鳥山石燕のぬらりひょん
（東京藝術大学附属図書館蔵『画図百鬼夜行』）

特撮作品におけるぬらりひょんは、一九六〇年代後半の大映妖怪三部作すべてに登場し、作中の活躍は少ないが、百鬼夜行のしんがりを務めるなど大物感を出している。それは、リメイク版『妖怪大戦争』（二〇〇五年）とその続編『妖怪大戦争ガーディアンズ』（二〇二一年）でも踏襲されている。また、『忍者戦隊カクレンジャー』（一九九四年〜一九九五年）では、回想シーンのみの登場となるが、最大の敵である妖怪大魔王が現代風のぬらりひょんという解釈もある。

『行け！牛若小太郎』のぬらりひょんは、顔の描かれた丸い紙をつけたパンチバッグの姿でワープして攻撃をかわすという独特な設定となっているが、これは佐藤有文の『いちばんくわしい日本妖怪図鑑』の解説から「どこからともなくあらわれる妖怪」という部分と、「ぬらりくらりとして、つかまえようのないへんな妖怪」という解説から創作されたものであろう。

■網剪

網剪《あみきり》も、ぬらりひょんと同様に鳥山石燕『画図百鬼夜行』に描かれている妖怪〔❷〕だが、解説は添えられていないので、どのような妖怪かは不明である。カニのようなハサミを持ったエビに見える姿で描かれている。藤澤衛彦は「人の居ぬ間にアミキリは蚊帳《かや》や干網を切ってしまふ」と解説を入れ、その後、『水木しげる妖怪画集』（一九七〇年）や山田野理夫『東北怪談の旅』（一九七四年）などで蚊帳や漁の網、洗濯物などがズタズタに切られてしまうという話が入れられた。鳥山石燕は、ぬらりひょんなどを含めて、先行する妖怪絵巻に描かれた妖怪を流用している。この網剪は、人間の髪を切る妖怪・髪切りから変化させたものではないかと考えられるので、名称からも何かを切るものとして想定はされていたと思われるが、後年の特撮作品でもその要素が強くモチーフとして反映された。

『忍者戦隊カクレンジャー』では、従来の網剪は洗濯物や網を切る妖怪だったが、現代の網剪は、斬り落とされた右腕に三本の巨大な刃物のついた魔剣

❷鳥山石燕の網剪
（東京藝術大学附属図書館蔵『画図百鬼夜行』）

と呼ばれる武器を装着し、青い市松模様のマントをはおり魔女のような帽子をかぶった姿をしている。市松模様は後づけで網を連想してつけたものだという［注2］。『仮面ライダー響鬼』や『侍戦隊シンケンジャー』では、蚊帳を切る化け物として網剪が伝承されているという設定で、『仮面ライダー響鬼』の網剪は先行して登場していたバケガニの変異体として、カニのようなハサミとエビのような尾を持ち、昆虫のような羽が生えている。これは、鳥山石燕が描く網剪を意識した姿といえる。『侍戦隊シンケンジャー』では、ヒャクヤッパという名称を与えられ、その名の通り無数の刃を身にまとっているような姿で描かれている。『手裏剣戦隊ニンニンジャー』（二〇一五年～二〇一六年）では、十徳《じっとく》ナイフもモチーフに組み込まれつつ、鳥山石燕のデザインも踏襲した姿となっている。

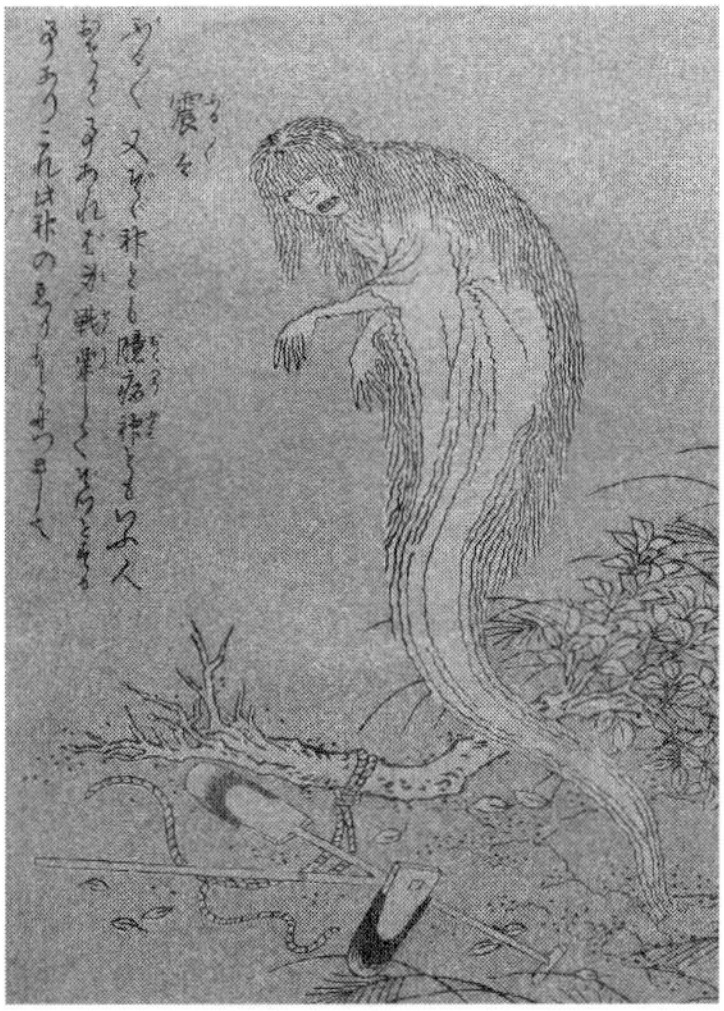

❸鳥山石燕の震々
（九州大学附属図書館蔵『今昔画図続百鬼』）

■震々

震々《ぶるぶる》は、鳥山石燕『今昔画図続百鬼』で描かれた妖怪で「ぶるぶる又ぞぞ神とも臆病神ともいふ。人おそるる事あれば、身戦慄《せんりつ》してぞっとする事あり。これ此神のゑりもとにつきし也」と解説が添えられている［❸］。

この臆病神という要素は、特撮作品でも採用されており、『超神ビビューン』（一九七六年～一九七八年）では毛まみれの姿でデザインされていて、その毛を子どもたちに巻きつけて臆病風を吹かせて命を吸い取る。自身も臆病で犬が苦手である。また、二〇〇八年に放映された海外ドラマ『Supernatural』シーズン４の六話『Yellow Fever』（邦題『幽霊病』）は、震々をモチーフにした話があるが、この作品でも犬を苦手とする描写があり興味深い（作中で江戸時代の幽霊辞典に震々が表記されているシーンもある）。『手裏剣戦隊ニンニンジャー』と『仮面ライダードライブ』のテレビスペシャルでも、相手を恐怖に陥れる妖術と「重加速」（時間の流れが遅く感じ、動きも遅くなる）を使用する妖怪として描かれた。

最近取り扱われた事例としては、二〇二二年一〇月放送の『妖ばなし』第八四話「臆病神（ぶるぶる）」で、新型コロナウイルスに感染して気がどんどんと弱くなる男性の姿として描かれている。震々は、原典となる鳥山石燕の妖怪画に解説が添えられているので、水木しげるの解説もそれに即して、人のいないところで感じる恐怖と書いていているため、設定にブレがない。

■煙々羅

煙々羅《えんえんら》は、鳥山石燕『今昔百鬼拾遺』で描かれた煙の妖怪で、「しづが家のいぶせき蚊遣《かやり》の煙むすぼぼれて、あやしきかたちをなせり。まことに羅の風にやぶれやすきがごとくなるすがたなれば、烟々羅とは名づけたらん」と解説が添えられている［❹］。「羅」とは薄い織物のことで、煙がたなびく様子を羅が風で揺れている状態に見立て、たなびく煙の中に顔が浮かび上がった妖怪の姿で描かれている。これも鳥山石燕の解説に準拠する形で、特撮作品の設定に大きな違いはないが、水木しげるが表記した「煙羅煙羅」が名称として採用されている。

『忍者戦隊カクレンジャー』の煙羅煙羅は、昔は竈《かまど》の煙が妖怪になったのに対して、現代の煙羅煙羅として車の排気ガスが妖怪になったとされている。排気ガスらしく灰色の煙を人型にして、左肩にガス

❹鳥山石燕の煙々羅
（スミソニアン博物館蔵『今昔百鬼拾遺』）

❺『忍者戦隊カクレンジャー』の煙羅煙羅
（『スーパー戦隊 Official Mook 20 世紀 1994　忍者戦隊カクレンジャー』）

ボンベ、全身にガス管を巻きつけた姿となっている［❺］。『侍戦隊シンケンジャー』では、オボロジメという名前で登場する。漆黒の鎧武者のような全体的なシルエットに左半身が煙のようになっている。左腕から不気味な触手やトゲを煙のように自在に繰り出したり、口からガスを吐いたりする。このオボロジメの姿と攻撃にともなう激しい煙が、妖怪・煙羅煙羅のルーツという設定である。『手裏剣戦隊ニンニンジャー』の煙羅煙羅は、沸騰したネガティブな力を煙のように吐き出すという設定で、やかんから出た姿が鳥山石燕のデザインを踏襲しているが、やかんから出るのは煙ではなく湯気のような気もしつつ、分かりやすさと元のデザインの取り込み方が絶妙である。

■『画図百器徒然袋』の妖怪

鳥山石燕の妖怪画集のシリーズ最後の作品となる『画図百器徒然袋』の妖怪たちは、土佐派の『百鬼夜行絵巻』に描かれている器物の妖怪たちを多くモチーフに採用しているが、鳥山石燕が名前をつけたオリジナルのものである。名称や一部の妖怪の画は、藤澤衛彦や粕三平《かすさんぺい》などにより紹介されていたが、断片的な情報であった。鳥山石燕の画集を初めて一冊の書籍としてまとめた田中初夫編『画図百鬼夜行』が一九六七年に刊行されたが、『画図百器徒然袋』は掲載されなかった。そのため、水木しげるも、妖怪図鑑に収録していないものや後年になってつけ加えたものが存在する。

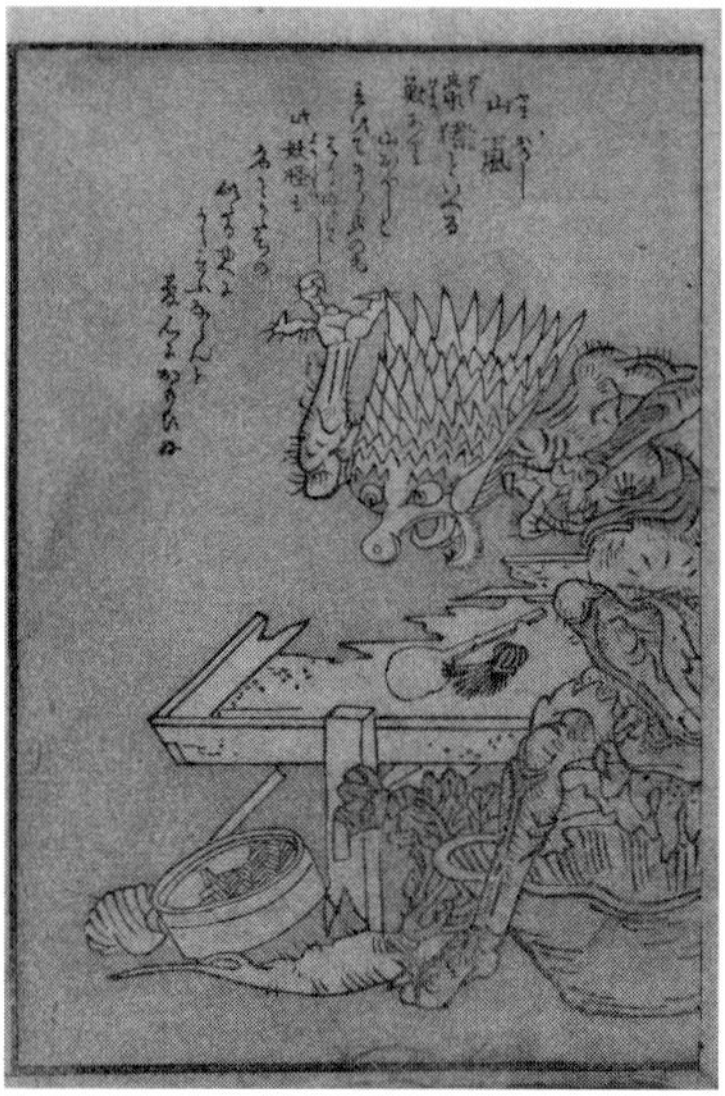

❻鳥山石燕の山颪
（国立国会図書館蔵『画図百器徒然袋』）

『妖怪大戦争』（一九六八年）に登場する狸のような姿で膨らんだ腹に他の場所の状況をテレビのように映し出す雲外鏡《うんがいきょう》や『忍者戦隊カクレンジャー』の服をボロボロにする白溶裔《しろうねり》などは藤澤衛彦『妖怪画談全集　日本篇上』、粕三平『お化け図絵』などですでに紹介されていた例であり、水木しげるも鳥山石燕の絵を基に描いている。また、佐藤有文の『いちばんくわしい日本妖怪図鑑』を参考にした『行け！牛若小太郎』で、名称だけであるが『画図百器徒然袋』の髪鬼が登場するのも面白い。

　その後、一九九三年の国書刊行会版と二〇〇五年の角川ソフィア文庫版で『画図百器徒然袋』まで全収録されると、リメイク版の『妖怪大戦争』では、払子守《ほっすもり》、木魚達磨《もくぎょだるま》、瀬戸大将《せとたいしょう》、鳴釜《なりがま》などの姿も見られた。京極夏彦も『百器徒然袋　雨』（一九九九年）・『百器徒然袋　風』（二〇〇四年）でタイトルの通り、鳴釜、瓶長《かめおさ》、山颪《やまおろし》、五徳猫《ごとくねこ》、雲外鏡、面霊気《めんれいき》を取り扱っている。この影響から、『侍戦隊シンケンジャー』では、肩の瓶と全身の酒が尽きないという設定で瓶長をモチーフにしたササマタゲと、何でも粉々《こなごな》にしてしまう設定で山颪〔❻〕をモチーフとしたソギザライが登場している。ソギザライに関しては、もともと因幡《いなば》の白兎から連想して、鮫《さめ》の歯をモチーフに入れていたが、妖怪ではないので、鮫肌よりさらに転じて頭がおろし金のような山颪を採用したという［注3］。妖怪の選定は京極夏彦作品の影響もあるが、山颪の姿形を選定材料として使用できるほどの知識の広がりがあったことを感じさせる。

三一九頁。

▼注

［注1］無宇形教授「鳥山石燕『画図百鬼夜行・風』ぬらりひょん考（その1）」『最新妖怪研究レポート①』（もののけ学会事務局）で、坊主頭で大刀を所持せずに脇差を挿した姿や駕籠の形状から奥医師を意識して描かれたものと推測している。

［注2］「忍者戦隊カクレンジャー」『百化繚乱〈上之巻〉戦隊怪人デザイン大鑑』、グライドメディア、二〇一一年、三四七頁。

［注3］「侍戦隊シンケンジャー」『百化繚乱〈下之巻〉戦隊怪人デザイン大鑑』グライドメディア、二〇一二年、

コラム

特撮に見えたる怪奇～妖怪のようなものたち～

巨大な目玉

コラム「特撮に見えたる世界妖怪たち」(一五一頁参照)でバックベアードを取り上げたが、目玉をモチーフとする怪物が登場する作品はいくつかある。これらが登場する背景としては、欧米のSF作品の影響が大きい。一九二〇～三〇年代のSF作品に登場する宇宙の怪物は、昆虫のような複眼、あるいは巨大な目玉のような複眼を持つことからベム(bug eyed monster／big eyed monster)と呼ばれ、SF作品に現れる宇宙生物など異形の存在の総称となった。これらは、本書では妖怪としての取り扱いをしていないが、「妖怪のようなものたち」として紹介したい。

一九五三年の映画『それは外宇宙からやってきた』では、地球に不時着した一つ目の宇宙人が登場するが、目的は侵略などの地球人に害を成すものではなく、故障した宇宙船を修理し、地球を離れたかっただけだった。地球人たちは彼らを恐れ、攻撃する。一九五六年の『宇宙人東京に現わる』の岡本太郎がデザインしたパイラ人も、地球人に友好的な目玉をモチーフにした宇宙人である。

対して、一九五五年の『百万の眼を持つ刺客』では、地球を侵略するために飛来した宇宙人が登場する。宇宙船からテレパシーで動物や人間を操る。本体は目玉モチーフではないが、操った生物を自分の耳や目とすることから、自ら「百万の眼を持つ刺客」と称し、演出として大きな目玉が登場する。人間を操る目玉という点では、一九五八年『巨大目玉の怪獣～トロレンバーグの恐怖』でも、死んだ人間が操られている描写がある。雲の中に潜む巨大なタコのような大目玉の怪物だが、キービジュアルでは、目玉から直接触手が生えているような姿となっている。一九五〇年代は、欧米のSF作品の勢いのあった時期で、目玉の怪物は一つの型であった。その他にも、一九五九年『原潜VS．UFO／海底大作戦』の一つ目の宇宙人や一九五四年『海底からの怪物』の一つ目の大蛸《おおだこ》もこの種といえる。

また、SF小説では、一九六二年に J.Hunter Holly の "THE FLYING EYES" が発表されている。この小説では、巨大な目玉が突如飛来し、やはり人々を操っていく［❶］。これは、五〇年代の映像作品で採用される能力を踏襲し、六〇年代以降の日本の映像作品へとつながる。

次に、日本の映像作品における目玉の怪物の変遷も見ていきたい。

まず、アメリカのSF要素を取り入れつつ、妖怪として昇華された怪物にバックベアードと『悪魔くん』で登場するガンマーと名づけられた百目の二体があげられる。一九六六年には水木しげる作品によって紹介され、拡散された目玉の妖怪である。また、これらに

❶ J.Hunter Holly の "THE FLYING EYES" は児童向けに南山宏が『光る目の宇宙人』として翻訳している。

類似するが、妖怪ではない目玉の怪物も多く存在する。一九六七年『仮面の忍者赤影』の夢堂一ツ目の巨大化した左目が宙に浮く姿や、一九六八年『ウルトラセブン』のアンノンの本体、同年『ジャイアントロボ』のガンモンスの飛行形態【❷】、一九七四年『ウルトラマンレオ』のアクマニヤ星人の怪隕石アクマニヤは、バックベアードを彷彿とさせる。さらに一九九八年の『ウルトラマンガイア』に登場するガンQも五〇年代のSF作品やバックベアード、百目などの要素を感じるデザインと精神攻撃や光線などの能力を持ち、他のウルトラシリーズにも再登場を繰り返す人気怪獣である。

❷『ジャイアントロボ』に登場するガンモンス
（『全怪獣怪人』上）

生物の妖怪のようなものたち

特撮作品に登場する怪物が妖怪か否かを整理していくと、その選定で生物型の怪物は、線引きが難しい。キツネやタヌキであれば、化かすという要素がほぼ付与されるが、ナマズやアリやヤマアラシなどは実際の生態を主軸としたものも存在するため、地震を引き起こすナマズや夢を喰《く》うバクといった設定より妖怪か否かを判断した。

例えば、ナマズモチーフの怪人の場合、『スペクトルマン』（一九七一年～一九七二年）のモグネチュードンや『スパイダーマン』（一九七八年～一九七九年）のマグニナマズという名前と地震を引き起こすことから妖怪としてのナマズモチーフとして判断したが、『仮面ライダー』（一九七一年～一九七三年）のナマズギラーは髭から放電するので電気ナマズをモチーフと判断し、整理の対象から外した。

また、『仮面ライダー響鬼』（二〇〇五年～二〇〇六年）に登場するもので、オオアリとヤマアラシを妖怪に入れるか入れないかの判断は苦慮した。オオアリに関しては、設定上、明確に特定の妖怪をモチーフにしたと判断できるものがなかったので、本書では取り扱っていない。『仮面ライダー』（一九七一年～一九七三年）のアリキメデスや『ウルトラマンタロウ』（一九七三年～一九七四年）の大羽蟻怪獣・アリンドウなどアリをモチーフとした怪物は多く、これらも入るのかを考えると、キツネやタヌキのように人を化かす、ナマズのように地震を引き起こすというような基準が、アリに明確なものがないことから外している。

　ヤマアラシに関しては、設定上で「身体に針を持つムササビのような姿で描かれることもあった」「山中で木がなぎ倒される怪音」とあることから、熊本県八代市の松井文庫所蔵の『百鬼夜行絵巻』に描かれているものや奈良県の民間伝承のものから取られていることが分かるので取り入れた。

　ヤマアラシのように、今では実在の生物として認識されているものでも、昔は奇態あるいは珍しい生物として、妖怪のように取り扱われたケースがある。ゴリラなどの大型の類人猿も猩々《しょうじょう》や狒々《ひひ》・猿神の要素が入っているかどうかで判断した。大型の類人猿に関しては、キングコングの登場に先立つ、一九二六年の『強狸羅《ごりら》』など古い段階で日本映画に登場している。その後も映画では、『和製キング・コング』『〈江戸に現れた〉キング・コング』『水戸黄門漫遊記　怪力類人猿』などが上映され、テレビでも『ウルトラQ』（一九六六年）のゴローを始めとする円谷プロの特撮作品、『スペクトルマン』のゴリとラー、『小さなスーパーマンガンバロン』（一九七七年）のオソロシゴリラ〔❸〕、仮面ラ

❸『小さなスーパーマンガンバロン』のオソロシゴリラ（『全怪獣怪人』上）。

イダーシリーズやスーパー戦隊シリーズなどでも見られる人気のモチーフといえる。

器物の妖怪のようなものたち

ここまで巨大な目玉や生物といった有機的な事例を挙げてきたが、無機物についても触れておきたい。『轟轟戦隊ボウケンジャー』（二〇〇六年～二〇〇七年）では、古い器物と新しい器物を「影忍法・ツクモガミ変化の術」で融合させた怪人として、ツクモガミが登場する。現代では長い年月を経た器物の妖怪の総称として付喪神という言葉を使われることが多いが、もともとは獣が年を経て変化したものや妖怪全般を指すこともあった。これが付喪神として即しているかどうかは別にして、器物をモチーフにした怪物は「妖怪的」である。このテーマで真っ先に思い浮かべたのは、『ウルトラマンタロウ』のうす怪獣モチロンだった［❹］。餅つき用の臼のような形状をした怪獣である。餅が好物で新潟の餅を食べようとやってきただけの怪獣なので退治はされなかったが、餅つきの臼として使われた上で月に帰された。臼の形状をしているが、実は器物としての臼が変化した怪獣ではなく、月で兎が餅つきすることを信じる地球人の心が実体化したものである。

『超神ビビューン』（一九七六年～一九七七年）ではオリジナルの怪物として器物の妖怪が登場している。自分より美しい女性を妬《ねた》む鏡の妖怪・カガミラー、座った人間を抱きしめて骨にする椅子の妖怪・イスマ、呼びかけに答えた人を吸い込む壺《つぼ》の妖怪・マツボ、人の精気を吸い取る鞄の妖怪・バックダード、子どもの血を墨に身体を筆に変える筆の妖怪・フデマと多様な姿を見せている。

『宇宙戦隊キュウレンジャー』（二〇一七～二〇一八年）は宇宙人、オーパーツ、古代文明、UMA、怪奇現象などのオカルト的なものがモチーフとなっている。その中に登場する三人の敵の最高幹部フクショーグンを紹介したい。アカンバロの恐竜土偶をモチーフとしたアキャンバー、マヤ文明のククルカン（ケツァルコアトル）をモチーフにしたククルーガ、インドのデリーにある錆《さ》びない鉄柱をモチーフとしたテッチュウの三人である。どれも魅力的なデザインであるが、特にテッチュウは宇宙の破戒僧という設定で一人称が拙僧で「喝っ！」などということから見越入道を思わせるが、前述の通り錆びない鉄柱がモチーフである。

　ここまで我々の身の回りの妖怪っぽいものがオリジナルの妖怪として登場する例をメインにピックアップしてきたが、特撮作品では当時の科学技術やその流行を取り入れて怪物がデザインされることも多い。カメラやテレビなども多く使われたモチーフで歴史を感じるデザインの変遷を見ることができるが、それらが妖怪的かどうかというと難しいところである。これはあくまで個人的な基準であって、モチロンの臼の形状を見て妖怪的に思うように、近年ではあまり見られなくなった『秘密戦隊ゴレンジャー』（一九七五年〜一九七七年）の電話仮面のダイヤル式の電話の形状を見て、妖怪のような怪人と思う人も増えるかもしれない。これは時代が進み、モチーフとなる物の形状が現在のものと乖離《かいり》すればするほど妖怪的に見えてくる可能性を秘めている。

❹『ウルトラマンタロウ』のモチロン
（『全怪獣怪人』上）

　もちろん、もともとの伝承や絵で描かれていない妖怪的なものを妖怪と区分できるのかどうかという問題はあるが、現に最初に紹介されてから一〇〇年も経過していないバックベアードや百目などがすでに妖怪として認識されていることを考えると、「ない」とは言い切れない。そうなってくるとさらに線引きが難しくなるので、このような作業では、悩ましい限りではあるが。

第三章

資料編

作品別登場妖怪一覧

凡例

※一九六五年～二〇一五年日本の連続テレビシリーズに登場する妖怪モチーフの怪物一覧とする。
※作中名称【基になった妖怪名】　登場話数　作中の特徴などを表記の基本とする。
※基になった妖怪名はカタカナ表記とし、妖怪名が作中名称と同名の場合は記載しない場合もある。
※作品の特徴によって右記基本表記が変わる場合は、注を入れてその表記で記載をする。

1960年代

マグマ大使
一九六六年七月四日～一九六七年六月二六日

■**海坊主【ウミボウズ】**　登場話＝46話　孫を交通事故で失った男の怨念。海のない栃木県の日光に出現するので、名前とデザイン以外に海坊主要素はない。

悪魔くん
一九六六年一〇月六日～一九六七年三月三〇日

■**ガンマー【ヒャクメ】**　登場話＝1話　眼魔《がんま》。人間の目を取って食べる。殺人光線を出す。

■**大海魔パイドン【フナユウレイ】**　登場話＝4話　航海中の船に柄杓《ひしゃく》を渡せといい、渡してしまうと巨大化させた柄杓で水をかけて船を沈没させる。

■**山彦妖怪【ヤマビコ】**　登場話＝7話　呼びかけて答えた人間を飲み込んで同化してしまう。

■**黒猫妖怪【バケネコ】**　登場話＝17話　猫が妖怪化

したもの。人を食べる。若い女性を誘拐して氷漬けにしていた。

■**雪女【ユキオンナ】** 登場話＝18話　山は自分のものといって口から吐く冷気で人を殺害していた。巨大化する。火に弱い。

■**鬼婆【オニババ】** 登場話＝22話　飢饉《ききん》で生贄《いけにえ》にされた老婆が化けたもの。旅人を食い殺す。ろくろ首などに化けることができる。包丁が武器。

■**化けぐも【バケグモ】** 登場話＝23話　蜘蛛の妖怪。口から蜘蛛の糸を吐く。伸縮自在で、人間に化けることもできる。電気に弱い。

快獣ブースカ

一九六六年一一月九日～一九六七年九月二七日

■**化け狸【バケダヌキ】** 登場話＝34話　ドンブラ島ポンポコ山のお狸様。呪いによって島民に取れない狸面をつけさせる。

■**河童【カッパ】** 登場話＝40話　水不足で水を求めてさまよっていた。

仮面の忍者赤影

一九六七年四月五日～一九六八年三月二七日

■**千年蟇【ガマ】** 登場話＝1・3話　蟇法師《がまほうし》が操る大蝦蟇。口から火炎を吐く。

ウルトラセブン

一九六七年一〇月一日～一九六八年九月八日

■**テペト・テペト星人【カッパ】** 登場話＝41話　河童のような怪獣とそれを操る河童のような宇宙人。テペトは皿状の頭部から怪光線を放つ。

怪奇大作戦

一九六八年九月一五日～一九六九年三月九日

■**かまいたち【カマイタチ】** 登場話＝16話　突風が吹いた後にバラバラ殺人が起きる。怪物は登場しないが、かまいたちをモチーフとした一話。

■**雪女【ユキオンナ】** 登場話＝26話　山の向こうに巨大な雪女が現れ、悪漢に追われていた女性を救う。それは雪女に姿を変えた母親だったのか。作中では、ブロッケン現象を示唆して話が終わる。

河童の三平　妖怪大作戦

一九六八年一〇月四日～一九六九年三月二八日

■**河童【カッパ】** 河童王国の住人。長老、カン子、カン子のお守り役の甲羅《こうら》の六兵衛《ろくべえ》などが登場する。

■**がま令嬢【ガマ】** 六兵衛の知り合いの妖怪。河童王国の隣り合うガマヶ池に棲《す》んでいたが、地上に出てきた。

■**砂かけのおばば【スナカケババ】** 六兵衛の知り合いの妖怪。人間社会に棲む妖怪を管理する妖怪世界のご意見番。手から蜘蛛の巣状の糸を飛ばす。

■**濡れ女【ヌレオンナ】** 登場話＝4話　雨乞いの鐘と一緒に湖に沈められた妖怪。人間に復讐する。

■**鬼女【キジョ】** 登場話＝11・25・26話　子どもを誘拐して生き血を我が子に与えていた。

■**山うば【ヤマウバ】** 登場話＝13話　妖怪の大将もののけの命令で三平の命を狙う。呪いを使う。

■**猫道人【バケネコ】** 登場話＝15話　黒猫を操り、人間に呪いをかけ、狂い死にさせる。

■**顔なし【ノッペラボウ】** 登場話＝17話　本来顔のない妖怪。六兵衛になりすました。

■**こだまがえし【コダマ】** 登場話＝18話　人間の感情をそのまま返す妖怪。

■**一眼鬼・二眼鬼・三眼鬼【オニ】** 登場話＝19話　妖怪牢《ろう》から釈放された鬼の三兄弟。

■**獄卒【オニ】** 登場話＝21話　地獄から来た鬼の一種。人間の魂を引き抜き、強制労働させる。

■**雪女【ユキオンナ】** 登場話＝23話　近づいた人間は死ぬ。自分の子どもを捜す。

1970年代

スペクトルマン

一九七一年一月二日〜一九七二年三月二五日

■**モグネチュードン【オオナマズ】** 登場話＝15・16・27話　ナマズとモグラの合成獣。M20の地震を引き起こすことができる。

■**テングドン【テング】** 登場話＝42話　鼻高天狗のような見た目で葉団扇のような武器で風速五〇メートルの風を起こすことができる。

■**ガマ星人・ガマ怪獣【ガマ】** 登場話＝46・47話　蝦《が》蟇《ま》に似た宇宙人。長い舌で虫を食べる。変身能力を持ち、レーザーガンは通じないが、塩分に弱い。蝦蟇に似た怪獣のガマ怪獣を飼育する。

帰ってきたウルトラマン

一九七一年四月二日〜一九七二年三月三一日

■**スノーゴン【ユキオンナ】** 登場話＝40話　ブラック星人が操る雪女怪獣。女性に化けて人を凍らせさらっていた。冷気を放出する。

超人バロム1

一九七二年四月二日〜一一月二六日

■**ヒャクメルゲ【ヒャクメ】** 登場話＝22話　目からビームを発して、百目操りの術で人間を操る。

快傑ライオン丸

一九七二年四月一日〜一九七三年四月七日

■**ヤマワロ童子【カッパ】** 登場話＝2話　名称はヤマワロだが河童の怪人。毒蜘蛛と毒煙を操る。

■**オボ** 登場話＝2話　死神の異名を持つ。猛毒の牙と岩より硬い身体を持ち、火を吐く。

■**オニワラシ【オニ】** 登場話＝12話　殺し屋怪人ギロジーの配下。鬼のような姿で俊足。

■**テングワラシ【テング】** 登場話＝12話　殺し屋怪人ギロジーの配下。鼻高天狗のような姿で優れた跳躍力を持つ。

■**ウミカブロ** 登場話＝13話　毒泡を吐いて、魚を殺し、フナシドキを作り出す。毒煙も出す。

■**フナシドキ** 登場話＝13話　ウミカブロに作り出された怪魚。強力な歯で人間を喰らう。

■**ハンニャラス【ハンニャ】** 登場話＝21話　長い赤い髪の怪人。薙刀《なぎなた》と動きを封じる紐つきのブーメランなどを武器とする。

■**ガマウルフ【ガマ】** 登場話＝32話　人間・比企衛門に化けていた蝦蟇の怪人。毒液を吐く。

変身忍者嵐

一九七二年四月七日〜一九七三年二月二三日

■**不死身マシラ【ヒヒ】** 登場話＝2・14話　狒々の化身忍者。鋼鉄並みの硬度と怪力を持つ。

■**鬼火マムシ【オニビ】** 登場話＝3・14話　蛇の化身忍者。人間を操る鬼火操りの術や脱皮して分身する蛇ぬけがらの術や火を吐くこともできる。

■**卍カマイタチ【カマイタチ】** 登場話＝4話　イタチの化身忍者。二本の鎌槍を交差させた卍鎌《まんじがま》が武器。毒煙を吐く。関節を外して球体になる。

■**ドクロダヌキ【バケダヌキ】** 登場話＝17話　狸の

化身忍者。催眠術や変わり身の術などが得意。腰に下げた徳利《とっくり》の液体を噴霧して、火を吐く。

■**キバギツネ【バケギツネ】** 登場話＝19話　狐の化身忍者。分身の術で別々に行動が可能。墓場から掘り起こした死体を喰らう。

■**顔盗みカワウソ【カワウソ】** 登場話＝20話　川獺《かわうそ》の化身忍者。他人の顔を写し取り、化ける。

ウルトラマンA

一九七二年四月七日〜一九七三年三月三〇日

■**キングカッパー【カッパ】** 登場話＝19話　頭頂がプールになっている。泳ぎに来た子どもたちを引きずり込み、カッパ人間に変えてしまう。

■**鬼女【キジョ】** 登場話＝17話　民子の母を思う心を利用され、ヤプールに操られた姿。

■**ナマハゲ【ナマハゲ】** 登場話＝38話　クリスマスに浮かれる日本人を襲う。雪超獣スノーギランを操る。来訪神のナマハゲそのものと思われる。

■**オニデビル【オニ】** 登場話＝44話　節分の日に豆を投げ続けられる鬼の怨念から生まれた鬼超獣。食べると腕力をなくす赤い豆を作る。

■**ダイダラホーシ【ダイダラボッチ】** 登場話＝46話　時間移動をする能力のあるタイム超獣。名前以外にダイダラボッチの要素は特にない。

行け！ゴッドマン

一九七二年一〇月五日〜一九七三年九月二八日

■**カッパルゲ【カッパ】** 登場話＝25話　名前の通り河童のような見た目だが、クワガタムシが変化した怪人。

レインボーマン

一九七二年一〇月六日〜一九七三年九月二八日

■**化け猫【バケネコ】** 登場話＝24話　アマゾンから来た魔女イグアナの妖術「猫分身」で猫が変身した怪人。

新諸国物語笛吹童子

一九七二年一二月三日〜一九七三年六月三日

■**ぬっぺっぽうの八助【ヌッペッポウ】** 石に化けることができる。

■**油すましの三太郎【アブラスマシ】**『妖怪百物語』、『妖怪大戦争』同様に水木しげるデザインが踏襲されている。人間の言葉が分かる。

魔人ハンターミツルギ

一九七三年一月八日〜三月二六日

■**モグロン【ツチノコ】** 登場話＝8話　筑波山で地中を自在に動き、鼻先から銛《もり》や毒の煙を吐く。

仮面ライダーV3

一九七三年二月一七日〜一九七四年二月九日

■**鬼火セイウチ【オニビ】** 登場話＝32話　身体の周囲に鬼火を発生させて操る能力がある。

白獅子仮面

一九七三年四月四日〜六月二七日

■**カラカサ小僧【カサバケ】** 登場話＝2話　一つ目二本足。傘を開いて舞い上がり空から強襲する。舌の裏に含み針が仕込んである。

■**一ツ目【ヒトツメコゾウ】** 登場話＝3話　一つ目だが、小僧ではなく、股旅《またたび》衣装で手槍《てやり》が武器。

■**化け猫【バケネコ】** 登場話＝4話　鮮やかな着物姿の猫の化け物。人間を操ることができる。

■**顔なし男【ノッペラボウ】** 登場話＝5話　人の顔を盗む。刀を折るほどの怪力を持つ。

■**牝狐【バケギツネ】** 登場話＝6話　巫女装束を着た狐の化け物。薙刀《なぎなた》を使う。

■**のっぺらぼう【ノッペラボウ】** 登場話＝8話　虚《こ》無僧《むそう》姿で目鼻がなく、口だけがある顔の怪物。口からは火を吐くことができる。

■**河童【カッパ】** 登場話＝10話　手裏剣を受けても跳ね返す身体を持ち、水から水へ移動が可能。

ウルトラマンタロウ

一九七三年四月六日〜一九七四年四月五日

■**ミエゴン【キュウビノキツネ】** 登場話＝15話　栃木県那《な》須《す》岳《だけ》に棲む九本の尾を持つ狐火怪獣。九尾の狐の正体とされた。透明化と火炎放射で攻撃する。

■**オニバンバ・きさらぎ星人【オニババ】** 登場話＝44話　きさらぎ星人は鬼婆のような姿で鬼に豆をぶつける節分を嫌う。金棒を持った鬼の姿のオニバンバに変身する。鬼と同様に豆が苦手。

キカイダー01

一九七三年五月一二日〜一九七四年三月三〇日

■**化猫ロボット【バケネコ】** 登場話＝12話　爪には毒がある。首や両腕は分離が可能。人に化けたり、火を吹いたりもできる。

■**シャドウロクロ【ロクロクビ】** 登場話＝13話　首を自在に伸ばし、人に巻き付き絞め殺す。両腕もリモコンアームで飛ばすことができる。

■**テングムササビ【テング】** 登場話＝26話　鼻高の天狗面の人間に化け、配下に烏天狗《からすてんぐ》を持つ。背中から天狗うちわを発射する。飛行能力がある。

■**地獄河童・水爆河童【カッパ】** 登場話＝27話　水中戦が得意。水爆河童に変身して爆発する。

■**人魚ロボット【ニンギョ】** 登場話＝28話　美女に変身して人々を惑《まど》わせる。頭部はチョウチンアンコウのような姿である。

■**ライジーン⊕⊖【オニ】** 登場話＝29話　鬼型の双子ロボット。電流で攻撃する。

■**キモノドクガ【キジョ】** 登場話＝35話　般若の面に着物姿、鋭い爪の手が特徴。人間への変身や分身体を生み出すことができる。

イナズマン

一九七三年一〇月二日～一九七四年三月二六日

■**ヒャクメバンバラ【ヒャクメ】** 登場話＝7話　身体中にある目玉を人につけて操る。巨大な目玉マンモスアイが弱点。

鉄人タイガーセブン

一九七三年一〇月六日～一九七四年三月三〇日

■**カッパ原人【カッパ】** 登場話＝1話　水中に引きずり込む水中戦が得意という設定だが、姿と名前のみの登場で戦闘シーンはない。

■**ツチノコ原人【ツチノコ】** 登場話＝10話　大きな牙と両腕に刃を持つ蛇型のムー原人。ニトログリセリンを飲んでそのエネルギーで産卵する。

■**ガマ原人ガマツブラ【ガマ】** 登場話＝13話　墓を荒らして人骨を食べる一つ目のムー原人。無数の蝦蟇を操り、身体を小さくすることができる。

■**海坊主原人【ウミボウズ】** 登場話＝17・18話　ウニが進化したムー原人。無数のトゲを投げつける。長時間陸上で活動できない。

行け！グリーンマン

一九七三年一一月一二日～一九七四年九月二七日

■**カッパルゲ【カッパ】** 登場話＝35話　シャボン玉を吐き目潰しをする。ゴッドマンのものと身体は異なるが、頭部は流用している。

イナズマンF

一九七四年四月九日～九月二四日

■**鬼ヶ原の鬼女【オニババ／キジョ】** 登場話＝13話
マサカリを持った鬼女。作中で鬼婆とも言われるが、マサカリデスパーが変身した姿。

ウルトラマンレオ

一九七四年四月一二日～一九七五年三月二八日

■**オニオン【オニ】** 登場話＝27話　金棒を持った鬼そのままの姿の鬼怪獣。催涙ガスを吐く。林檎が好物で鶏が苦手。

■**マザラス星人【キジョ】** 登場話＝37話　鏡から鏡へ移動する宇宙人。鬼面のような顔で薙刀が武器。鏡の中の世界へ子どもをさらう。

スーパーロボットマッハバロン

一九七四年一〇月七日～一九七五年三月三一日

■**デスマルクWO【カッパ】** 登場話＝8話　カエル型の侵略ロボットだが、頭頂部のプロペラはカッパブーメランという武器で飛ばすことができる。

行け！牛若小太郎

一九七四年一一月一二日～一九七五年四月二五日

※本放送の放送話が判別せず、再放送・DVDも収録順が異なるので、登場話は記載しない。

■**コーンジョ【バケギツネ】** 闇一族の頭領。

■**ウラギラ【バケギツネ】** 小太郎の家来を自称する半妖。

■**オニ**　一角鬼、栗に負けた鬼、入道を好きになった鬼・鬼っ子など多種の鬼が登場する。

■**鬼婆【オニババ】** 角が生えた白髪の妖怪。宝を盗んだウラギラを追う。熊手が武器。都会に現れる個体も存在する。

■**青坊主【アオボウズ】** 槍が武器の竹藪《たけやぶ》に潜む妖怪。

■**サトリ**　佐藤有文『いちばんくわしい日本妖怪図鑑』を参考にしたと思われる、黒い髭面《ひげづら》の猿のような妖怪。

■**ハンニャ**　呪いの釘で小太郎の動きを封じた。

■**天井なめ妖怪【テンジョウナメ】** 舌が出た顔の妖怪。槍を投げつける。

■**勘の良い妖怪【テング】** 鳥の顔をした妖怪。横縞のチャンチャンコを着た姿で、『ゲゲゲの鬼太郎』の烏天狗を思わせる。人間の心を読み取る。天狗の隠《かく》れ蓑《みの》の話が別にある。

■**そうげん火【ソウゲンビ】**戦死した武士の怨念の怪火。コーンジョが操っていた。

■**山精【サンセイ】**ここでの読みは、やまのせい。頭部は口だけで腹部に大きな目がある。分身の術を使う。

■**しょうけら【ショウケラ】**毒爪が武器の妖怪。

■**河童【カッパ】**強力無双で相撲好き。皿が弱点。

■**かねん主【カネンヌシ】**福の神と呼ばれる妖怪。

■**山姥【ヤマンバ】**集めていた食料を入道に食い尽くされ、仕返しに加工食品にしようとする。

■**牛鬼【ウシオニ】**脳みそを好む一本角の赤い鬼。

■**むじな道人【ムジナ】**唐草模様の衣装を着た獣。猛毒を饅頭《まんじゅう》に仕込んだ。

■**ひひひ【ヒヒ】**ものすごい怪力の狒々《ひひ》の妖怪。

■**のっぺら坊【ノッペラボウ】**口があり、強力な粘着糸を吐く。『白獅子《しろじし》仮面』のものと似たデザイン。

■**そで引き小僧【ソデヒキコゾウ】**石を投げたり、袖を引っ張ったりする。

■**ももんじい【モモンジイ】**怪力の忍者姿の妖怪。

■**びろーん【ビローン】**異次元妖怪。灼熱の異次元世界に小太郎を引きずり込む。

■**ひょうすべ【ヒョウスベ】**もらい笑いをすると身動きが取れなくなる。これは佐藤有文『いちばんくわしい日本妖怪図鑑』の記述からの着想である。

■**うわん【ウワン】**お墓妖怪。うわんと答えないと墓に引きずり込むのは、佐藤有文『いちばんくわしい日本妖怪図鑑』からの着想である。

■**らいごう【テッソ】**一つ目の力持ち妖怪。サブタイトルは「らいごろう」表記で、鉄鼠《てっそ》要素はないが、佐藤有文『いちばんくわしい日本妖怪図鑑』から名前を取ったと考えられる。

■**やまひこ【ヤマビコ】**ヤッホーといった人間を網で捕獲する。姿と「やまひこ」という表記は佐藤有文『いちばんくわしい日本妖怪図鑑』固有のものである。

■**犬神【イヌガミ】**狛犬《こまいぬ》の描かれた絵を見た人間に取り憑く。

■**泣き虫じじい【コナキジジ】**猫のような鳴き声をあげ、抱き上げると重くなる。

■**かに坊主【カニボウズ】**頭部が蟹で鋼鉄の身体を持つが、背中が弱点。

■**ガシャドクロ**　黄金バットのような黒いドクロのマスク。ガシャガシャと音を立て、分身を使う。

■**一つ目小僧【ヒトツメコゾウ】**一つ目を回転させ見た人間を失明させる。

■**髪鬼【カミオニ】**鬼婆型妖怪。髪鬼の名称のみ。

■**さか柱妖怪【サカバシラ】**切り株のような姿の妖怪。幻覚の術を使う。

■**ぬらりひょん【ヌラリヒョン】**パンチバッグに絵の顔をつけた姿。ワープして攻撃をかわす。

■**火車【カシャ】**炎のような姿の世界で最悪の地獄の使者。鬼火を操ったり、炎を吐いたりする。

■**あまんじゃく【アマノジャク】**アマノジャクな発言をする。OPにも登場する。

■**百眼鬼【ヒャクメ】**吸盤状の両手で人間を吸い寄せ、目を覆うと失明させる百目妖怪。

■**はらだし【ハラダシ】**腹部に大きな顔を持つ妖怪。小太郎の親友で、はらだし踊りを踊る。

■**もろ首【モロクビ】**二つの首を持つ妖怪。

■**からかさ小僧【カサバケ】**からかさのお化け。

■**吹き消し婆【フッケシババ】**吹き矢を武器にした炎を苦手とする妖怪。

■**がんぎ小僧【ガンギコゾウ】**川に棲息する河童の仲間だが、頭がドクロ。岩を投げつける。

■**青女房【アオニョウボウ】**「おうちへ帰りたいかい」といって、帰りたくないと答えると顔に落書きする。これも佐藤有文『いちばんくわしい日本妖怪図鑑』から。

■**紙舞妖怪【カミマイ】**紙に化けて攻撃をかわしたり、紙吹雪の攻撃をしたりする。

■**鬼一口【オニヒトクチ】**人間を一呑《ひとの》みにできる大きな口を持つ龍の頭に足が生えたような妖怪。

■**まぼろし妖怪の車【オボログルマ】**中に入ったものを溶かす車の妖怪。普通の車。

■**ぬれ女【ヌレオンナ】**海に棲む妖怪。武器の鞭《むち》は切っても切っても生えてくる。

■**うぶめ【ウブメ】**子連れの妖怪。

■病の花【フルツバキノレイ】 頭部の花びらに一つ目のある椿のような妖怪。呪いで腹痛を起こさせる。病の設定は佐藤有文『いちばんくわしい日本妖怪図鑑』から。

■土ぐも【ツチグモ】 網を使って人間を捕獲する蜘蛛の妖怪。

■うしろ髪【ウシロガミ】 不気味な顔の長髪の妖怪。子どもたちと仲良くなりたかった。

■二口女【フタクチオンナ】 後頭部に口のある妖怪。別に大映の妖怪映画のデザインを踏襲した二面女《にめんおんな》が登場する。

■やくびょうがみ【ヤクビョウガミ】 病気を引き起こす妖怪。

仮面ライダーストロンガー

一九七五年四月五日～一二月二七日

■百目タイタン【ヒャクメ】 登場話＝17～23話 ブラックサタンの大幹部一ツ目タイタンが死後、改造強化された姿。顔中の目を火球として飛ばすことができる。

アクマイザー3

一九七五年一〇月七日～一九七六年六月二九日

■アカニーダ・アオニーダ【オニ】 登場話＝3・4話 アクマ族の兄弟。兄のアカニーダは一つ目で角が一本、弟のアオニーダは二つ目で角が二本。

■カッパード【カッパ】 登場話＝6話 頭部のカップ状の部分からレーザーを照射するが、水がなくなると動けなくなる。

■バケネーゴン【バケネコ】 登場話＝9話 猫のように身軽で催眠術を使う。

■テングラー【テング】 登場話＝15話 ドリルのような鼻高の怪人。煙を噴霧してなんでも消してしまうテング隠しやテング操りの術を使う。

■カサドラー【カサバケ】 登場話＝16話 コウモリ剣で雨を自由に降らす。悪魔の傘で人間を赤い球に変える。

■カマイタチ 登場話＝17話 鎌を持った黒づくめの怪人。イタチの要素は見られない。

■ハンニャード【ハンニャ】 登場話＝19話 頭部の車輪の中央に般若顔がある。頭部の車輪を回転させて攻撃する。

■**ユキオンナ**　登場話＝21話　冷気を噴射する銃で人間を雪ダルマに変える。

■**ノッペラー、ノッペラーJr.【ノッペラボウ】**　登場話＝24・37・38話　大きな手に覆われた一つ目の頭部の怪人の親子。あまり利口ではない。

■**ナマズーン【オオナマズ】**　登場話＝26話　地底に潜み、大地震を引き起こす。

■**オニテング【テング】**　登場話＝28話　テングラーの父親。高い鼻も含めて多くの角がある。

■**キツネーン【バケギツネ】**　登場話＝33話　美女に化けたり、催眠術を使ったりする。

■**ガマーダ【ガマ】**　登場話＝36話　ガマ口に化けて人間を襲う。火を吐くこともできる。

忍者キャプター

一九七六年四月七日～一九七七年一月二六日

■**ハンニャ**　登場話＝17・18話　般若《はんにゃ》面をつけた風魔鬼四天王の女性忍者。銛《もり》と毒ガスが武器。

■**オニビ**　登場話＝18話　角が生えた鬼のような面の風魔鬼四天王の一人。火を回転させる鬼火回しを使う。

■**カラカサ道人【カサバケ】**　登場話＝22話　頭部が一つ目の傘化けの形状。遊園地のお化け屋敷に潜入し、子どもたちに火薬玉をしかけた。

■**カマイタチ**　登場話＝25・26話　エリート忍者五道人の一人。名前からの連想の通り素早い。

■**甲賀蟇十郎【ガマ】**　登場話＝31・32話　蝦蟇の顔をした甲賀忍者。蝦蟇蛙に変身できる。毒ガスを吐き出し、水中戦も得意。

■**甲賀あか天狗【テング】**　登場話＝38話　天狗面の甲賀忍者。甲賀を裏切ったふりをした。

■**甲賀ヤミガラス【テング】**　登場話＝42話　烏天狗のような容貌の甲賀忍者。教師に化けて学校に潜入し、子どもたちを烏天狗にする。

超神ビビューン

一九七六年七月六日～一九七七年三月二九日

■**シンド【オオニュウドウ】**　登場話＝1～32話　大魔王ガルバーの手下の巨体妖怪。後に三超神たちの味方になる。初期設定ではニュードウと名づけられていた。

■**スイコ**　登場話＝2話　亀のような身体と虎のような頭部を持つ、中国妖怪。

■**コダマーン【コダマ】**　登場話＝5話　人間に声をかけ、返事をさせて命を吸う。古木の妖怪。

■**モエゾ【オニビ】**　登場話＝12話　少女の魂を食べて生き続けた鬼火の妖怪。

■**カサカッパ【カッパ／カサバケ】**　登場話＝14話　唐傘に化けることができる河童。雨を自由自在に降らすことができる。

■**カラステング【テング】**　登場話＝15話　のぞいたものの命を吸い取る天眼鏡を持つ。葉団扇《はうちわ》を使い突風を起こす妖怪天狗おろしという技を使う。

■**サカサバシラ【サカバシラ】**　登場話＝16話　樹齢三〇〇年の大木を逆さに柱にすると一カ月後に出現する妖怪。

■**クモンガ【ジョロウグモ】**　登場話＝17話　蜘蛛の顔をした女性姿の妖怪。口から糸を吐く。

■**カネダマ**　登場話＝18話　古銭に取り憑いた妖怪。持ち主の怨みの気持ちを実行する。

■**ブルブル**　登場話＝19話　人間に臆病風を吹かせて命を吸い取る妖怪。犬が苦手。

■**アマノジャキ【アマノジャク】**　登場話＝20話　子どもに呪いの面を被せて、ひねくれ者にさせる。

■**ガマガンマ【ガマ】**　登場話＝22話　身体から無数の蝦蟇が飛び出し、女性の生き血を吸う。

■**ネコマタ**　登場話＝24話　猫の中に身体を潜ませたり、人間を操ったり、分身したりできる。

■**バクバ【バク】**　登場話＝25話　いい夢を食べ、悪い夢を押しつける。

■**ノブスマ**　登場話＝26話　ムササビの妖怪。ノブスマらしく覆いかぶさる攻撃もする。

■**ノッペラボー【ヌッペッポウ】**　登場話＝27話　ノッペラボーだが、デザインはぬっぺっぽうから。人間の魂を抜き取る。

■**ヤマオニ【オニ】**　登場話＝28話　全身金色の鬼。金棒を振り回す怪力の持ち主。

■**フキケシオババ【フッケシババ】**　登場話＝29話　娘に化けて蠟燭《ろうそく》を売る老婆の妖怪。蠟燭に火をつけると魂を奪う。竹筒から火を吹く。

■**ハンニャ**　登場話＝32話　金縛りの技を使う。子どもたちに呪いをかけてハンニャ部隊を編成した。

ぐるぐるメダマン

一九七六年七月一〇日～一九七七年一月二九日

■**メダマン【ヒャクメ】** 一〇歳。顔が自在に回転する。腰回りにたくさんの目がある。神出鬼没。

■**あずき洗い【アズキアライ】** 一〇歳。笊《ざる》を持ち歩き、何でもきれいに洗う。

■**海坊主【ウミボウズ】** 一四歳。無限に水を飲むことができる。逆に放水も可能。

■**アマノジャク** 七歳。ひねくれ者。他人と同じことをするのが嫌い。呪文で体がバラバラになる。

■**ネコマタ** 登場話＝10話　猫が人間を虐待する。ネコマタの国が存在する。

■**オニ** 登場話＝28話　地獄の鬼。

バトルホーク

一九七六年一〇月四日～一九七七年三月二八日

■**土ぐも男爵【ツチグモ】** 登場話＝18話　蜘蛛のマスクにスーツを着たテロル闘人。毒蜘蛛を操り、自身も毒を塗った爪で攻撃する。

スパイダーマン

一九七八年五月一七日～一九七九年三月一四日

■**怪猫獣【バケネコ】** 登場話＝8話　猫塚に埋められていた化け猫の骨から改造したもの。毒が仕込まれた鋭い爪、火炎放射などが武器。

■**マグニナマズ【オオナマズ】** 登場話＝28話　地に潜《もぐ》って体内の地震発生器で大地震を起こす。

宇宙からのメッセージ銀河大戦

一九七八年七月八日～一九七九年一月二七日

■**オニビト【オニ】** 登場話＝18話　強制連行した少年たちをガバナス忍者学校で教育していた。名前の通り角が生えた鬼のような姿をしている。

仮面ライダー（スカイライダー）

一九七九年一〇月五日～一九八〇年一〇月一〇日

■**オカッパ法師【カッパ】** 登場話＝39・40話　頭の皿を投げる皿爆弾や巨大化させて乗ったりすることができる。皿の水がなくなると弱体化する。

1980年代

電子戦隊デンジマン　一九八〇年二月二日～一九八一年一月三一日

■**ガマラー【ガマ】**登場話＝19話　変身術や分身の術などが得意な忍術使いの蝦蟇型の怪人。

■**オニラー【オニ】**登場話＝45話　火炎放射する出刃包丁や鬼爆弾が武器。出刃包丁などナマハゲの要素も取り入れている。

太陽戦隊サンバルカン　一九八一年二月七日～一九八二年一月三〇日

■**チャガマモンガー【バケダヌキ】**登場話＝41話　何にでも化けることができる化け狸型の機械生命体。頭部は民話の文福茶釜がモチーフとなっている。

大戦隊ゴーグルV　一九八二年二月六日～一九八三年一月二九日

■**ネコモズー・ネココング【バケネコ】**登場話＝7話　幽霊コントロールマシンを使い、あらゆる攻撃が通用しない化け猫となって破壊活動を行う。

■**バクモズー・バクコング【バク】**登場話＝9話　バクダケという毒キノコを食べ、毒ガスを鼻から噴霧する。

■**ナマズモズー・ナマズコング【オオナマズ】**登場話＝13話　地震ベッドというメカの上で暴れて大地震を起こすことができる。発電攻撃も可能。

■**カッパモズー・カッパコング【カッパ】**登場話＝17話　河童のカッパ左ヱ門の怨念が籠った皿が移植されている。人間をカッパ人間に変える。

■**テングモズー・テングコング【テング】**登場話＝30話　日本刀や葉団扇による旋風や岩石落としなどの攻撃をする。高い鼻はミサイルとして連続発射が可能。

科学戦隊ダイナマン　一九八三年二月五日～一九八四年一月二八日

■**バクシンカ【バク】**登場話＝5話　夢枕というメカで眠ることで悪夢を見せることができる。夢枕をたたくことで五人の幽霊戦士を召喚する。

■**キツネシンカ【バケギツネ】**登場話＝24話　変身術が使えるが、油揚げにつられて正体を現した。

宇宙刑事シャリバン

一九八三年三月四日～一九八四年二月二四日

■**ヒャクメビースト【ヒャクメ】**登場話＝34話　口の中の舌まで目がある。炎をまとって浮遊する。

星雲仮面マシンマン

一九八四年一月一三日～九月二八日

■**オニ男【オニ】**登場話＝29話　姿形はあまり鬼っぽくない西洋の甲冑《かっちゅう》のようだが、鬼の面の形のオニ爆弾と長い金棒が武器。

兄弟拳バイクロッサー

一九八五年一月一〇日～九月二六日

■**オニガン【オニ】**登場話＝1話　怪力とバズーカ砲、角から広範囲の破壊光線などを使う。

■**オオテング【テング】**登場話＝5話　葉団扇状の武器・電磁ウチワは突風や電撃を起こすことができる。色は赤く高い鼻先にトゲが出ている。

仮面ライダーBLACK

一九八七年一〇月四日～一九八八年一〇月九日

■**バク怪人【バク】**登場話数＝一七話　鼻先からイオタ波という特殊な脳波を発生させ、人間の夢を自在に操る。闇に潜み、強い光が苦手。

世界忍者戦ジライヤ

一九八八年一月二四日～一九八九年一月二二日

■**鬼忍毒斎【オニ】**登場話＝1話～　かつて戸隠流を学んだが、秘宝の独占を企み、鬼の面を被り、妖魔一族を結成し、頭領となった。

■**烏忍カラス天狗【テング】**登場話＝1話～　妖魔一族の下忍。三人で行動し、飛行能力がある。

仮面ライダーBLACK RX

一九八八年一〇月二三日～一九八九年九月二四日

■**百目婆ア【ヒャクメ】**登場話＝41話　クライシス帝国諜報参謀マリバロンの大伯母で怪魔妖族の頭領。体中の目で獲物を封じ込め精気を吸い取って、二〇〇〇年も生き続けてきた。

高速戦隊ターボレンジャー

一九八九年二月二五日～一九九〇年二月二三日

■**オニボーマ【オニ】**登場話＝10話　足柄山付近で暴れていたところ坂田金時《さかたのきんとき》に封印されたという。鬼と蟹をモチーフにしている。

■**イヌガミボーマ【イヌガミ】**登場話＝25話　人間

を犬に、犬を人間に変える力を持つ。

■**ノッペラボーマ【ノッペラボウ】** 登場話＝33話　左右の手で人間の顔を取り換える。取り換えられた人間はいずれのっぺらぼうになってしまう。

■**ヒトツメボーマ【ヒトツメコゾウ】** 登場話＝46話　一つ目の坊主のような姿。幻影を作り出す。

■**キメンボーマ【オニ】** 登場話＝48話　かつては凶暴だったが、改心した。

■**ヤミクモボーマ【ツチグモ】** 登場話＝49話　ツチグモと弁慶《べんけい》をモチーフにした最後の暴魔獣。

1990年代

妖怪伝説WARASHI!
一九九一年一〇月二日〜一九九二年三月二五日

※寺沢大介の漫画『WARASHI』の実写化。6話までVHSでしかソフト化されていないため、登場妖怪と登場話のみ記載する。

■**ワラシ【ザシキワラシ】**

■**ろくろ首【ロクロクビ】** 登場話＝1話

■**鬼女【キジョ】** 登場話＝4話

■**河童【カッパ】** 登場話＝6話

■**泥田坊【ドロタボウ】** 登場話＝8話

■**般若【ハンニャ】** 登場話＝10話

■**かまいたち【カマイタチ】** 登場話＝12話

■**のずち【ノヅチ】** 登場話＝16話

■**天邪鬼【アマノジャク】** 登場話＝17話

■**雪女【ユキオンナ】** 登場話＝18話

■**餓鬼【ガキ】** 登場話＝19話

■**二口女【フタクチオンナ】** 登場話＝20話

■**牛鬼【ウシオニ】** 登場話＝21話

■**天狗【テング】** 登場話＝22話

五星戦隊ダイレンジャー
一九九三年二月一九日〜一九九四年二月一一日

■**ネックレス官女【ロクロクビ】** 登場話＝17・18・21話　イヤリング官女と指輪官女とあわせ三人の官女として登場する。首が伸びる。

忍者戦隊カクレンジャー
一九九四年二月一八日〜一九九五年二月二四日

※『忍者戦隊カクレンジャー』では、作中で三遊亭円丈扮する講釈師などの妖怪解説を【作中解説】として記載している。

■**ヌラリヒョン**　登場話＝1話　回想にしか登場しないため、他の妖怪と異なり和風。対して妖怪大魔王は現代風のヌラリヒョンという解釈である。

■**カッパ**　登場話＝1・2話　ロクロクビは妻。現代の姿は頭部の皿が貯水タンクになっており、相撲からサッカーに嗜好が変わっている。

【作中解説】講釈師「カッパとは、古くから沼や池に住んでると言われ、特に女の人のお尻を触るのが大好きという……おじさんも、大好きであります」

■**ロクロクビ**　登場話＝1・2話　モチーフはタコ・女性。首と胴体を分離させて戦闘することが可能。

【作中解説】講釈師「これがロクロクビの正体！　昔の姿はこんなんなっちゃっておりますが、今は時代の変化であんなんなっちゃった」

■**オボログルマ**　登場話＝3話　現代の姿は牛車《ぎっしゃ》からタクシーになっている。

【作中解説】講釈師「オボログルマ地獄にいた車の妖怪。今様に言えば不幸を運ぶ呪いの宅配便といったところであります」

■**アズキアライ**　登場話＝3・4話　モチーフはゴミ箱。スナカケババアと結婚していた。

【作中解説】講釈師「アズキアライとは、夜中に川でショキショキ、小豆を洗う。その音を人が聞いて近づくと、川に落ちて死んでしまうんであります」

■**ヌリカベ**　登場話＝5・6話　現代ではレンガの壁にそっくりな姿をし、スプレーの落書きや張り紙も見られる。

【作中解説】講釈師「ヌリカベとは、道の前に突然壁が現れ、人を通れなくさせる妖怪であります」

■**モクモクレン**　登場話＝5・6話　現代の姿は灰色のコートを着たて、顔には口や目などはなく、腹部などに無数の目がついている。

【作中解説】講釈師「モクモクレンとは、無数の目を持ち、あちこち平気でのぞいたり、幻覚で人を騙す。しかし、こんなにいっぱい目玉があって近眼になったら、眼鏡がいくつあったら良いの？」

■**ガキツキ【ガキ】**　登場話＝7話　モチーフはゲー

ム『餓狼伝説』のテリー・ボガード。

【作中解説】講釈師「ガキッキ、もう何でも食べまくり、人々を飢えさせてしまうのであります。もう何でも食べる」

■**バケネコ**　登場話＝8話　猫の鳴きまねで子どもを誘《おび》き寄せ連れ去る。誘拐した子どもは妖怪たちに食料として売る。

【作中解説】講釈師「神隠しとはトイレットペーパーを隠しちゃう。紙隠し。そうじゃあない。子どもたちの姿が突然煙のように消えてしまうのであります」　※補足：バケネコの解説はなし。神隠しをバケネコが起こしていたという話。油を舐める描写がある。

■**ドロタボウ**　登場話＝9話　モチーフは西洋風の案山子。

【作中解説】講釈師「ドロタボウとは、田んぼや畑に出る妖怪であります。畑のなくなった現代のドロタボウたちは、ここにどくがあって孤独、あがわれちゃって哀れ、な～んという惨めな存在であります」

■**コナキジジイ**　登場話＝10話

【作中解説】講釈師「昔、深い山の中でオギャーと赤ん坊の泣き声。旅人が抱き上げると突然その赤ん坊が重くなり、抱いた者をジジイーっと押し潰す。これがコナキジジイの正体。とにかく抱くとジジー」

■**シロウネリ**　登場話＝11話

【作中解説】講釈師「昔、古い雑巾などを放っておくと、それが腐って妖怪シロウネリに。洋服をボロに変えちゃう。だからボロの洋服はボロボロに、ボロボロの洋服はボロボロになっちゃう」

■**テング**　登場話＝12話　今風に鼻ピアスをつけ、鎖や帽子をしたりしている。

【作中解説】講釈師「テングというのは、威張ると鼻がどんどん伸びちゃう」

■**カネダマ**　登場話＝13話　モチーフはブリキのロボット。時代の変化により現代では人間に不幸をもたらす妖怪になった。

【作中解説】講釈師「カネダマという妖怪でありますが、昔こいつが住み着くとその家は金持ちになる、とても縁起の良い妖怪だったのでありますが……どうやら、時代が変わると妖怪も変わるようでありますな」

■**ケウケゲン**　登場話＝14話

【作中解説】講釈師「ケウケゲンとはいわゆる疫病神。人間を病気にしてイッヒッヒと喜ぶ嫌〜な妖怪であります」

■**シュテンドウジ**　登場話＝15・16話　モチーフはプロレスラー。兄弟で登場する。

【作中解説】講釈師「シュテンドウジとは、人間の生き肝を喰らい、酒を呑むのが何より好きという、決してお友達にはなりたくない怖い奴」

■**アミキリ**　登場話＝17話

【作中解説】講釈師「アミキリとは、その昔、洗濯物や網を切る妖怪だったのでありますが、復讐の念に燃えるあまり、このように恐ろしい妖怪になったのであります」

■**ザシキワラシ**　登場話＝18話　モチーフはゲームのコントローラー。

【作中解説】講釈師「ザシキワラシとは、子どもの姿をした妖怪で、家の中に隠れ、子どもたちと楽しく遊んだり、いたずらをして、テヘヘへなんて喜ぶいい妖怪であります」

■**ツチグモ**　登場話＝19話　現代ではトンネルで車内の人間を襲い、自動車を破壊して、事故車として修理屋の姿で片つける。

【作中解説】講釈師「ツチグモとは、昔から山奥に住み、旅人を蜘蛛の糸で絡めとり、ングング食べてしまうという、ま〜恐ろしい妖怪であります」

■**サルガミ**　登場話＝21話

【作中解説】講釈師「サルガミとは、化け猿の親分で若い娘をさらって来て、その着物を着てキャーキャー喜ぶという変な妖怪」

■**エンラエンラ**　登場話＝22話

【作中解説】エンラエンラ「昔エンラエンラは竈の煙が妖怪になった物でありますが、現代のエンラエンラは車の排気ガスが妖怪になった恐ろしい奴であります」

■**ウミボウズ**　登場話＝23話　モチーフはラジカセを抱えて歩くBボーイ。

【作中解説】講釈師「ウミボウズとは、海に棲む妖怪のことで、とてつもない力持ちであります」

■**ガシャドクロ**　登場話＝24・30・31話　大魔王の実子、貴公子ジュニアの正体。

【作中解説】講釈師「ガシャドクロとは妖怪の中でも一、二を争う凶悪なやつで、人間なら誰かれ構わず取り殺してしまうというおっそろしい妖怪であります」

■**イッタンモメン**　登場話＝25話　バイクに乗って登場する。

【作中解説】イッタンモメン「俺様は妖怪の世界で一番の殺し屋イッタンモメンだぜベイビー。テレビの前の子どもたち、あっよく聞きやがれ。イッタンモメンというのは、昔から反物で人の首を絞めて殺すのが得意な妖怪なんだぜ」

■**カサバケ** 登場話＝26話 モチーフは洋傘。
【作中解説】カサバケ「カサバケとは、文字通り傘のお化けで、昔は雨の日によく出たのですが、今は日傘もありますから、天気の良い日も出て来るのであります」

■**ヌエ** 登場話＝27～29話 モチーフの構成動物に変化がある。
【作中解説】ジュニア「頭は猿、体は狸、尻尾は蛇、手足は虎。その昔、京の都を騒がせた、伝統と格式を誇る、妖怪の中の妖怪よ」、ヌエ「古いイメージは時空を超えて、俺の名誉に関わる。鷲に蛇、ライオン、虎のパワーは時空を超えて、妖怪戦士ヌエとなったのだ」

■**ヌッペフホフ【ヌッペッポウ】** 登場話＝32話
【作中解説】ヌッペフホフ「僕は夜の散歩者妖怪ヌッペフホフです。僕はもともと荒寺に住み、死人の肉でできた妖怪で、昔はこんなのでした。僕に見初められたのが運の尽き、顔を舐め取られた人間どもはこ～んな顔になってしまい、自分が誰だか証明できず、やけになってもうやりたい放題」

■**アマノジャク** 登場話＝33話 モチーフはキノコ。
【作中解説】サスケ「妖怪アマノジャクは、捻《ひね》くれた性格で二度と悪いことができねえように毘沙門天にたたきのめされ、踏みつけられていたんだ」

■**スナカケババア** 登場話＝34話
【作中解説】スナカケババア「昔のスナカケババァは、木の上から砂をかけるだけのイタズラババアだったけど、現代のスナカケババアは、地上のありとあらゆる食べ物を砂にしてしまうのよ」

■**カマイタチ** 登場話＝35話 モチーフはフライトジャケットを着たパイロット。
【作中解説】花のくノ一組サクラ「昔のカマイタチは、風に乗って見えない速さで人を切り裂きましたが、現代のカマイタチー校長先生は、それだけでなく立派な教育者であります」

■**バクキ【バク】** 登場話＝36話 両手の鉤爪《かぎづめ》のモチーフは映画『エルム街の悪夢』のフレディ・クルー

ガー。様々な動物の一部が組み合わさったような姿を持つ。
【作中解説】バクキ「私の名は妖怪バクキ。怖い夢や幻覚を見せ、人を取り殺すというそれはそれは恐ろしい妖怪です」

■カラカサ【カサバケ】　登場話＝37話　モチーフは洋傘・レースクイーン。
【作中解説】カラカサ「私の正体は妖怪カラカサ。私は洋傘の妖怪よ」

■ウシオニ　登場話＝38話
【作中解説】ウシオニ「昔の妖怪ウシオニは、鬼の顔をした牛。人間どもを突き飛ばすしか能がなかったが、現代のウシオニは妖怪ライフル魔。この銃弾には俺の遺伝子が込めてある。俺に撃たれた人間は、牛鬼人間となり、この世の金銀財宝を掻きさらう盗賊となるのだ」

■ノッペラボウ　登場話＝39話　現代においては「殺し屋」を自称しているが、一度破壊された身体を再生する以外に強みがない妖怪。
【作中解説】ノッペラボウ「俺の名前はノッペラボウ。昔は夜中に通り掛かった人を脅かして喜んでいるだけの他愛ない妖怪だったが、今はそんなもんじゃない。妖怪世界で一番恐れられている殺し屋だ」

■キュウビノキツネ　登場話＝40話
【作中解説】鶴姫「昔のキュウビノキツネはインドや中国を渡り歩いていた悪賢い狐だったそうよ。そのキュウビノキツネがこの大都会に住み着いてる。また何か悪いことをしているのね」

■チョウチンコゾウ　登場話＝41話　提灯《ちょうちん》お岩をモチーフにした提灯を持っている。自分の欲望を満たすために暴れ回る。
【作中解説】チョウチンコゾウ「昔のチョウチンコゾウは人を脅すだけだったが、現代のチョウチンコゾウはこの世に未練を残して死んだゴーストを蘇らせることができるのだ」

■オオムカデ　登場話＝45話　モチーフはアメフト選手。ムカデを憑り付かせた人間を意のままに操る能力は現代のオオムカデの特権。
【作中解説】オオムカデ「昔のオオムカデはでかいだけだったが、現代の妖怪オオムカデは…おおっと、何を言わせやがる。それは秘密秘密」

■ムジナ　登場話＝46話　モチーフは漫画家。
【作中解説】ムジナ「ある時は剣の鬼、ある時は上海のスパイ、ある時は槍の達人、またある時はアマゾネス、そしてある時はロス市警、しかしてその実態は妖怪ムジナ。昔は人を化かすだけだったが、現代の妖怪ムジナは妖怪漫画界の水木しげると呼ばれる漫画家なのだ」

■カシャ　登場話＝47話　モチーフは消防士。北極に封印され、そのときに見たオーロラを気に入り、人間花火で再現しようとした。

【作中解説】サスケ「お前は妖怪カシャ」カシャ「そうだ。俺は放火魔だ。俺は火を見ると頭に血がのぼるタチで、放火の悪事の限りを尽くして捕まえられた大悪党だ」サスケ「そのカシャが北風とともに地獄から甦《よみがえ》ったのか」

■ユキオンナ　登場話＝48話

【作中解説】ユキオンナ「季節限定冬の妖怪と言えば、ユキオンナが定番よ。昔は雪山で人をたぶらかすだけだったけど、現代のユキオンナは雪曼荼羅《ゆきまんだら》の妖魔術を使うのだ。すでに雪曼荼羅には五体の雪ダルマが並べてある。六体の雪ダルマがそろえば世界は一気に雪と氷の寒冷地獄に陥るのだ」

■ビンボーガミ　登場話＝49話　モチーフはピエロ。極悪な金貸しが村人の一揆で一文無しになった逆恨みから生まれ変わった。

【作中解説】ビンボーガミ「ビンボーガミは今も昔も人間を貧乏にすることに変わりはないが、現代のビンボーガミはパワーアップしたのだ」※元はあこぎな金貸し妖怪という設定

■ダイダラボッチ　登場話＝50話　大魔王の弟。モチーフは地球儀。

【作中解説】ダイダラボッチ「ダイダラボッチは昔から山に化けるのが得意な妖怪なのだ」

■ヤマンバ　登場話＝50・51話　大魔王の妹。

【作中解説】ヤマンバ「私の名は妖怪ヤマンバ。昔から道に迷った旅人を捕まえては食べる妖怪よ」

■オオニュウドウ　登場話＝映画版　モチーフはアメリカの銀行員。

【作中解説】講釈師「オオニュウドウというのは昔からカッパ、ヒトツメコゾウの親分と言われている恐ろしい妖怪。何しろおぉっと出てきてにゅーときてどうっおお・にゅう・どう、ひゃーこわいっ」

■ヒトツメコゾウ　登場話＝映画版　兄弟で登場する。オオニュウドウの子分。

【作中解説】講釈師「このヒトツメコゾウとは家の中に隠れ住み、いろいろといたずらをする妖怪であります。まっザシキワラシの仲間みたいなものであります」

超力戦隊オーレンジャー
一九九五年三月三日〜一九九六年二月二三日

■**オンブオバケ【バリヨン】**登場話＝Vシネマ版　姿を消し、のしかかる。光線を吸収、反射する。

ウルトラマンティガ
一九九六年九月七日〜一九九七年八月三〇日

■**宿那鬼《すくなおに》【オニ】**登場話＝16話　頭部の前後に顔がある。名前の通りの両面宿儺《りょうめんすくな》としての要素や首だけで戦うシーンは酒呑童子《しゅてんどうじ》のようでもある。

■**バクゴン【バク】**登場話＝40話　夢に出現した怪獣が具現化したもの。

ウルトラマンダイナ
一九九七年九月六日〜一九九八年八月二九日

■**姑獲鳥《コカクチョウ》【ウブメ】**登場話＝19話　中国で不吉の象徴とされる怪獣。中国由来のコカクチョウがモチーフとなっている。

救急戦隊ゴーゴーファイブ
一九九九年二月二一日〜二〇〇〇年二月六日

■**カードサイマ獣ゴダイ【モクモクレン】**登場話＝32話　多数の目を持ち、生贄カードを貼りつけ人間を封印する。

■**熊手サイマ獣ガバラ【カッパ】**登場話＝41話　沙《さ》悟浄《ごじょう》のイメージ。熊手で水中の断層を刺激することで地震を引き起こす。

■**夢幻サイマ獣バハムー【バク】**登場話＝45話　夢を吸い取って人間を無気力にさせる。

2000年代

百獣戦隊ガオレンジャー
二〇〇一年二月一八日〜二〇〇二年二月一〇日

■**オルグ魔人【オニ】**邪悪な念や衝動が、物の姿をまねて実体化した怪物。鬼のような角がある。

■**シュテン【シュテンドウジ】**登場話＝3話〜　最高位のオルグ。体中に目がある。斧《おの》が武器。

■**ヤバイバ【イバラキドウジ】** 登場話＝1話〜　ピエロのような姿の幹部オルグ。ナイフが武器。

■**ウラ**　登場話＝14話〜　最高位のオルグ。身体中に目と耳がある。扇が武器。

ウルトラマンコスモス
二〇〇一年七月七日〜二〇〇二年九月二八日

■**ヤマワラワ【ヤマワロ】** 登場話＝9・36話　保護色で純真な心を持つものにしか見えない。性格は温厚で子ども好き。

■**マハゲノム【ナマハゲ】** 登場話＝36話　ヤマワラワに封印された国を滅ぼす力を持つ妖怪。

■**かわのじ【カッパ】** 登場話＝56話　河童型の怪獣ではなく河童そのもの。相撲と酒が大好き。

忍風戦隊ハリケンジャー
二〇〇二年二月一七日〜二〇〇三年二月九日

■**ユメバクー師【バク】** 登場話＝11話　人間に楽しい夢を見せながら少しずつ石に変える。

特捜戦隊デカレンジャー
二〇〇四年二月一五日〜二〇〇五年二月六日

■**シンノー星人ハクタク【ハクタク】** 登場話＝25・34・49話　宇宙のカンポー医。漢方屋白沢堂を開業する。名前に使われている神農《しんのう》も白澤《はくたく》も医薬を司《つかさど》る。

■**パウチ星人ボラペーノ【ノッペラボウ】** 登場話＝28話　真っ黒な人型に目鼻はなく口だけある。細胞から姿や能力をコピーする。

仮面ライダー響鬼
二〇〇五年一月三〇日〜二〇〇六年一月二二日

■**鬼【オニ】** 魔化魍《まかもう》と呼ばれる怪物から音撃で人間を守るもの。響鬼《ひびき》・威吹鬼《いぶき》・轟鬼《とどろき》・斬鬼《ざんき》がメインで登場するが、日本各地に複数人存在する。

■**ツチグモ**　登場話＝1・2話　屋久島に現れた巨大な蜘蛛の魔化魍。口から糸を吐いて、人間を絡めとる。亜種として榧ノ木《かやのき》のヨロイツチグモ、長瀞のカエングモが存在する。

■**ヤマビコ**　登場話＝3・4・13話　奥多摩・小菅《こすげ》に現れた毛だらけの山男のような魔化魍。人間の声が好物。

■**バケガニ**　登場話＝5・6・15・19・26・43・44・46話　房総《ぼうそう》・日光・鎌倉・箱根・三浦半島・大洗《おおあらい》・

葛野《かずの》に現れた大蟹の魔化魍。

■**イッタンモメン**　登場話＝7・8・24・44・47話　奥久慈《おくくじ》・高萩《たかはぎ》・館林《たてばやし》・日高《ひだか》に現れた翼が生えたエイのような魔化魍。マッハ3で飛行する。

■**オトロシ**　登場話＝10・42話　秩父・東秩父に現れた扉と亀を合わせたような魔化魍。手足を甲羅に引っ込め、落下して人間を押し潰す。

■**ヌリカベ**　登場話＝11・12・43話　下野に現れた木とカタツムリを合わせたような魔化魍。

■**ウブメ**　登場話＝13・21・42・47話　鎌西湖《かまにしこ》・浅間山・東秩父・日高に現れた翼が生えた魚のような魔化魍。上空から垂らした体液に触れた子どもを餌にする。

■**ヤマアラシ**　登場話＝15・16・21話　足尾・浅間山に現れたヤマアラシと水牛を合わせたような魔化魍。両肩に生えた針を飛ばす。

■**オオナマズ**　登場話＝18話　東雲《しののめ》に現れた大きなナマズの魔化魍。地震を局地的に起こす。

■**アミキリ**　登場話＝20・46話　大洗・三浦に現れたバケガニの変異体で虫のような羽が生えたエビのような魔化魍。

■**ドロタボウ**　登場話＝23・24話　旭村に現れた泥まみれの人型の頭部に稲が生えたような魔化魍。夏にしか現れず、背中の瘤《こぶ》から増殖する。

■**カッパ**　登場話＝25・42・44・45話　秩父・東秩父・館林・さいたまに現れた魔化魍。夏に現れ、首の部分から分離して増殖する。

■**バケネコ**　登場話＝26・27・42・44・45・47話　猿橋・鳩山・館林・さいたま・長瀞《ながとろ》・狭山《さやま》に現れた夏の魔化魍。九本の尾があり、そこから増殖する。

■**テング**　登場話＝28・29・43・45・46話　下久保《しもくぼ》・三浦・さいたま・佐野に現れた魔化魍。主に夏に現れる。怪力と高い知性を持つ。

■**カシャ**　登場話＝30・31・45話　四谷《よつや》・さいたまに現れた人型の身体に狐のような頭の魔化魍。首に火炎の輪がついている。

■**カマイタチ**　登場話＝32・33話　奥多摩に現れた鎌を咥《くわ》えた三つ首のイタチの魔化魍。

■**ウワン**　登場話＝34・35・43・44・45話　港区・三浦・館林・さいたまに現れたセミのような魔化魍。胸の共鳴器から超音波を放つ。

■**ノツゴ**　登場話＝36・37話　長瀞に現れたクワガタのような顎と蠍《さそり》のような尾を持つ魔化魍。

■**ヨブコ**　登場話＝38・39・45・46話　東筑波・さいたま・佐野に現れた蜥蜴《とかげ》のような頭で蛇が絡みついているような人型の魔化魍。蛇の頭部は拡声器のようになっている。

■**コダマ**　登場話＝40・41・44　コダマの森・館林に現れた樹木のような人型の魔化魍。

■**サトリ**　登場話＝48話　東松山に現れた人型の魔化魍。人間の考えを読む能力がある。

■**ロクロクビ**　登場話＝48話　東松山に現れたムカデとシュモクザメを合わせたような魔化魍。

ウルトラマンマックス

二〇〇五年七月二日～二〇〇六年四月一日

■**タマ・ミケ・クロ【バケネコ】**　登場話＝16話　宇宙化猫。一つだけの猫目の球形の姿。『ウルトラマンX』18話にはムーという名前で登場する。

■**ゲロンガ【ウシオニ】**　登場話＝29話　牛鬼怪獣。奥多摩に現れた怪獣で現地では牛鬼と呼ばれ恐れられている。

轟轟戦隊ボウケンジャー

二〇〇六年二月一九日～二〇〇七年二月一一日

■**ツクモガミ**　古い器物と新しい器物を「影忍法・ツクモガミ変化の術」で融合させた怪人。作中九種のツクモガミが登場する。

地獄少女

二〇〇六年一一月四日～二〇〇七年一月二七日

■**輪入道【ワニュウドウ】**　主人公・閻魔《えんま》あいの使い魔・三藁《さんわら》の一人。人間態は禿頭の初老の男性だが、正体は車輪の形をした妖怪。

■**一目連【イチモクレン】**　主人公・閻魔あいの使い魔・三藁の一人。人間態はカジュアルな美形の男性だが、正体は刀の九十九神《つくもがみ》。

■**骨女【ホネオンナ】**　主人公・閻魔あいの使い魔・三藁の一人。人間態は妖艶な女性だが、正体は骸《がい》骨《こつ》の妖怪。

仮面ライダー電王

二〇〇七年一月二八日～二〇〇八年一月二〇日

■**モモタロス【オニ】**　桃太郎の赤鬼をイメージした

怪人。野上良太郎に憑依し仮面ライダー電王ソードフォームに変身する。

獣拳戦隊ゲキレンジャー
二〇〇七年二月一八日～二〇〇八年二月一〇日

■**獣人ツネキ【キュウビノキツネ】** 登場話＝31話　九尾分身変を使って九体に分身する妖術使い。

仮面ライダーディケイド
二〇〇九年一月二五日～二〇〇九年八月三〇日

■**牛鬼【ウシオニ】** 登場話＝18・19話　ヒビキが鬼に心を奪われ、なった伝説の魔化魍。

侍戦隊シンケンジャー
二〇〇九年二月一五日～二〇一〇年二月七日

※解説は『侍戦隊シンケンジャー』DVD映像特典の「アヤカシ絵巻」を参照している。

■**カゲカムロ【オオカムロ】** 登場話＝1話　巨大な顔が下半身にある。物音につられて戸を開けると、突然その印象的な顔で驚かすオオカムロのルーツ。

■**オオツムジ【カマイタチ】** 登場話＝2話　オオツムジが旋風を巻き起こして暴れる姿が、風とともに前足の鎌で人を傷づけるというカマイタチのルーツ。

■**ロクロネリ【ツチコロビ】** 登場話＝3話　ロクロネリの腕を伸ばして人を襲うさまが、山道で旅人を後ろから追いかけてくるというツチコロビのルーツ。

■**ナミアヤシ【スイコ】** 登場話＝4話　ナミアヤシが必殺の「虎津波」で戦うさまが、川に近づいた人に害をなすというスイコのルーツ。

■**ヤナスダレ【フスマ】** 登場話＝5話　ヤナスダレの攻撃を受け流す能力が、大きな布のようでありながら、なぜか刀で斬ることはできないというフスマのルーツ。

■**ズボシメシ【サトリ】** 登場話＝6話　ズボシメシの悪口攻撃が、相手の心を読むことができるというサトリのルーツ。

■**ヤミオロロ【コダマ】** 登場話＝7話　ヤミオロロの見た目と歩き回る姿が、数百年の歳月を経た樹木が意志と霊力を持ったというコダマのルーツ。

■**ヒトミダマ【ヒトツメコゾウ】** 登場話＝9話　ヒトミダマの頭部が大きな一つ目に見えたのが、目が一つしかない怪奇な顔という姿のヒトツメコゾウのルーツ。

■**オカクラゲ【カサバケ】**登場話＝10話　オカクラゲの頭が、話して人を驚かす古い傘というカサバケのルーツ。

■**ウシロブシ【オトロシ】**登場話＝11・12話　ウシロブシの全身が恐ろしい顔のように見えるのと、鬼のような強さが、長い牙を剥《む》いた世にも恐ろしい顔のオトロシのルーツ。

■**ナキナキテ【コナキジジ】**登場話＝13話　ナキナキテの操る赤鬼子が、人におぶさって、赤ん坊のように泣きながらみるみる重くなるというコナキジジイのルーツ。

■**ハチョウチン【チョウチンオバケ】**登場話＝14話　ハチョウチンの火炎と提灯のようなその姿が、火をともした提灯の姿のチョウチンオバケのルーツ。

■**ナリスマシ【ノッペラボウ】**登場話＝15話　ナリスマシが本当の顔を持たないことが、目鼻や口、何もないつるんとした顔のノッペラボウのルーツ。

■**マリゴモリ【サザエオニ】**登場話＝16話　マリゴモリの背負った貝と頑強さが、栄螺《さざえ》が鬼と化したサザエオニのルーツ。

■**イサギツネ【テング】**登場話＝17話　イサギツネの尖った鼻と百の術が、数々の不思議な術を操り、鼻の長い修験者の姿をしたテングのルーツ。

■**ヒャクヤッパ【アミキリ】**登場話＝18話　ヒャクヤッパの無数の刃物が、網や蚊帳を切るハサミが手のアミキリのルーツ。

■**オイノガレ【アブラスマシ】**登場話＝19話　オイノガレの油が、油瓶を手にしたアブラスマシのルーツ。

■**ウタカサネ【ウワン】**登場話＝20話　ウタカサネに魂を取られた者の悲鳴と、その周囲に響く悲しい鳴き声が、「うわん！」と大声を出して人を脅かすというウワンのルーツ。

■**ササマタゲ【カメオサ】**登場話＝21話　ササマタゲの肩の瓶と全身の酒が、尽きない瓶というカメオサのルーツ。

■**チノマナコ【モクモクレン】**チノマナコの無数の目玉が集まった姿が、障子に多数の目玉が出るというモクモクレンのルーツ。

■**ウラワダチ【イッタンモメン】**登場話＝22話　ウラワダチが服に取り憑くさまが、ひらひらとただよう、木綿でできた長い布というイッタンモメンのルーツ。

■**ゴズナグモ【ウシオニ】**登場話＝23・24話　蜘蛛と牛を掛け合わせたようなゴズナグモの姿が、土蜘蛛の体と牛の頭を持つウシオニのルーツ。

■**ユメバクラ【バク】**登場話＝25・26話　夢を食べる化け物ユメバクラの姿と夢に誘う能力が、ゾウ・サイ・トラ・ウシ等が合わさったようなバクのルーツ。

■**アベコンベ【カシャ】**登場話＝27話　アベコンベの術である火球と人の魂を入れ替えようとする姿が、常に人の身体を狙う、火をまとった猫のようなカシャのルーツ。

■**ドクロボウ【キョウコツ】**登場話＝29話　ドクロボウが分身によって不気味にゆらめくさまが、井戸に棲む白骨というキョウコツのルーツ。

■**クグツカイ【コソデノテ】**登場話＝30話　人を操る術を使うクグツカイの手の動きが、着物の袖から手だけが伸びて、人を驚かすというコソデノテのルーツ。

■**アゼミドロ【ドロタボウ】**登場話＝31話　アゼミドロの吸血ヒルのような左半身のみを全体と勘違いし、恐怖で言い伝えられたことが、田んぼに現れる、隻眼《せきがん》で三本指の姿のドロタボウのルーツ。

■**ハッポウズ【ライジュウ】**登場話＝32・33話　ハッポウズが暴れてできた焼け野原で負傷した獣たちの姿を化け物と見間違えたことが、雷とともに落ちてくるというライジュウのルーツ。

■**フタガワラ【ヌリカベ】**登場話＝35話　フタガワラが巨大化して不動の壁そのものとなった姿が、正体の不明な、人を遮る壁のようなヌリカベのルーツ。

■**ソギザライ【ヤマオロシ】**登場話＝36話　ソギザライの何でも粉々にする技が、トゲだらけでおろし金のような頭を持つというヤマオロシのルーツ。

■**モチベトリ【ベトベトサン】**登場話＝37話　べとべとしたモチベトリの迫る足音が、べとべと湿ったような足音のベトベトサンのルーツ。

■**イクサズレ【ツルベビ】**　登場話＝38話　イクサズレの身体の模様がぶら下がる炎に見えたのが、つるべのように木からぶら下がる炎のツルベビのルーツ。

■**スナススリ【ガキ】**　登場話＝41話　スナススリによって腹を減らされて苦しむ人々の姿が、やせ細った身体でいつも空腹をうったえているガキのルーツ。

■**ツボトグロ【ロクロクビ】**　登場話＝42話　ツボトグロの触手の中で飼う絶痛虫が飛び回るさまが、身体から抜けて空を飛ぶ頭というヒトウバンのルーツ。　※ヒトウバン（飛頭蛮）＝ロクロクビ

■**ヨモツガリ【オンモラキ】**　登場話＝44話　ヨモツガリが鳥の嘴のような右手から鬼火弾を撃ちだす姿が、黒い鶴のような姿で、口から炎を吐くというオンモラキのルーツ。

■**オボロジメ【エンラエンラ】**　登場話＝46話　オボロジメの姿と攻撃をすると発する激しい煙が、妖しい表情に見えるたなびく煙というエンラエンラのルーツ。

■**腑破十蔵【ショウジョウ】**　登場話＝8～26、33～47話　人間から外道に落ちた「はぐれ外道」。ショウジョウがモチーフ。外道衆《げどうしゅう》の乗る六門船は宝船をモチーフとし、幹部たちも七福神を模している。福禄寿《ふくろくじゅ》と寿老人が同一視され、ショウジョウが宝船に乗っている図版もある。

■**ホムラコギ【オボログルマ】**　登場話＝映画版　巨大な車輪を高速回転させ、高速移動が可能。オボログルマのルーツ。

■**マダコダマ【ヤマビコ】**　登場話＝映画版　右肩の穴から相手の能力を吸い取り、左肩の口から吐き出すという能力が、ヤマビコのルーツ。

■**デメバクト【テノメ】**　登場話＝Vシネマ版　幻術を得意とするアヤカシ。願望に基づいた世界に人間を閉じ込める。テノメのルーツ。テノメと博打の関連性は多田克己《ただかつみ》が解釈しており、京極夏彦『今昔続百鬼　雲』でもこの解釈を取り入れている。

2010年代

天装戦隊ゴセイジャー

二〇一〇年二月一四日〜二〇一一年二月六日

■**ツチノコのト稀ズ【ツチノコ】** 登場話＝17話　ツチノコにダンゴムシの要素を加えた怪人。地中を高速移動し、ヘドロ袋から毒液を噴射する。

■**カッパのギエム郎【カッパ】** 登場話＝19話　河童にダニの要素を加えた怪人。人間を河童に変える。趣味は相撲。

■**ケサランパサランのペサラン挫【ケサランパサラン】** 登場話＝20話　ケサランパサランにヤマビルの要素を加えた怪人。人間の恋心を腐らせる。

■**テングのヒッ斗【テング】** 登場話＝26話　ツテングにサソリの要素を加えた怪人。腕に装着した団扇でくすぐり風を起こし笑わせる。

■**人魚のジョ言【ニンギョ】** 登場話＝27話　ジュゴンにセイヨウシミの要素を加えた怪人。鱗を貼りつけられた人間は言葉がすべて陰口に聞こえる。

■**獏のエルムガイ夢【バク】** 登場話＝30話　バクにカギムシの要素を加えたマタドール姿の怪人。人間の夢・願い・希望を食べる。

仮面ライダーオーズ／OOO

二〇一〇年九月五日〜二〇一一年八月二八日

■**鵺ヤミー【ヌエ】** 登場話＝映画版　火炎弾や首の蛇で攻撃する。左腕は虎の頭蓋骨になっている。

牙狼〈GARO〉魔戒ノ花

二〇一四年四月四日〜二〇一四年九月二六日

■**デリィータス【ナマハゲ】** 登場話＝8話　茅葺屋《かやぶきや》根《ね》の民家とナマハゲを合わせたような姿。人間に偽の幸福を与えて、喰らう。

地獄先生ぬ〜べ〜

二〇一四年一〇月一一日〜二〇一四年一二月一三日

■**覇鬼【オニ】** ぬ〜べ〜こと主人公・鵺野鳴介の左手に封印された赤鬼。ぬ〜べ〜の鬼の手は覇鬼の手である。

■**玉藻京介【ヨウコ】** 人間世界の支配をもくろむ妖狐。玉藻という名前の由来は玉藻前から。

■**ゆきめ【ユキオンナ】** ぬ〜べ〜に一途に惚れ込ん

でいる雪女。あまり強くないが冷気を吐く。

■**雲外鏡【ウンガイキョウ】** 登場話＝1話　玉藻の手下の鏡の妖怪。学校の七不思議の一つとなっている。人間の心の闇を見せて、鏡の中へ引きずり込む。

■**サトリ** 登場話＝2・4・6・8・10話　心を読む人型の妖怪。

■**一つ目小僧【ヒトツメコゾウ】** 登場話＝2話　大きな一つ目の妖怪。

■**小豆あらい【アズキアライ】** 登場話＝4・5・6・7・8～10話　小豆を洗い続ける妖怪。親子で登場する。

■**ろくろ首【ロクロクビ】** 登場話＝4話　ぬ～べ～の生徒・美樹が自身の幽体をひっぱる遊びをして、魂が抜け、首が長く伸びたような状態になった。

■**陰摩羅鬼【オンモラキ】** 登場話＝4話　妖怪を召喚するショーで現れた骨の大きな鳥のような妖怪。

■**座敷童子【ザシキワラシ】** 登場話＝6・8・10話　幸運をもたらす子どもの妖怪。煎餅《せんべい》が好物。

■**絶鬼【オニ】** 登場話＝8・9話　覇鬼の弟。残虐な性格をしている青鬼。

手裏剣戦隊ニンニンジャー　二〇一五年二月二二日～二〇一六年二月七日

※『手裏剣戦隊ニンニンジャー』では無機物に妖怪を憑依させ、妖怪・上級妖怪などの分類があるため、作中名称【憑依モチーフ／分類】・登場話数　作中の特徴など　という形式で記載する。

※憑依するモチーフがない場合分類のみ記載する。

■**カマイタチ【チェーンソー／妖怪】** 登場話＝1話　大鎌を振り回して人を襲う。

■**カッパ【消火器／妖怪】** 登場話＝2話　絶対零度の吹雪を噴霧する。相撲の腕前も横綱級。

■**カシャ【インラインスケート／妖怪】** 登場話＝3話　身体のリングを憑依させ車を暴走させる。

■**ガシャドクロ【巨大妖怪】** 登場話＝3話～　人骨だけでなく獣の骨が積みあがったような姿になっている巨大妖怪兵。

■**ツチグモ【冷蔵庫／妖怪】** 登場話＝4話　冷蔵庫の胃袋の力を利用して、周囲のあらゆる物ごと人間をまるのみできる。

■ウンガイキョウ【パラボラアンテナ／妖怪】 登場話＝5話　受信アンテナとして風船をばらまき、恐怖の牙鬼幻月ビジョンを一斉無料配信する。

■テング【クラリネット／妖怪】 登場話＝6話　奇妙な音色で生み出した空間に人間を捕らえる。

■ネコマタ【腕時計／妖怪】 登場話＝7・8話　現実の時間をコントロールすることができる。

■イッタンモメン【じゅうたん／妖怪】 登場話＝9話　魔術展に展示されるはずだった古い絨毯に強い魔力が宿っていたので、魔法が使える。

■ダイダラボッチ【ショベルカー／妖怪】 登場話＝10話　固い岩盤を削り取り、大岩を投石する。

■エンラエンラ【やかん／妖怪】 登場話＝11話　沸騰したネガティブな力を煙のように吐き出す。

■ヤマワラワ【陸上スパイク／妖怪】 登場話＝13話　鍛え上げた肉体が自慢の妖怪アスリートだが、スポーツマンシップのかけらもない卑怯者。

■ヤマビコ【公衆電話／妖怪】 登場話＝14話　肩のプッシュボタンを押して電話をかけると、完璧な声まねでなりすまし、人を騙す。

■フタクチオンナ【眼鏡／妖怪】 登場話＝15話　眼鏡によって相手の弱みをキラリと見抜き、二つの口のあらゆる交渉テクニックで次々捲《まく》し立てる。

■カサバケ【万年筆／妖怪】 登場話＝16話　ペン先から細かい水蒸気を噴霧して、雨を降らせる。

■ウミボウズ【ゴムボート／妖怪】 登場話＝17話　人間が体験した恐怖を幻として生み出す。

■オトロシ【芝刈り機／妖怪】 登場話＝18話　どんなに固い物でも芝のように刈ることができる。

■ヌエ【工具箱／上級妖怪】 登場話＝19話　右腕のアタッチメントを様々な工具に変化させる。

■バク【バッグ／妖怪】 登場話＝21話　人間が描いた将来の夢を食べ、詰め込むことができる。

■ヌリカベ【遮断機／妖怪】 登場話＝22話　巨大な壁をそびえ立たせて囲い込み、分断させる。

■ユキオンナ【かき氷器／妖怪】 登場話＝23話　削りだした氷の粒を吹きつけて、氷漬けにする。

■マタネコ【ストップウォッチ／妖怪】 登場話＝26話　マタネコとして再登場。ストップウォッチ機能しかない。モチーフは猫又。

■**ムジナ【忍者】** 登場話＝31・32話　狢《むじな》が餌を獲《と》るように、相手の良い個性を奪い取る。

■**カラクリキュウビ【悪のオトモ忍】** 登場話＝31・32話　十六夜九衛門《いざよいきゅうえもん》が開発した巨大ロボ。ヒャッカラゲ（戦闘員）が操作するアカイキュウビも46話に登場する。十六夜九衛門自身の最終形態も九尾の狐をモチーフとしている。

■**コナキジジイ【鉄アレイ／上級妖怪】** 登場話＝34話　泣きながら無限に重量を増し続け、地の底へ沈めてしまう。

■**オオムカデ【電源タップ／上級妖怪】** 登場話＝35話　あらゆるコンセントに直接侵入し、どこでも自在に移動する。

■**オボログルマ【巨大妖怪ガシャドクロ／上級妖怪】** 登場話＝36話　巨大なローラーで障害物を踏み潰しながら走り回る無敵の超弩級戦車妖怪。45話には「オボログルマ　マークⅡ」が登場する。

■**モクモクレン【キーボード／妖怪】** 登場話＝37話　インターネット回線からオンラインゲームの世界に侵入する。

■**アミキリ【十徳ナイフ／妖怪】** 登場話＝38話　ハサミをはじめとした様々なツールを全身に収納しており、なんでもチョッキンと切り刻む。

■**ビンボウガミ【クリスマスブーツ／上級妖怪】** 登場話＝40話　貧乏エネルギーでできた指輪をプレゼントし、みすぼらしい姿に変える。

■**シュテンドウジ【牙鬼軍団ののぼり旗／超上級妖怪】** 登場話＝41話　一升瓶金棒を持ち、この中の酒を飲んで酔えば酔うほど強さを増す。

■**ブルブル【スパイダーバイラルコア／妖怪】** 登場話＝テレビスペシャル　相手を恐怖に陥れる妖術と「重加速」（時間の流れが遅く感じ、動きも遅くなる）を使用。『仮面ライダードライブ』とのクロスオーバー作品のため、憑依する物体も『ドライブ』作中の車状のアイテム。

■**ワニュウドウ【クライナー／妖怪】** 登場話＝映画版　幻を操る能力を持つ。『烈車戦隊トッキュウジャー』とのクロスオーバー作品のため、憑依する物体も『トッキュウジャー』作中の敵列車。

妖怪別登場作品一覧

凡例

※妖怪の説明は、千葉幹夫『全国妖怪事典』（小学館、一九九五年）、村上健司『妖怪事典』（毎日新聞社、二〇〇〇年）、鳥山石燕『鳥山石燕　画図百鬼夜行全画集』（角川書店、二〇〇四年）、竹原春泉斎『桃山人夜話～絵本百物語～』（角川書店、二〇〇六年）、柴田宵曲『奇談異聞辞典』（筑摩書房、二〇〇八年）、水木しげる『決定版　日本妖怪大全』（講談社、二〇一四年）、しげおか秀満「妖怪うんちく話～名前の話～」『たわらがた　実験号』（亀山書店、二〇一九年）、伊藤慎吾・氷厘亭氷泉編『列伝体　妖怪学前史』（勉誠出版、二〇二一年）を基に作成した。

あ

■**アオアンドン【青行燈】**　鳥山石燕《とりやませきえん》『今昔百鬼拾遺《こんじゃくひゃっきしゅうい》』で、行燈《あんどん》の後ろに黒髪の鬼女が立っている姿で描かれている。百物語という怪談会では行燈に青い紙を貼った。「鬼を談ずれば、怪にいたる」といわれ、百物語の後に現れる妖怪である。

【作品】　妖ばなし

■**アオニョウボウ【青女房】**　鳥山石燕『今昔画図続百鬼』で、鏡を見る後ろ姿の女性の映ったその顔は醜く描かれている。ぼうぼうの眉と黒々とした歯の女官姿で荒れた古御所《ふるごしょ》に現れると記載がある。

【作品】　行け！牛若小太郎

■**アオボウズ【青坊主】**　青い色をした大坊主。鳥山石燕『画図百鬼夜行』では、一つ目で描かれている。

【作品】行け！牛若小太郎・東海道お化け道中・妖怪大戦争・妖怪大戦争（二〇〇五）・妖怪百物語

■**アカナメ【垢嘗】** 鳥山石燕『画図百鬼夜行』で、足が鉤爪《かぎづめ》状の散切《ざんぎ》り頭《あたま》の小僧が、風呂場の近くで舌を出した姿で描かれている。江戸時代前期の文人・山岡元隣《やまおかげんりん》による『古今百物語評判』には、古い風呂などの積もった塵や垢から化けて、垢をねぶるという「垢ねぶり」が書かれている。

【作品】妖ばなし・妖怪！百鬼夜高等学校

■**アクボウズ【アク坊主】** 囲炉裏《いろり》の灰を掘ると出てくるという秋田県の妖怪。

【作品】妖怪大戦争（二〇〇五）

■**アズキアライ【小豆洗い】** 全国に分布している川などの水辺で姿は見えないが、小豆《あずき》を洗うような音をたてる妖怪。竹原春泉斎《たけはらしゅんせんさい》『絵本百物語』でも描かれている。

【作品】ぐるぐるメダマン・地獄先生ぬ〜べ〜・忍者戦隊カクレンジャー・妖怪シェアハウス（2）・妖怪大戦争（二〇〇五）・妖怪大戦争ガーディアンズ・妖怪！百鬼夜高等学校

■**アブラスマシ【油すまし】** 柳田國男「妖怪名彙」で紹介された妖怪。熊本県天草郡の草隅越《くさずみごえ》で昔油瓶《あぶらびん》を下げたものが出たという話をしていると「今も出るぞ」と言って現れたという。姿形は不明である。

【作品】侍戦隊シンケンジャー・新諸国物語笛吹童子・妖怪大戦争・妖怪大戦争（二〇〇五）・妖怪大戦争ガーディアンズ・妖怪百物語・妖怪！百鬼夜高等学校

■**アマノジャク【天邪鬼】** 昔話や伝説・仏教説話などに登場する妖怪。口まねや物まね、人の意に反する行動をするなどひねくれ者として描かれることが多い。

【作品】行け！牛若小太郎・大江戸もののけ物語・ぐるぐるメダマン・超神ビビューン・忍者戦隊カクレンジャー・妖怪大戦争ガーディアンズ・妖怪伝説ＷＡＲＡＳＨＩ！

■**アマビエ** 熊本県の海中に現れ、豊作と流行病の予言をして、自分姿を描き写すように伝えて、海中に消えた。弘化《こうか》三年（一八四六）四月と記された瓦版に見られる。長い髪と尖った口、身体は鱗で覆われ、三本足の姿で描かれている。

【作品】妖ばなし・魔進戦隊キラメイジャーＶＳリュウソ

ウジャー・妖怪シェアハウス（1・映画版）

■**アミキリ【網剪】**鳥山石燕『画図百鬼夜行』では、エビのような姿で描かれている。

【作品】仮面ライダー響鬼・ゲゲゲの鬼太郎（ドラマ1）・侍戦隊シンケンジャー・手裏剣戦隊ニンニンジャー・忍者戦隊カクレンジャー

■**アメフリコゾウ【雨降り小僧】**鳥山石燕『今昔画図続百鬼』では、和傘を頭に被った姿で描かれている。雨の神の使いとされる。

【作品】妖怪大戦争（二〇〇五）・妖怪大戦争ガーディアンズ

■**イチモクレン【一目連】**三重県の多度《たど》大社《たいしゃ》の別宮の一目連神社の祭神・天目一箇神《あめのまひとつのかみ》と同一視される片目が潰れた龍神。神社を出て暴れると暴風が起きるという。

【作品】地獄少女（テレビ・映画）

■**イッタンモメン【一反木綿】**柳田國男「妖怪名彙」で紹介された妖怪。鹿児島県肝属郡《きもつきぐん》で一反（長さ約一〇メートル）の布がひらひらと飛び、夜間に人を襲うという。

【作品】仮面ライダー響鬼・ゲゲゲの鬼太郎（映画1・映画2・ドラマ1・ドラマ2）・ゴーストブックおばけずかん・侍戦隊シンケンジャー・手裏剣戦隊ニンニンジャー・忍者戦隊カクレンジャー・妖怪大戦争（二〇〇五）・妖怪大戦争ガーディアンズ・妖怪！百鬼夜高等学校

■**イッポンダタラ【一本だたら】**紀伊半島の山中で「果ての二〇日」（一二月二〇日）に現れる一本足の妖怪。奈良県の伯母ヶ峰《おばがみね》付近の一本足は猪《いのしし》の霊（猪笹《いざさ》王《おう》）が化けた鬼神でこれも一本だたらと呼ぶこともある。

【作品】妖怪大戦争（二〇〇五）・妖怪大戦争ガーディアンズ

■**イヌガミ【犬神】**中国・四国・九州地方に分布する憑物。鳥山石燕『画図百鬼夜行』では頭部が犬の御幣《ごへい》を持った神職のような姿で描かれている。

【作品】妖ばなし・行け！牛若小太郎・高速戦隊ターボレンジャー・しゃばけ・妖怪大戦争（二〇〇五）

■**イヤヤ【否哉】**鳥山石燕『今昔百鬼拾遺』で、水辺に立つ後ろ姿の女性で水面に映った顔は醜い鬼のような形相で描かれている。

【作品】妖怪大戦争（二〇〇五）

■**ウシオニ【牛鬼】**西日本広域の淵や海などの水辺

に現れる妖怪。獰猛で人畜に害をなすものが多い。佐脇嵩之《さわきすうし》『百怪図巻』などの絵巻では牛の首で蜘《く》蛛《も》の胴体を持つ姿で描かれることが多い。

【作品】妖ばなし・行け!牛若小太郎・ウルトラマンマックス・仮面ライダーディケイド・侍戦隊シンケンジャー・忍者戦隊カクレンジャー・妖怪大戦争・妖怪大戦争ガーディアンズ・妖怪伝説WARASHI!・妖怪百物語・妖怪!百鬼夜高等学校

■ウシロガミ【後神】鳥山石燕『今昔百鬼拾遺』で、木の洞から一つ目の幽霊が飛び出しているように描かれている。臆病神の一種で人の後髪を引くという。

【作品】行け!牛若小太郎

■ウバガビ【姥火】江戸時代中期の俳人・菊岡米山《きくおかべいざん》(沾涼《せんりょう》)による『諸国里人談《しょこくりじんだん》』などで大阪府の枚岡《ひらおか》神社に現れた怪火として書かれる。灯油を盗んだ老婆が死んでこの火になったという。鳥山石燕『画図百鬼夜行』では、火に老婆の顔が浮かんだ姿で描かれている。

【作品】妖怪大戦争(二〇〇五)・妖怪大戦争ガーディアンズ・妖怪百物語

■ウブメ【姑獲鳥・産女】説話や随筆、全国に伝承が分布する妖怪。難産で亡くなった女性の霊が、道や川べりなどで子どもを抱いてくれとせがむ。

【作品】行け!牛若小太郎・ウルトラマンダイナ・仮面ライダー響鬼・妖怪大戦争(二〇〇五)・妖怪大戦争ガーディアンズ

■ウミカブロ【海禿】新潟県佐渡島《さどがしま》の両津港《りょうつこう》でよく人を騙《だま》したという。正体はラッコだといわれる。

【作品】快傑ライオン丸

■ウミボウズ【海坊主】全国に伝承が分布する妖怪。随筆などにも書かれ、多くが海に現れる大入道として書かれる。船を沈没させたり、人を海中に引き込むなど不吉な存在である。

【作品】ぐるぐるメダマン・手裏剣戦隊ニンニンジャー・鉄人タイガーセブン・忍者戦隊カクレンジャー・マグマ大使・妖怪大戦争・妖怪!百鬼夜高等学校

■ウワン【うわん】鳥山石燕『画図百鬼夜行』で、人型の妖怪が、三本指の両手を上げて、大きな口を開いている姿で描かれているが、解説は添えられていないので、どのような妖怪であるかは不明。

【作品】行け！牛若小太郎・仮面ライダー響鬼・侍戦隊シンケンジャー

■**ウンガイキョウ【雲外鏡】** 鳥山石燕『画図百器徒然袋』で、舌を出した顔が映った鏡として描かれている。化け物の正体を見破る照魔鏡《しょうまきょう》のことが解説に書かれている。

【作品】妖ばなし・地獄先生ぬ～べ～・手裏剣戦隊ニンニンジャー・妖怪大戦争・妖怪大戦争（二〇〇五）・妖怪大戦争ガーディアンズ

■**エンエンラ【煙々羅】** 鳥山石燕『今昔百鬼拾遺』で顔がついた煙が踊っているような姿で描かれている。水木しげるは煙羅煙羅（エンラエンラ）という名称で紹介している。

【作品】侍戦隊シンケンジャー・手裏剣戦隊ニンニンジャー・忍者戦隊カクレンジャー

■**オイテケボリ【置いてけ掘】** 本所《ほんじょ》（東京都墨田区）に江戸時代から伝承される本所七不思議のひとつ。釣りをしているとどこからともなく、「置いてけ、置いてけ」と声がして、釣った魚がいつの間にかいなくなってしまうという。柳田國男「妖怪名彙」では川越にもあるという。

【作品】妖ばなし・妖怪百物語

■**オオカムロ【大かむろ】** 速水春暁斎《はやみしゅんぎょうさい》『絵本小夜《えほんさよ》時雨《しぐれ》』「古狸人を驚す」の狸が化けた巨大な顔を水木しげるは大かむろとして紹介したが、本文にその名前はない。また、鳥山石燕『今昔画図続百鬼』の大禿（オオカブロ）とは関連性がない。

【作品】ゲゲゲの鬼太郎（ドラマ1）・侍戦隊シンケンジャー

■**オオクビ【大首】** 鳥山石燕『今昔画図続百鬼』で、お歯黒をつけ舌を出した大きな女性の顔が描かれている。随筆や怪談などにも大きな首との遭遇譚が見られる。

【作品】妖ばなし・妖怪大戦争（二〇〇五）・妖怪大戦争ガーディアンズ・妖怪百物語

■**オオナマズ【大鯰】** 地中に棲息し、身体を動かすことで地震が発生するとされる。※ナマズ型の怪人・怪獣は多く存在するが、オオナマズの地震の性質のあるものに限定した。

【作品】アクマイザー3・仮面ライダー響鬼・スパイダー

マン・スペクトルマン・大戦隊ゴーグルV

■オオニュウドウ【大入道】全国に伝承が分布する妖怪。黒い影のようなものや僧形のものなど伝承によって姿形は様々である。※見上げると大きくなるという見上げ入道や見越し入道もここに含める。

【作品】妖ばなし・ゲゲゲの鬼太郎（映画1）・しゃばけ・忍者戦隊カクレンジャー・妖怪大戦争（二〇〇五）

■オオムカデ【大百足】人に害をなす、巨大なムカデ。俵藤太《たわらのとうた》（藤原秀郷《ふじわらのひでさと》）の退治伝説が有名である。

【作品】忍者戦隊カクレンジャー・手裏剣戦隊ニンニンジャー

■オシロイババ【白粉婆】奈良県や石川県で大きな笠を被り、雪の世に酒を買いに行く雪女に近い妖怪。鳥山石燕『今昔百鬼拾遺』でも雪道を杖を突きながら、破れた笠を被り、徳利を持った老婆のの姿で描かれている。

【作品】東海道お化け道中・妖怪大戦争・妖怪大戦争（二〇〇五）・妖怪百物語

■オトロシ【おとろし】鳥山石燕『画図百鬼夜行』で鳥居の上に長い髪の大きな鬼のような顔が描かれている。不信心な者が鳥居を通ると上から落ちてくるという話は昭和期以降の創作である。

【作品】仮面ライダー響鬼・侍戦隊シンケンジャー・手裏剣戦隊ニンニンジャー・妖怪大戦争（二〇〇五）・妖怪百物語

■オニ【鬼】※イバラキドウジ【茨木童子】・ウラ【温羅】含む　昔話・伝承など広く知られた妖怪。江戸時代には現在の頭に牛の角、腰に虎の皮をまとった姿で描かれるようになる。雷神の要素に取り入れられることも多い。女性型の鬼婆・鬼女・般若や鬼の頭目とされる温羅《うら》や酒呑童子《しゅてんどうじ》、酒呑童子の配下とされる茨木童子《いばらきどうじ》など種類も多い。

【作品】アクマイザー3・行け!牛若小太郎・宇宙からのメッセージ銀河大戦・ウルトラマンA・ウルトラマンタイガ・ウルトラマンティガ・ウルトラマントリガー・ウルトラマンレオ・快傑ライオン丸・河童の三平　妖怪大作戦・仮面ライダー電王・仮面ライダー響鬼・キカイダー01・兄弟拳バイクロッサー・ぐるぐるメダマン・高速戦隊ターボレンジャー・さくや妖怪伝・地獄先生ぬ～べ～・星雲仮面マ

シンマン・世界忍者戦ジライヤ・超神ビビューン・電子戦隊デンジマン・百獣戦隊ガオレンジャー・妖怪大戦争（二〇〇五）・妖怪大戦争ガーディアンズ・妖怪！百鬼夜高等学校

■オニババ【鬼婆】 怨念などで鬼と化した老婆。安《あ》達《だち》ケ《が》原《はら》の鬼婆の伝説が有名である。この伝説を基に能の『黒塚《くろづか》』などが作られた。包丁で人を襲う昔話などのイメージもこの時点で生まれている。

【作品】悪魔くん・行け！牛若小太郎・ウルトラマンタロウ

■オニビ【鬼火】 一般的には青い怪火を指すことが多い。人や牛馬の血が年を経たもので特に雨天の夜に現れるといわれる。

【作品】仮面ライダーV3・超神ビビューン・忍者キャプター・変身忍者嵐

■オニヒトクチ【鬼一口】 鳥山石燕『今昔百鬼拾遺』で鬼の大きな口が描かれている。口から女性の着物が出ていることから一口で人が食べられていることが想像できる。『伊勢物語』の話からの着想である。

【作品】行け！牛若小太郎

■オハグロベッタリ【お歯黒べったり】 竹原春泉斎『絵本百物語』で歯黒《はぐろ》べったりとして目鼻はないが、お歯黒をつけた口だけがある女性が描かれている。頭には角隠しを被っている。のっぺらぼうの一種。

【作品】妖怪シェアハウス（2）・妖怪大戦争（二〇〇五）

■オボ 新潟県南魚沼郡《みなみうおぬまぐん》で墓を暴き、死骸の脳髄を食べる怪獣。また、群馬県利《と》根《ね》郡《ぐん》柿平《かきだいら》ではイタチの化けたようなもので、足にからまって歩けなくさせるものだという。

【作品】快傑ライオン丸

■オボログルマ【朧車】 鳥山石燕『今昔百鬼拾遺』で牛車に大きな顔が浮き出た姿で描かれている。牛車が祭礼などで場所を取り合う車争《くるまあらそ》いの遺恨が妖怪になったもの。

【作品】行け！牛若小太郎・侍戦隊シンケンジャー・手裏剣戦隊ニンニンジャー・忍者戦隊カクレンジャー

■オンモラキ【陰摩羅鬼】 新しい死体の気が変化したものを陰摩羅鬼という。姿は鶴のようで黒く、羽を震わせて高い声で鳴くという。鳥山石燕『今昔画図続百鬼』では火を吐く怪鳥が描かれている。

【作品】侍戦隊シンケンジャー・地獄先生ぬ～べ～・妖怪大戦争・妖怪百物語

か

■**ガキ【餓鬼】**仏教の六道の一つ餓鬼道に落ちた亡者。常に飢えており、これに憑かれることを餓鬼憑きという。

【作品】侍戦隊シンケンジャー・忍者戦隊カクレンジャー・妖怪伝説WARASHI!

■**カキオトコ【柿男】**たわわに実った柿を見て、食べたいと思っていると夜中に真っ赤な顔の男が現れ、俺の尻を串でほじり嘗《な》めろという。ほじって嘗めるととても甘い味がしたという話がある。

【作品】妖怪大戦争（二〇〇五）

■**カゲオンナ【影女】**鳥山石燕『今昔百鬼拾遺』で障子に映る逆立ちをした幽霊のような影で描かれている。

【作品】妖ばなし

■**カサバケ【傘化け】**カラカサオバケなどの異称もある文字通り傘のお化け。基本的な姿は一つ目の傘に両腕が生えて一本足でピョンピョンと跳ねる。

【作品】アクマイザー3・妖ばなし・行け!牛若小太郎・ゲゲゲの鬼太郎（映画1）・さくや妖怪伝・侍戦隊シンケンジャー・手裏剣戦隊ニンニンジャー・白獅子仮面・超神ビビューン・忍者キャプター・忍者戦隊カクレンジャー・妖怪大戦争・妖怪大戦争（二〇〇五）・妖怪大戦争ガーディアンズ・妖怪百物語・妖怪!百鬼夜高等学校

■**カジガババ【鍛冶が媼】**狼に襲われた人間が樹の上に逃げると梯子《はしご》状に重なって襲ってくる千匹狼の類型。竹原春泉斎『絵本百物語』でも肩車をした狼の上にその親玉である老婆が描かれている。

【作品】妖ばなし・妖怪大戦争（二〇〇五）

■**カシャ【火車】**全国に伝承が分布する妖怪。葬式で死体を奪うという。その正体は猫ともいわれ、語源は地獄の獄卒《ごくそつ》が引く火の車から。

【作品】妖ばなし・行け!牛若小太郎・仮面ライダー響鬼・侍戦隊シンケンジャー・手裏剣戦隊ニンニンジャー・忍者戦隊カクレンジャー

■**ガシャドクロ【がしゃどくろ】**野原でのたれ死に

した人の髑髏《どくろ》が集まった巨大な骸骨。歩く度にガチガチと音をたてる。ＳＦ作家斎藤守弘《さいとうもりひろ》が『別冊少女フレンド』一九六六年一一月号で紹介した妖怪。

【作品】妖ばなし・行け!牛若小太郎・ゲゲゲの鬼太郎（映画2）・手裏剣戦隊ニンニンジャー・忍者戦隊カクレンジャー

■カッパ【河童】 全国に伝承が分布する妖怪。全国各地で名称や姿形も異なるが、主に水辺で関東の河童と同系統の妖怪を河童とする傾向がある。頭に皿があり、背中に甲羅《こうら》、鳥のようなクチバシを持つ姿形が現在では一般的である。

【作品】アクマイザー3・妖ばなし・行け!牛若小太郎・行け!ゴッドマン・行け!グリーンマン・ウルトラセブン・ウルトラマンＡ・ウルトラマンコスモス・大江戸もののけ物語・快傑ライオン丸・快獣ブースカ・河童・河童の三平妖怪大作戦・仮面ライダー（スカイライダー）・仮面ライダー響鬼・キカイダー01・救急戦隊ゴーゴーファイブ・ゲゲゲの鬼太郎（ドラマ2）・さくや妖怪伝・手裏剣戦隊ニンニンジャー・白獅子仮面・スーパーロボット・マッハバロン・大戦隊ゴーグルV・超神ビビューン・DESTINY鎌倉ものがたり・デスカッパ・鉄人タイガーセブン・天装戦隊ゴセイジャー・忍者戦隊カクレンジャー・妖怪シェアハウス（2・映画版）・妖怪大戦争・妖怪大戦争（二〇〇五）・妖怪大戦争ガーディアンズ・妖怪伝説WARASHI!!・妖怪天国・妖怪百物語・妖怪!百鬼夜高等学校

■カネダマ【金霊】 ※カネンヌシ【金ん主】含む　鳥山石燕『今昔画図続百鬼』で土蔵《どぞう》に大量の大判小判が入り込んでいる情景が描かれている。良いことをすれば、天より福がくるということを表している。熊本県天草郡で大晦日《おおみそか》に現れ、力比べをして勝つと大金持ちにしてくれる。金ん主も金霊の類と考えられる。

【作品】妖ばなし・行け!牛若小太郎・超神ビビューン・忍者戦隊カクレンジャー

■ガマ【蝦蟇】 大きな蛙の妖怪。竹原春泉斎『絵本百物語』では「周防《すおう》の大蟆《おおがま》」として槍を持った姿で描かれている。口から虹のような気を吐いて、鳥や虫、蛇などを食べる。これは蛙が長い舌で虫などを捕食する姿からの連想であろう。

【作品】アクマイザー3・快傑ライオン丸・河童の三平妖怪大作戦・仮面の忍者赤影・スペクトルマン・超神ビビューン・鉄人タイガーセブン・電子戦隊デンジマン・忍者キャプター・妖怪大戦争（二〇〇五）

■**カマイタチ【鎌鼬・窮奇】** 全国に伝承が分布する妖怪。旋風に乗って人を切りつける。飛騨《ひだ》では、三匹で現れ、一匹が人を倒し、一匹が切りつけ、一匹が薬を塗るので、出血しないという。鳥山石燕『画図百鬼夜行』では、旋風に乗った手が鎌状の鼬として描かれている。

【作品】アクマイザー3・妖ばなし・ウルトラマンオーブ・怪奇大作戦・怪奇大作戦ミステリー・ファイル・仮面ライダー響鬼・侍戦隊シンケンジャー・手裏剣戦隊ニンニンジャー・忍者キャプター・忍者戦隊カクレンジャー・変身忍者嵐・妖怪奇談・妖怪伝説WARASHI!・妖怪!百鬼夜高等学校

■**カミオニ【髪鬼】** 鳥山石燕『画図百器徒然袋』で髪が角のように逆立つ後ろ姿の女性が描かれている。

【作品】行け!牛若小太郎

■**カミキリ【髪切り】** 髪の毛が知らないうちに切られてしまう怪異。『諸国里人談』や江戸時代中期の旗本・根岸鎮衛《ねぎしやすもり》による怪談集『耳袋《みみぶくろ》』などの随筆にも書かれている。

【作品】妖怪大戦争（二〇〇五）・妖怪大戦争ガーディアンズ

■**カミマイ【紙舞】** 風もないのに紙が舞い飛ぶ怪異。江戸時代中期の三次《みよし》（広島県）を舞台とした『稲生物怪録《いのうぶっかいろく》』の中でちり紙が舞い飛ぶ話があり、藤澤衛彦《ふじさわもりひこ》『妖怪画談全集　日本篇上』で取り扱い、これに紙舞と名前を当てているが、『稲生物怪録』の怪異に紙舞という名前はついていない。

【作品】行け!牛若小太郎

■**カメオサ【瓶長】** 鳥山石燕『画図百器徒然袋』で水が飛び出ている水瓶に顔が描かれている。

【作品】侍戦隊シンケンジャー・妖怪大戦争（二〇〇五）

■**カワウソ【獺・川獺】** 狐や狸などと同様に変化するとされる動物。随筆や怪談などにも怪しい動物として書かれる。石川県や高知県などでは、河童の類としても見られる。

【作品】快盗戦隊ルパンレンジャーVS警察戦隊パトレン

ジャー・しゃばけ・変身忍者嵐・妖怪大戦争ガーディアンズ

■**カワサル【川猿】** 静岡県での河童の類の妖怪。馬がこれに会うと倒れて死んでしまう。子どもに化けるが、魚の匂いがする。

【作品】ゲゲゲの鬼太郎（ドラマ2）

■**カワヒメ【川姫】** 福岡県などで伝わる水辺の妖怪。水車小屋などで若者が集まっているとその陰《かげ》に美女が立っている。川姫に心を奪われると精気を抜かれてしまう。

【作品】妖ばなし・妖怪大戦争（二〇〇五）

■**ガンギコゾウ【岸涯小僧】** 鳥山石燕『今昔百鬼拾遺』で全身が毛に覆われた河童のような姿で描かれている。川辺にいて、魚をとり喰らい、やすりのような歯を持っていると細かく書かれているが、岸涯小僧の伝承は発見されていない。

【作品】妖ばなし・行け！牛若小太郎

■**キジムナー** 沖縄県での河童の類の妖怪。ガジュマルなどの古木の精で、赤い顔をした子どものような姿をしている。

【作品】妖怪大戦争ガーディアンズ

■**キジョ【鬼女】** 怨念などで鬼と化した女性。謡曲『紅葉狩《もみじがり》』の鬼女紅葉などの芸能や昔話や伝説など多く登場する。

【作品】イナズマンF・ウルトラマンA・ウルトラマンレオ・河童の三平　妖怪大作戦・キカイダー01・妖怪大戦争ガーディアンズ・妖怪伝説WARASHI！

■**キュウビノキツネ【九尾の狐】** インド・中国で国王の心を奪い、悪政で国を滅ぼした悪狐。日本でも玉藻前と名乗り、鳥羽《とば》上皇に近づくが、正体を見破られ下野国《しもつけのくに》那須《なす》野に逃れたところを退治される。そして、その怨念から毒気を放つ殺生石《せっしょうせき》となったという。中国では、もともと縁起の良い瑞獣・神獣とされていた。

【作品】ウルトラマンタロウ・仮面ライダーギーツ・さくや妖怪伝・獣拳戦隊ゲキレンジャー・手裏剣戦隊ニンニンジャー・忍者戦隊カクレンジャー

■**キョウコツ【狂骨】** 鳥山石燕『今昔百鬼拾遺』で井戸から出た釣瓶《つるべ》から幽霊のような姿の骸骨《がいこつ》が描かれている。

【作品】地獄先生ぬ〜べ〜・侍戦隊シンケンジャー・東海

道お化け道中・妖怪大戦争・妖怪百物語

■**キョウリンリン【経凛々】** 鳥山石燕『画図百器徒然袋』で蛇のような鳥のような経文の集合体がりんとりん棒を持った姿が描かれている。空海《くうかい》に法力比べで敗れた僧侶守敏《しゅびん》の読み捨てられた経文が変化したもの。

【作品】 妖ばなし

■**キヨヒメ【清姫】** 僧侶安珍《あんちん》に思いを寄せた清姫は裏切られた怨みから蛇体に変化し、逃げる安珍を執拗に追いかけ、和歌山県の道成寺《どうじょうじ》で鐘ごと焼き殺した。

【作品】 妖ばなし

■**クダン【件】** 中国・四国・九州などで人面牛体の姿で産まれ、予言をしてすぐに死んでしまうという。災害や疫病の流行などを予言し、外れることはないという。

【作品】 妖ばなし・妖怪大戦争（二〇〇五）

■**クビレオニ【縊鬼】** 人に取り憑き、首をくくらせるとされる妖怪。江戸時代後期に鈴木桃野《すずきとうや》によって書かれた『反古《ほご》のうらがき』などでイツキとして書かれており、石川鴻斎《いしかわこうさい》の『夜窓奇談《やそうきだん》』で描かれた恐ろしい形相の姿が有名である。

【作品】 妖ばなし

■**クラボッコ【倉ぼっこ】** 岩手県遠野《とおの》に伝わる座敷童の一種。

【作品】 妖怪大戦争（二〇〇五）

■**ケウケゲン【毛羽毛現】** 鳥山石燕『今昔百鬼拾遺』で毛むくじゃらの姿で描かれている。日当たりの悪い場所に住み、これが住み着くと病人が出るという解説があるが、後年の創作である。

【作品】 さくや妖怪伝・忍者戦隊カクレンジャー

■**ケサランパサラン** 主に東北地方で見られる幸せが訪れるという毛玉。桐箱に入れて、白粉《おしろい》を与えて大事にすると稀に増える。一年に一度しか見てはいけないといい、それを破ると不幸になるともいう。

【作品】 天装戦隊ゴセイジャー

■**ケジョウロウ【毛倡妓・毛女郎】** 鳥山石燕『今昔画図続百鬼』で顔が見えないほどの長い髪の女郎の姿で描かれている。知り合いの女性かと思い、声をかけたら、顔が見えないほどの長髪だったという話が添えられている。

【作品】妖ばなし・東海道お化け道中・妖怪大戦争・妖怪大戦争（二〇〇五）・妖怪百物語

■**ケラケラオンナ【倩兮女】** 鳥山石燕『今昔百鬼拾遺』で塀を越すような巨大な女性が口に手を添えて笑っている姿で描かれている。多くの人を弄《もてあそ》んだ淫婦の霊との解説も添えられている。

【作品】妖ばなし

■**コソコソイワ【こそこそ岩】** 柳田國男「妖怪名彙」で紹介された妖怪。岡山県御津《みつ》群《ぐん》加茂《かも》川町《がわちょう》で、夜その側を通るとコソコソという音がしたという。

【作品】妖ばなし

■**コソデノテ【小袖の手】** 鳥山石燕『今昔百鬼拾遺』で小袖から細長い手が伸びている姿で描かれている。亡くなった女性の念が小袖にのりうつったものと思われる。

【作品】妖ばなし・侍戦隊シンケンジャー

■**コダマ【木霊・木魂】** 木の精霊。山や谷での反射で起きるやまびこの現象はこれの仕業とされることもある。

【作品】河童の三平　妖怪大作戦・仮面ライダー響鬼・ゲゲゲの鬼太郎（映画2）・侍戦隊シンケンジャー・超神ビビューン・妖怪大戦争（二〇〇五）

■**コナキジジ【児啼爺】** 柳田國男「妖怪名彙」で紹介された妖怪。徳島県の山間部で形は爺だが、赤ん坊の泣き声を出す。かわいそうに思って、人が抱き上げるとだんだんと重くなり、そのまま離さずに人の命を奪う。

【作品】行け！牛若小太郎・ゲゲゲの鬼太郎（映画1・映画2・ドラマ1・ドラマ2）・侍戦隊シンケンジャー・手裏剣戦隊ニンニンジャー・忍者戦隊カクレンジャー・妖怪大戦争ガーディアンズ

■**コロポックル** アイヌ語で蕗《ふき》の下に住む人という意味。アイヌ伝承に登場する北海道に住んでいたという小人の一族。

【作品】妖怪大戦争（二〇〇五）

さ

■**サカバシラ【逆柱】** 家を建てるときに柱を逆さに立てると災害や不吉なことが起こるという。

【作品】行け！牛若小太郎・超神ビビューン

■**サザエオニ【栄螺鬼】** 鳥山石燕『画図百器徒然袋』でサザエの貝殻の部分から腕が生えた身体が出て、蓋《ふた》の部分に顔が描かれている。栄螺《さざえ》も年がたつと鬼になるというもの。

【作品】侍戦隊シンケンジャー

■**ザシキワラシ【座敷童子】** 岩手県を中心に、主に東北地方に伝承する妖怪。文字通り子どもの姿で、これが住み着くと家が繁栄するが、いなくなると没落するという。

【作品】忍者戦隊カクレンジャー・妖怪シェアハウス（1・2・映画版）・妖怪大戦争ガーディアンズ・妖怪伝説WARASHI!!

■**サトリ【覚】** 広く民話などに登場する妖怪。人の心を読んで、隙あらば食おうとする。囲炉裏で弾けた薪《まき》がぶつかって、思わぬことをすると逃げるという話が多い。

【作品】妖ばなし・行け！牛若小太郎・仮面ライダー響鬼・ゲゲゲの鬼太郎（映画2）・侍戦隊シンケンジャー地獄先生ぬ～べ～

■**サンセイ【山精】** 山の精。鳥山石燕『今昔画図続百鬼』でかかとの向きが前後逆の一本足の姿で描かれている。塩を盗んだり、蟹《かに》などを食べたりするという。

【作品】行け！牛若小太郎

■**サンモトゴロウザエモン【山本五郎左衛門・山ン本五郎左衛門】** 『稲生物怪録』に登場する妖怪を従える魔王。三〇日にわたり稲生平太郎《いのうへいたろう》を驚かすため様々な怪異を起こした。

【作品】妖ばなし・妖怪大戦争（二〇〇五）

■**シバテン【芝天】** 高知県や徳島県の川の堤などに現れる子どものような姿のもの。芝天狗ともいうが河童に近い。

【作品】妖怪大戦争ガーディアンズ

■**ジャコツババ【蛇骨婆】** 鳥山石燕『今昔百鬼拾遺』で蛇を身体に巻きつけた姿として描かれている。

【作品】ゲゲゲの鬼太郎（映画2）・東海道お化け道中

■**シュテンドウジ【酒呑童子・酒顚童子】**京都の大《おお》江山《えやま》に巣食っていた鬼の頭領。京の町から人をさらって食べ、恐れられていたので、源頼光《みなもとのよりみつ》と四天王（渡辺綱《わたなべのつな》・坂田金時《さかたのきんとき》・碓井貞光《うすいのさだみつ》・卜部季武《うらべのすえたけ》）によって退治された。

【作品】手裏剣戦隊ニンニンジャー・忍者戦隊カクレンジャー・百獣戦隊ガオレンジャー・妖怪シェアハウス（1・2・映画版）・妖怪大戦争ガーディアンズ

■**シュノバン【朱の盤】**『諸国百物語』や三坂大弥太《みさかだいやた》の『老媼茶話』などで見られる妖怪。赤い顔をした坊主姿で舌長婆と人を襲う話と、赤い角の生えた鬼のような形相の化け物に遭遇し、逃げる先々で、その妖怪のことを尋ねた人々がその化け物の顔になったという話がある。

【作品】ゲゲゲの鬼太郎（ドラマ2）

■**ショウケラ【しょうけら】**鳥山石燕『画図百鬼夜行』で、天窓をのぞいている全身黒い化け物の姿で描かれている。体内にいて、六〇日ごとの庚申《こうしん》の日に人の悪さを天帝に告げるので、これを体外に出さないように仲間で集まって眠らずに過ごす。

【作品】行け！牛若小太郎・透明剣士

■**ショウジョウ【猩々】**髪は赤く、人に似た猿のような姿で、酒を好む。鳥取県の麒麟獅子舞《きりんじしまい》という祭事では、麒麟獅子を誘導する役も担っている。

【作品】侍戦隊シンケンジャー・Supernatural シーズン7（米ドラマ）・妖怪大戦争（二〇〇五）・妖怪大戦争ガーディアンズ

■**ジョロウグモ【絡新婦・女郎蜘蛛】**女性に化けて人をたぶらかす蜘蛛の妖怪。『太平百物語』や『宿直草』などの文献などで見られる。鳥山石燕『画図百鬼夜行』でも女性のような大きな蜘蛛と火を吐いている小さな蜘蛛が描かれている。

【作品】アクマイザー3・妖ばなし・さくや妖怪伝・超神ビビューン・妖怪シェアハウス（2）・妖怪大戦争（二〇〇五）

■**シリメ【尻目】**与謝蕪村《よさぶそん》『蕪村妖怪絵巻』ではぬっぽり坊主とされ、京都の帷子辻《かたびらがつじ》で現れる尻に目がある全裸ののっぺらぼうの姿で描かれている。尻の目は雷のように光るという。

【作品】妖怪！百鬼夜高等学校

■**シロウネリ【白容裔】**鳥山石燕『画図百器徒然袋』

でボロボロの龍のような姿で描かれている。古い布巾が化けた妖怪。
【作品】忍者戦隊カクレンジャー

■**シンノアクゴロウ【神野悪五郎・神ン野悪五郎】**『稲生物怪録』に登場する妖怪の山本五郎左衛門《さんもとごろうざえもん》がその名を語った魔王。
【作品】妖怪大戦争（二〇〇五）

■**スイコ【水虎】**中国の水辺の妖怪。子どものような姿で矢も刺さらない鱗に覆われた身体を持ち、膝頭は虎の爪に似ている。青森県などの水神・河童の類をシッコ様や水虎様と呼ぶが、別物である。
【作品】侍戦隊シンケンジャー・超神ビビューン

■**スカベ【すか屁】**顔が老婆のような黒い身体の化け物が屁をしている姿で描かれている。クダン、クタベなどの予言をする妖怪の刷物のパロディとして、おなら病の流行を予言している。
【作品】妖怪！百鬼夜高等学校

■**スズヒコヒメ【鈴彦姫】**鳥山石燕『画図百器徒然袋』で鈴のような顔の女性の姿で描かれている。
【作品】しゃばけ

■**スナカケババ【砂掛け婆】**柳田國男「妖怪名彙」で紹介された妖怪。奈良県や兵庫県などで伝わる。神社などの寂しい森の陰を通ると砂をパラパラと振りかける。姿を見た人はいない。
【作品】河童の三平　妖怪大作戦・ゲゲゲの鬼太郎（映画1・映画2・ドラマ1・ドラマ2）・忍者戦隊カクレンジャー・妖怪大戦争（二〇〇五）・妖怪大戦争ガーディアンズ・妖怪！百鬼夜高等学校

■**スネコスリ【脛擦り】**柳田國男「妖怪名彙」で紹介された妖怪。岡山県小田郡《おだぐん》で伝わる。雨の降る晩に人の足の間を擦って通る犬のようなもの。
【作品】妖怪大戦争（二〇〇五）・妖怪大戦争ガーディアンズ

■**セトダイショウ【瀬戸大将】**鳥山石燕『画図百器徒然袋』で瀬戸物が組み合わさった武人のような姿で描かれている。三国志の関羽《かんう》をイメージしている。
【作品】妖怪大戦争（二〇〇五）・妖怪大戦争ガーディアンズ

■**ソウゲンビ【叢原火・宗源火】**天和三年（一六八三）に刊行された浮世草子『新御伽婢子《しんおとぎぼうこ》』で賽銭《さいせん》や灯油を盗んでいた京都壬生寺《みぶでら》の僧侶が、死後に怪火となって現れたことが書かれている。鳥山石燕『画図百鬼夜行』では、火に髭面《ひげづら》の男性の顔が浮かんだ姿で描かれている。

【作品】 行け！牛若小太郎

■**ソデヒキコゾウ【袖引き小僧】** 柳田國男「妖怪名彙」で紹介された妖怪。埼玉県西部で道を歩いていると後ろから袖を引くものがあるが、振り返ると誰もないということが繰り返されるという。

【作品】 妖ばなし・行け！牛若小太郎・妖怪大戦争（二〇〇五）

■**ソロバンボウズ【算盤坊主】** 柳田國男「妖怪名彙」で紹介された妖怪。京都府亀岡市の西光寺《さいこうじ》のあたりを夜中に歩いていると、木の下に現れて算盤《そろばん》を弾くような音をさせるという。

【作品】 妖怪！百鬼夜高等学校

た

■**ダイダラボッチ**　日本全国に広く分布する巨人。各地に山や塚、湖などを作ったという伝説が残る。富士山は、ダイダラボッチが滋賀県から土を運んで作られたもので、土を掘った跡が琵琶湖になったという話もある。

【作品】 妖ばなし・ウルトラマンA・手裏剣戦隊ニンニンジャー・忍者戦隊カクレンジャー

■**タクロウビ**　柳田國男「妖怪名彙」でもタクラウビとして紹介される怪火。広島県御調郡《みつぎぐん》の海上で二つの火が現れるという。

【作品】 妖怪大戦争（二〇〇五）

■**タケキリダヌキ【竹伐り狸】** 柳田國男「妖怪名彙」で紹介された妖怪。京都府亀岡市で夜になると竹を伐る音がする。最初はちょんちょんと小枝を払う音がして、やがて株まで伐ってざざと倒れる音がするが、翌朝見ると何もない。

【作品】 ゲゲゲの鬼太郎（映画2）

■**チョウチンオバケ【提灯お化け】** ※バケチョウチン【化け提灯】含む　提灯が化けたもので子ども向けの本やカルタなどで見かけるが、具体的な伝承はない。

【作品】 さくや妖怪伝・侍戦隊シンケンジャー・忍者戦隊カクレンジャー・妖怪大戦争（二〇〇五）・妖怪百物語

■チョウチンコゾウ【提灯小僧】雨の降る晩に外出すると顔の赤い小僧が提灯を下げてついてくるが、いつの間にかいなくなると、一九三〇年に阿刀田《あとうだ》令造《れいぞう》が口語訳を入れた元禄《げんろく》年間の古地誌『仙台萩《せんだいはぎ》』にある。

【作品】妖ばなし・忍者戦隊カクレンジャー

■ツクモガミ【付喪神・九十九神】現代では長い年月を経た器物の妖怪の総称として使われることも多いが、もともとは獣が年を経て変化したものや妖怪全般も指していた。

【作品】轟轟戦隊ボウケンジャー

■ツチグモ【土蜘蛛】※バケグモ【化け蜘蛛】を含む　蜘蛛の怪物。古代では、朝廷に従わない先住の民を土蜘蛛と称した。その後、中世以降は源頼光の土蜘蛛退治の説話などで巨大な蜘蛛の形の化け物として描かれるようになる。

【作品】悪魔くん・行け！牛若小太郎・仮面ライダー響鬼・高速戦隊ターボレンジャー・さくや妖怪伝・手裏剣戦隊ニンニンジャー・忍者戦隊カクレンジャー・バトルホーク・妖怪大戦争ガーディアンズ

■ツチコロビ【槌転び・土転び】※ノヅチ【野槌】含む　柳田國男「妖怪名彙」で紹介された槌《つち》のような形をした足元を転がる怪蛇《かいだ》。その解説は野槌に多く割かれており、毛に覆われた姿はその部分から水木しげるが取り入れた要素と思われる。

【作品】侍戦隊シンケンジャー・東海道お化け道中・妖怪大戦争（二〇〇五）・妖怪伝説ＷＡＲＡＳＨＩ！・妖怪百物語

■ツチノコ【槌の子・土の子】ツチコロビやノヅチなどと同様に槌状で人の前に転がってくる怪蛇。猛毒を持っている、高くジャンプする、瞼があるなど生物的な特徴が目撃例から付与され、未確認生物（ＵＭＡ）としての傾向が強い。

【作品】鉄人タイガーセブン・天装戦隊ゴセイジャー・魔人ハンターミツルギ

■ツルベビ【釣瓶火】『古今百物語評判』にある大木の精霊が火の玉状に降りてくるという釣瓶下ろしの怪火を、鳥山石燕『画図百鬼夜行』で釣瓶火としたもの。火の玉に顔が描かれている。

【作品】ゲゲゲの鬼太郎（映画１）・侍戦隊シンケンジャー

■テッソ【鉄鼠】滋賀県にある三井寺《みいでら》の位の高い僧侶である頼豪《らいごう》は、約束を反故《ほご》にされたことを恨み、鉄の牙を持つ大鼠となって、無数の鼠とともに対立する延暦寺《えんりゃくじ》を襲ったという。

【作品】行け！牛若小太郎・ゲゲゲの鬼太郎（ドラマ2）・妖怪大戦争（二〇〇五）

■テノメ【手の目】鳥山石燕『画図百鬼夜行』で掌《てのひら》に目がついた座頭《ざとう》の姿で描かれている。妖怪研究家の多田克己《ただかつみ》は、イカサマを明かすことを意味する「手目を上げる」という言葉などから、博打《ばくち》との関連を示している。

【作品】ゲゲゲの鬼太郎（映画2）・侍戦隊シンケンジャー・妖怪大戦争（二〇〇五）・妖怪大戦争ガーディアンズ

■テング【天狗】全国に分布する。山に棲み様々な怪異を引き起こす。信仰の対象にもなっている。反面で、仏法を妨げる魔物として鳶のような姿で描かれるようになった。この鳶のような姿の烏天狗と赤い顔の鼻高天狗がポピュラーな姿である。

【作品】アクマイザー3・行け！牛若小太郎・快傑ライオン丸・仮面ライダー響鬼・キカイダー01・兄弟拳バイクロッサー・ゲゲゲの鬼太郎（映画1・ドラマ2）・さくや妖怪伝・侍戦隊シンケンジャー・手裏剣戦隊ニンニンジャー・スペクトルマン・世界忍者戦ジライヤ・大戦隊ゴーグルV・超神ビビューン・天装戦隊ゴセイジャー・東海道お化け道中・どろろ・忍者キャプター・忍者戦隊カクレンジャー・妖怪シェアハウス（1）・妖怪大戦争・妖怪大戦争（二〇〇五）・妖怪大戦争ガーディアンズ・妖怪伝説WARASHI！・妖怪百物語・妖怪！百鬼夜高等学校

■テンコ【天狐】狐が一〇〇〇年の時を経て、天に通じるようになった最上位の狐。野狐《やこ》・気狐《きこ》・空《くう》狐《こ》・天狐《てんこ》の順に階級が上がっていく。

【作品】ゲゲゲの鬼太郎（映画1）

■テンジョウナメ【天井嘗】鳥山石燕『画図百器徒然袋』で長い舌の怪物が、天井に向かって舌を伸ばしている姿で描かれている。

【作品】行け！牛若小太郎・妖怪大戦争（二〇〇五）

■トウフコゾウ【豆腐小僧】笠を被り、盆に紅葉豆《もみじどう》腐《ふ》を乗せた小僧の姿で、江戸時代黄表紙《きびょうし》によく描かれているが、どのような妖怪であるかは不明である。

【作品】妖ばなし・妖怪大戦争（二〇〇五）・妖怪大戦争ガーディアンズ・妖怪！百鬼夜高等学校

■**トックリコロガシ【徳利転がし】** 徳島県美馬郡《みまぐん》の坂道で徳利が転がっているように見せかけて、拾おうとする人を谷や溝に落とそうとする化け狸。香川県多度津郡《たどつぐん》で、二升徳利を転がすような音を立てて転がってくるものもある。

【作品】妖怪大戦争（二〇〇五）・妖怪大戦争ガーディアンズ

■**ドドメキ【百々目鬼】** 鳥山石燕『今昔画図続百鬼』で、顔を隠した腕にたくさんの目がついた女性の姿で描かれている。人の金を盗み、腕にたくさんの鳥目《ちょうもく》が生じたという。鳥目とは、江戸時代の穴あき貨幣《かへい》である一文銭の異称である。

【作品】騎士竜戦隊リュウソウジャー

■**ドロタボウ【泥田坊】** 鳥山石燕『今昔百鬼拾遺』で、泥田から上半身を出し、目が一つの人間のような姿で描かれている。残した田を子孫が怠って耕さず、売り払ってしまったことを恨み、田返せといって現れるようになったという。

【作品】妖ばなし・仮面ライダー響鬼・侍戦隊シンケンジャー・東海道お化け道中・忍者戦隊カクレンジャー・妖怪大戦争・妖怪大戦争（二〇〇五）・妖怪伝説WARASHI！・妖怪百物語

な

■**ナマハゲ** 秋田県男鹿半島《おがはんとう》で、年末に行われる鬼のような仮面をつけた来訪神が、地域の家々を巡って暴れる年中行事そのものやその来訪神を指す。

【作品】ウルトラマンA・ウルトラマンコスモス・牙狼〈GARO〉魔戒ノ花

■**ナリガマ【鳴釜】** 鳥山石燕『画図百器徒然袋』で釜を被った毛だらけの妖怪が絵馬《えま》を掲げた姿で描かれている。

【作品】妖怪大戦争（二〇〇五）

■**ナンドババ【納戸婆】** 岡山県赤磐郡《あかいわぐん》で納戸を掃除しようとすると、頭の禿げあがった老婆が、ホーッと声を上げながら出てくる。庭箒《にわぼうき》でたたくと縁の下へ逃げ込むという。

【作品】妖怪大戦争（二〇〇五）

■**ニクスイ【肉吸い】**三重県熊野山中に現れる妖怪。美女に化けて、笑いながら火を貸してくれと人に近づき、肉を吸い取るという。

【作品】妖ばなし

■**ニンギョ【人魚】**日本各地の海に伝わる妖怪。文字通り人間と魚が合わさった姿をしている。古くは人魚の出現を吉兆と見ていたが、逆に暴風雨などの凶兆とも見られるようになった。その肉は、不老長寿の妙薬になるという。

【作品】キカイダー01・天装戦隊ゴセイジャー

■**ヌエ【鵼・鵺】**猿の頭、虎の手足、狸の胴体、尾が蛇の姿の妖怪。その鳴き声は、鵺《ぬえ》とも呼ばれるトラツグミのようなものだという。そこから、鵺のような鳴き声のものが転じて妖怪の名になった。源頼政《みなもとのよりまさ》に退治された話が『平家物語』などにある。

【作品】仮面ライダーオーズ／OOO・手裏剣戦隊ニンニンジャー・忍者戦隊カクレンジャー・妖怪！百鬼夜高等学校

■**ヌッペッポウ【ぬっぺっぽう】**鳥山石燕『画図百鬼夜行』で、鐘のある寺のような場所にのっぺりとした大きな頭に手足がある姿で描かれている。のっぺらぼうの一種と考えられる。水木しげるは、ぬっぺふほふという名称で紹介している。

【作品】ゲゲゲの鬼太郎（映画1・ドラマ2）**・さくや妖怪伝・新諸国物語笛吹童子・超神ビビューン・忍者戦隊カクレンジャー・妖怪大戦争・妖怪大戦争**（二〇〇五）**・妖怪大戦争ガーディアンズ・妖怪百物語**

■**ヌノガラミ【布がらみ】**青森県三戸郡《さんのへぐん》の沼に現れた妖怪。布に化けて沼のほとりの垣根にかかり、これを人が取ろうとするとからみついて、沼に引き込むという。

【作品】妖怪大戦争（二〇〇五）

■**ヌラリヒョン【ぬらりひょん】**鳥山石燕『画図百鬼夜行』で、後頭部の長い身なりの良い老人が駕《か》籠《ご》から降りた姿で描かれている。戦前の書籍から、妖怪の総大将で勝手に家に上がり込むという要素が付与されたが、どのような妖怪かは不明である。

【作品】妖ばなし・行け！牛若小太郎・ゲゲゲの鬼太郎（映画2・ドラマ1・ドラマ2）**・東海道お化け道中・忍者戦隊カクレンジャー・妖怪シェアハウス**（1・2・映画版）**・妖怪大戦争・妖怪大戦争**（二〇〇五）**・妖怪大戦争ガーディ**

アンズ・妖怪百物語

■**ヌリカベ【塗り壁】** 柳田國男「妖怪名彙」で紹介された妖怪。福岡県遠賀郡《おんがぐん》の海岸で夜道を歩いていると急に行く先が壁のようになって、どこへも行けなくなる。遭遇したときは、棒で下を払うと消えるが、上の方をたたいても何にもならないという。

【作品】仮面ライダー響鬼・ゲゲゲの鬼太郎（映画1・映画2・ドラマ1）・侍戦隊シンケンジャー・手裏剣戦隊ニンニンジャー・忍者戦隊カクレンジャー・妖怪大戦争（二〇〇五）・妖怪！百鬼夜高等学校

■**ヌリボウ** 柳田國男「妖怪名彙」で、ヌリカベと似たものとして紹介された妖怪。長崎県の壱岐島《いきのしま》で夜に道側の山から突き出すという。

【作品】妖怪大戦争（二〇〇五）

■**ヌリボトケ【塗仏】** 鳥山石燕『画図百鬼夜行』で、目玉の飛び出したものが仏壇から身を乗り出す姿で描かれている。佐脇嵩之『百怪図巻』などでは同名の黒い姿で、鯰《なまず》のような尾が描かれている。

【作品】妖怪大戦争（二〇〇五）

■**ヌレオンナ【濡女】** 鳥山石燕『画図百鬼夜行』で、蛇体の女性の姿で描かれている。解説は添えられていないが、山陰地方では赤子を抱いてくれと頼み、人が赤子を抱くと女は海に沈み、代わりに牛鬼が現れるという話がある。

【作品】妖ばなし・行け！牛若小太郎・河童の三平　妖怪大作戦・ゲゲゲの鬼太郎（映画2・ドラマ2）・妖怪！百鬼夜高等学校

■**ネブトリ【寝肥】** 竹原春泉斎『絵本百物語』で、非常に大きな女性の寝姿で描かれている。昔、見目麗しい女性がいたが、眠っているとその体は座敷を埋めるほどに肥《ふと》って、いびきは車のようにうるさかったという解説が添えられている。一種の戒めのようなものだと思われる。

【作品】妖ばなし

■**ノツゴ** 愛媛県や高知県で現れる妖怪。夜道で足にまとわりついて歩けなくさせたり、赤ん坊の泣き声を出したりするものをいう。草鞋《わらじ》の乳（紐を通すための輪になった部分）や草履《ぞうり》の鼻緒を投げるといなくなる。

【作品】仮面ライダー響鬼

■**ノッペラボウ【のっぺらぼう】**目鼻口のない妖怪。目鼻口のない女性に出会った話を蕎麦屋ですると、その蕎麦屋の主人も目鼻口がない姿だったという、小泉八雲《こいずみやくも》の『怪談』の貉《むじな》の話がよく知られているように、貉や狸、狐などが化けたものとされる。

【作品】アクマイザー3・行け！牛若小太郎・河童の三平　妖怪大作戦・高速戦隊ターボレンジャー・侍戦隊シンケンジャー・白獅子仮面・東海道お化け道中・特捜戦隊デカレンジャー・忍者戦隊カクレンジャー・妖怪大戦争（二〇〇五）・妖怪奇談・妖怪百物語・妖怪！百鬼夜高等学校

■**ノデラボウ【野寺坊】**鳥山石燕『画図百鬼夜行』で、荒廃したと思われる寺の鐘楼の前にボロボロの袈《け》裟《さ》を着た坊主の姿が描かれている。

【作品】しゃばけ・妖怪大戦争（二〇〇五）

■**ノブスマ【野衾・野襖】**鳥山石燕『今昔画図続百鬼』では「野衾」と表記され、ムササビのこととされる。高知県幡《は》多郡《たぐん》では野襖と呼ばれ、夜道を歩いていると行く手に襖のようなものが現れて、行く手を遮るという。煙草を吸って、落ち着くと消える。

【作品】超神ビビューン

は

■**バク【獏】**悪夢を食べるとされる縁起の良い動物。そのことから良い初夢を見るために、枕の下に入れる宝船の帆に獏という文字を書いたり、鳥山石燕『画図百器徒然袋』の宝船に獏が描かれたりしている。

【作品】ウルトラマンティガ・科学戦隊ダイナマン・仮面ライダーBLACK・救急戦隊ゴーゴーファイブ・侍戦隊シンケンジャー・手裏剣戦隊ニンニンジャー・大戦隊ゴーグルV・超神ビビューン・天装戦隊ゴセイジャー・忍者戦隊カクレンジャー・忍風戦隊ハリケンジャー

■**ハクタク【白澤】**中国に現れた霊獣。人面牛体で頭部と両脇腹に三つずつ計九つの目を持つ。森羅万象に通じ、人語を発して、一一五二〇種いるという中国の妖怪のことを黄帝に伝えた。縁起の良い動物として、その絵はお守りとされた。

【作品】しゃばけ・特捜戦隊デカレンジャー

■**バケガニ【化け蟹】**※カニボウズ【蟹坊主】含む
大蟹の化け物。坊主に化けて問答をするという。山梨県の長源寺《ちょうげんじ》などの蟹坊主という妖怪もいる。

【作品】行け！牛若小太郎・仮面ライダー響鬼・妖怪！百鬼夜高等学校

■**バケギツネ【化け狐】**※ハクゾウス【白蔵主】含む　人を化かす狐。竹原春泉斎『絵本百物語』にある坊主の姿をした白蔵主《はくぞうす》や天狐、九尾の狐などもこの類といえる。

【作品】アクマイザー3・行け！牛若小太郎・科学戦隊ダイナマン・地獄先生ぬ～べ～白獅子仮面・変身忍者嵐・妖怪大戦争（二〇〇五）

■**バケジゾウ【化け地蔵】**地蔵が化けて出るという伝承は、全国に分布している。夜道を徘徊して人を脅《おど》かすが、武士に斬りつけられることもある。地蔵の斬られたような跡や欠損が、化け地蔵の話になったと思われる。狸や狐が化けたという話もある。

【作品】妖ばなし・さくや妖怪伝

■**バケゾウリ【化け草履】**佐々木喜善《ささききぜん》『聴耳草紙』に、履物を粗末にする家に履物の化け物が現れたという話がある。化け草履という名前は、その話を知った水木しげるがつけた名前である。

【作品】ゲゲゲの鬼太郎（映画1）

■**バケダヌキ【化け狸】**※イヌガミギョウブダヌキ【隠神刑部狸】含む　人を化かす狸。文福茶釜《ぶんぶくちゃがま》でお馴染《なじ》みの群馬県館林の茂林寺《もりんじ》の釜をはじめ、徳利《とっくり》転がしなど器物に化けるもの、竹伐り狸のように音を立てるものなどがある。愛媛県松山市の隠神《いぬがみ》刑部《ぎょうぶ》狸は狸の総大将で、八百八匹の狸を従えていたことから、八百八狸とも呼ばれる。

【作品】快獣ブースカ・太陽戦隊サンバルカン・変身忍者嵐・妖怪大戦争ガーディアンズ

■**バケネコ【化け猫】**※ネコマタ【猫又・猫股】含む。
怪異をなす猫。年を経た猫が猫又になり、尾が二股に別れるというが、化け猫は怨みを持った猫がなる場合もあるので、高齢の猫に限らない。

【作品】アクマイザー3・悪魔くん・ウルトラマンマックス・大江戸もののけ物語・河童の三平　妖怪大作戦・仮面ライ

ダー響鬼・キカイダー01・ぐるぐるメダマン・さくや妖怪伝・手裏剣戦隊ニンニンジャー・白獅子仮面・スパイダーマン・大戦隊ゴーグルV・超神ビビューン・忍者戦隊カクレンジャー・妖怪大戦争（二〇〇五）・妖怪！百鬼夜高等学校

■ハラダシ【はらだし】 主に佐藤有文《さとうありふみ》による妖怪図鑑で、大きな頭に手足がついた姿で描かれている。夜中に現れ、酒を勧めると喜んで飲み、愉快に踊る人間に害のない妖怪。

【作品】 妖ばなし・行け！牛若小太郎

■バリヨン 新潟県三条市で「おばりよん」と叫びながら背中におぶさってきて、だんだんと重くなるもの。うばりよん、おばりよん、おんぶおばけなどとも呼ばれる。

【作品】 超力戦隊オーレンジャー

■ハンニャ【般若】 鬼女の類。現代で描かれる般若の姿は、能面の影響がある。能の鬼女の面は、生《なま》成《なり》、中成《ちゅうなり》、本成《ほんなり》と分かれていて、怨みや怒りの度合いによって使い分け、より鬼としての迫力も上がる。中成の面が一般的な般若面である。

【作品】 アクマイザー3・行け！牛若小太郎・快傑ライオン丸・さくや妖怪伝・超神ビビューン・忍者キャプター・妖怪伝説WARASHI！・妖怪百物語

■ヒトツメコゾウ【一つ目小僧】 目が一つの小僧姿の妖怪。旧暦一二月八日に家の中をのぞいて家運を決めて帳面に書き写し、道祖神にその帳面を預け、二月八日に取りに来るという。ミカリババアと一緒に現れることもある。目籠《めかご》や柊《ひいらぎ》が苦手。

【作品】 妖ばなし・行け！牛若小太郎・大江戸もののけ物語・高速戦隊ターボレンジャー・侍戦隊シンケンジャー・地獄先生ぬ～べ～白獅子仮面・東海道お化け道中・忍者戦隊カクレンジャー・妖怪大戦争・妖怪大戦争（二〇〇五）・妖怪大戦争ガーディアンズ・妖怪百物語

■ヒノエンマ【飛縁魔】 竹原春泉斎『絵本百物語』で、傘を持った着物姿の女性が描かれている。美しい顔をしているが、夜な夜な男性の精血を吸い尽くして、殺すという。

【作品】 妖怪大戦争（二〇〇五）

■ヒヒ【狒々】 ※サルガミ【猿神】含む　怪力の猿の化け物。人をさらったり、食べたりする。笑ってから人を食べるという。猿神退治の伝説として、生贄《いけにえ》の娘に僧侶が化けて、連れていた犬（しっぺい太郎・早太郎など）に退治される。

【作品】行け！牛若小太郎・忍者戦隊カクレンジャー・変身忍者嵐

■ヒャクメ【百目】体中に百も目がついた化け物。水木しげるが、『日本のユーモア』という本に掲載された葛飾《かつしか》派の百々眼鬼《どどめき》を参照して描かれた姿となっている。

【作品】悪魔くん・行け！牛若小太郎・イナズマン・宇宙刑事シャリバン・仮面ライダーストロンガー・仮面ライダー BLACK RX・ぐるぐるメダマン・ゴーストブックおばけずかん・さくや妖怪伝・超人バロム1・妖怪大戦争（二〇〇五）

■ヒョウスベ【ひょうすべ】佐賀県や宮崎県を中心にした九州地方での河童の類。名前の由来は、兵主神に関わるという説や春秋の彼岸に川と山を行き来するときにヒョウヒョウと鳴くからという説がある。

【作品】行け！牛若小太郎・東海道お化け道中・妖怪大戦争・妖怪大戦争ガーディアンズ・妖怪百物語

■ビョウブノゾキ【屛風闚】鳥山石燕『今昔百鬼拾遺』で、屛風の上をのぞき込む幽霊のような姿で描かれている。

【作品】しゃばけ

■ビローン【びろーん】主に佐藤有文の妖怪図鑑で、出っ歯でうつろな目をした顔と手足のある尾を引いた人魂のような姿で描かれている。仏になろうとして失敗した。別名ぬり仏。ぶよぶよしていて、尻尾で人の顔や首をなでるという。

【作品】行け！牛若小太郎

■ビワボクボク【琵琶牧々】鳥山石燕『画図百器徒然袋』で、頭部が琵琶で目を閉じ、杖を突いた琵琶法師の姿で描かれている。琵琶の名器である牧《ぼく》馬《ば》と江戸時代に杖を突く音をほくほくといったことから、この二つをかけて牧々としたと考えられる。

【作品】ゲゲゲの鬼太郎（映画2）・さくや妖怪伝

■ヒンナガミ【人形神】富山県礪波《となみ》地方でいう一種の憑き物。ヒンナは、複雑な工程を経て作られた人形でこれを祀《まつ》ると欲しいものは何でも手に入り、家は急に裕福になるが、ヒンナ神は死んでも離れず、死ぬ際に苦しみ、最後は地獄に落ちるという。

【作品】 妖ばなし

■**ビンボーガミ【貧乏神】** ※ヤクビョウガミ【疫病神】含む　日本各地に分布する人を貧しくする神。貧乏神を丁寧に扱うと、福の神に転じるという話もある。病気を起こす要素もあり、佐藤有文は『いちばんくわしい日本妖怪図鑑』で、疫病を運ぶ疫病神を紹介している。

【作品】 妖ばなし・行け！牛若小太郎・ゲゲゲの鬼太郎（映画１）・手裏剣戦隊ニンニンジャー・忍者戦隊カクレンジャー・DESTINY鎌倉ものがたり

■**フグルマヨウヒ【文車妖妃】** 鳥山石燕『画図百器徒然袋』で、文箱《ふばこ》から手紙を引き出している妖怪らしい女性の姿で描かれている。手紙の執念が妖怪に変化したものであろう。

【作品】 妖ばなし・ゲゲゲの鬼太郎（映画２）

■**フスマ【衾】** 新潟県の佐渡島で、夜道に大きな風呂敷のようなものが被さってくる妖怪。どんな名刀でも斬ることができないが、鉄漿《かね》をつけた歯であれば、噛み切ることができるという。

【作品】 侍戦隊シンケンジャー

■**フタクチオンナ【二口女】** 竹原春泉斎『絵本百物語』で、蛇のような髪が後頭部の口へ食べ物を運んでいる女性の姿で描かれている。これは、継子《ままこ》を餓死させた継母の後頭部に口ができる話で、昔話の食わず女房などの二つ口がある女房とは異なる。

【作品】 妖ばなし・行け！牛若小太郎・手裏剣戦隊ニンニンジャー・妖怪大戦争（二〇〇五）・妖怪大戦争ガーディアンズ・妖怪伝説WARASHI！・妖怪！百鬼夜高等学校

■**フッケシババ【吹消婆】** 提灯や行燈《あんどん》の火を消す妖怪。鳥山石燕『今昔画図続百鬼』では、火消婆として提灯に息を吹きかけている老婆の姿が描かれている。鍋田玉英《なべたぎょくえい》『怪物画本《かいぶつえほん》』で、ふっけし婆と記載がある。また、大映の妖怪三部作では、逆に火を吹くヒフキババとして登場している。

【作品】 行け！牛若小太郎・超神ビビューン・東海道お化け道中・妖怪大戦争・妖怪百物語

■**フナシドキ** 長崎県の壱岐島で伝わる船内に入り、

人を食う怪魚。

【作品】快傑ライオン丸

■**フナユウレイ【船幽霊・舟幽霊】** 日本全国に分布する海の怪異。海上で幽霊が現れ、柄杓を貸せという。柄杓を貸すと水を入れられ、船が沈んでしまうので、柄杓の底を抜いておくという。海のない地方の河川や湖などにも伝承が存在する。

【作品】悪魔くん・妖ばなし

■**フルツバキノレイ【古椿の霊・古山茶の霊】** 鳥山石燕『今昔画図続百鬼』で、大きな椿の花を咲かせた木が描かれている。古い椿は人をたぶらかすという。また、すべての古木は、怪異を引き起こすことが多いとも解説にある。

【作品】行け!牛若小太郎

■**ブルブル【震々】** 鳥山石燕『今昔画図続百鬼』で、ぶるぶると震えたような線で幽霊が描かれている。ぞぞ神、臆病神ともいわれる。恐怖を感じたときにぞっとするのは、震々が襟元に取り憑いたからだという。

【作品】妖ばなし・手裏剣戦隊ニンニンジャー・Supernatural シーズン4（米ドラマ）・超神ビビューン・妖怪大戦争（二〇〇五）

■**ベトベトサン【ベトベトさん】** 柳田國男「妖怪名彙」で紹介された妖怪。奈良県宇陀郡《うだぐん》で道を一人で歩いていると、後ろから誰かの足音がする。道の端に寄って、「ベトベトさん、さきへおこし」というと足音がしなくなるという。

【作品】妖ばなし・ゲゲゲの鬼太郎（映画1）・侍戦隊シンケンジャー

■**ホウソウシ【方相氏】** 中国の鬼神。目が四つの鬼のような姿をしている。節分の鬼を払う追儺式《ついなしき》で疫鬼《えきき》などの鬼を追い払う役目がある。

【作品】妖怪大戦争（二〇〇五）

■**ホッスモリ【払子守】** 鳥山石燕『画図百器徒然袋』で、天蓋《てんがい》の下で仏具の払子《ほっす》が変化した妖怪が坐禅を組んだ姿で描かれている。

【作品】妖怪大戦争（二〇〇五）

■**ホネオンナ【骨女】** 牡丹灯籠《ぼたんどうろう》に出てくる女性の幽霊をモチーフに、鳥山石燕『今昔画図続百鬼』で着物を着た骨だけの女性の姿で描かれている。

【作品】妖ばなし・地獄少女（テレビ・映画）・妖怪大戦争（二〇〇五）

ま

■マクラガエシ【枕返し・反枕】日本全国に分布する、朝目を覚ますと枕が別のところにある、頭の位置が寝たときと逆になっているという怪異。これは、枕返しの仕業だと考えられ、東北地方では座敷童子が枕を返すともいわれる。

【作品】妖ばなし・妖怪大戦争ガーディアンズ

■ミカリババ【箕借り婆】神奈川県、東京都、千葉県など関東地方に伝わる一つ目の老婆の妖怪。旧暦一二月八日、二月八日の事八日に家を訪れ、箕《み》や人の目を借りる。一つ目小僧とともに現れるともいわれ、自分より目の多い目籠を恐れる。

【作品】妖怪大戦争（二〇〇五）

■ムジナ【貉】狐や狸などと同様に変化するとされる動物。主にアナグマのことを指すが、狸と混同される。

【作品】行け！牛若小太郎・手裏剣戦隊ニンニンジャー・忍者戦隊カクレンジャー・妖怪大戦争（二〇〇五）

■モウリョウ【魍魎】姿は三歳の幼児のような大きさで赤黒く、目は赤く、耳は長く、きれいな髪をしているという。亡者の肝を好んで食べる。

【作品】妖怪大戦争（二〇〇五）

■モクギョダルマ【木魚達磨】鳥山石燕『画図百器徒然袋』で、達磨のような髭の生えた顔の木魚の姿で描かれている。

【作品】妖怪大戦争（二〇〇五）

■モクモクレン【目目連】鳥山石燕『今昔百鬼拾遺』で、廃屋の破れた障子にたくさんの目がある姿で描かれている。碁盤に注がれた碁打の目の念が現れたものであろう。

【作品】救急戦隊ゴーゴーファイブ・侍戦隊シンケンジャー・手裏剣戦隊ニンニンジャー・忍者戦隊カクレンジャー・妖怪大戦争（二〇〇五）

■モモンジイ【百々爺】鳥山石燕『今昔画図続百鬼』で、大きな杖を持った老人の姿で描かれている。モモンガは関東でのお化けの児童語で、京都地方でのガゴジと併せてモモンジイとしている。これに遭うと病気になるともいう。

【作品】行け！牛若小太郎・ゲゲゲの鬼太郎（映画1）・東海道お化け道中・妖怪大戦争（二〇〇五）

や

■**ヤドウカイ【夜道怪】** 埼玉県の秩父《ちちぶ》郡《ぐん》や比企《ひき》郡《ぐん》で子どもを連れ去ってしまうといわれる。

【作品】ゲゲゲの鬼太郎（ドラマ2）・妖怪大戦争ガーディアンズ

■**ヤナギババ【柳婆】** 竹原春泉斎『絵本百物語』で、色の黒い老婆の姿で描かれている。年を経た古い柳に精が宿って、美女に化けて人を惑《まど》わしたり、老婆に化けて人に声をかけたり怪しいことをするという。

【作品】妖怪大戦争（二〇〇五）

■**ヤナリ【家鳴・鳴屋】** 家が軋《きし》む音や家が揺れるような現象。鳥山石燕『画図百鬼夜行』で、小さな鬼が家を揺すっているような姿で描いている。

【作品】妖ばなし・ゲゲゲの鬼太郎（ドラマ2）・しゃばけ・妖怪大戦争（二〇〇五）

■**ヤマアラシ【山あらし】** 熊本県の旧八代《やつしろ》城主松井家伝来の古文書類（松井文庫）に所蔵されている『百鬼夜行絵巻』で、全身針で覆われたような姿で描かれている。『和漢三才図会《わかんさんさいずえ》』でヤマアラシのことは書かれているので、動物のヤマアラシを妖怪視したものと考えられる。

【作品】仮面ライダー響鬼

■**ヤマオロシ【山颪】** 鳥山石燕『画図百器徒然袋』で、頭部がおろし金、身体は人間のような姿で描かれている。こちらは、解説で動物のヤマアラシ（豪猪）にも触れているので、おろし金とヤマアラシをかけた妖怪であろう。

【作品】侍戦隊シンケンジャー

■**ヤマチチ【山地乳】** 竹原春泉斎『絵本百物語』で、突き出た口をした毛だらけの化け物の姿で描かれている。経年で蝙蝠《こうもり》・野衾《のぶすま》・山地乳《やまちち》の順に変化する。人の寝息を吸い、それを見られると吸われた人は長命になり、見られていないと死ぬという。

【作品】妖ばなし

■ヤマビコ【山彦・幽谷響】日本全国に分布する山のこだま現象のこと。かつては山中にこだまを引き起こす妖怪がいると考えられ、鳥山石燕『画図百鬼夜行』では、黒い狸のような姿で描かれている。

【作品】悪魔くん・妖ばなし・行け！牛若小太郎・仮面ライダー響鬼・ゴーストブックおばけずかん・侍戦隊シンケンジャー・手裏剣戦隊ニンニンジャー・妖怪シェアハウス（2・映画版）・妖怪大戦争（二〇〇五）

■ヤマワロ【山童】山中に棲む童《わらわ》姿の妖怪。九州地方に多く、河童が秋に山に入ると山童になるという。よく山仕事の手伝いもしてくれる。セコ（宮崎県）やワロドン（鹿児島県）などの同系統の妖怪も存在する。

【作品】妖ばなし・ウルトラマンコスモス・手裏剣戦隊ニンニンジャー・妖怪大戦争（二〇〇五）

■ヤマンバ【山姥】日本全国に分布する山中に棲む老婆。山中に入った人を襲って食べる。

【作品】行け！牛若小太郎・河童の三平　妖怪大作戦・忍者戦隊カクレンジャー・妖怪シェアハウス（1・映画版）

■ユキオンナ【雪女】雪の降る晩や吹雪のときに現れる美しい女性の姿の妖怪。雪女に出会うと精気を抜かれたり、凍死させられたりするという。

【作品】アクマイザー3・悪魔くん・怪奇大作戦・帰ってきたウルトラマン・河童の三平　妖怪大作戦・手裏剣戦隊ニンニンジャー・忍者戦隊カクレンジャー・地獄先生ぬ～べ～・雪女・妖怪大戦争（二〇〇五）・妖怪大戦争ガーディアンズ・妖怪伝説WARASHI！・妖怪！百鬼夜高等学校

■ヨブコ【呼子】柳田國男「妖怪名彙」で紹介された妖怪。鳥取県のヤマビコの類。呼子鳥ともいう。こだま現象を引き起こすものとして考えられていた。

【作品】仮面ライダー響鬼・妖怪大戦争（二〇〇五）

ら

■ライジュウ【雷獣】日本全国に分布する妖怪。雷が落ちるときにそれと一緒に駆け下りてくるといわれる獣。その爪跡が落雷した立ち木に残ったなど言い伝えられた。

【作品】侍戦隊シンケンジャー

■**ロクロクビ【轆轤首・飛頭蛮】**※モロクビ【もろ首】含む　身体から首が伸びるものや身体から頭だけが離れるものがある。多くの随筆などで書かれている。飛頭蛮という表記は、中国由来で日中は普通の人と変わりがないが、夜になると頭が分離して飛び回るという。首が二つに分かれたもろ首という妖怪も佐藤有文の妖怪図鑑などで見られる。

【作品】妖ばなし・行け!牛若小太郎・仮面ライダー響鬼・キカイダー01・ゲゲゲの鬼太郎（映画1）・五星戦隊ダイレンジャー・侍戦隊シンケンジャー・忍者戦隊カクレンジャー・妖怪奇談・妖怪大戦争・妖怪大戦争（二〇〇五）・妖怪大戦争ガーディアンズ・妖怪伝説WARASHI!・妖怪百物語・妖怪!百鬼夜高等学校

わ

■**ワニュウドウ【輪入道】**鳥山石燕『今昔画図続百鬼』で、牛車の車輪に入道の顔がついた姿で描かれている。これを見ると命を失うという。

【作品】妖ばなし・ゲゲゲの鬼太郎（映画1）・地獄少女（テレビ・映画）・手裏剣戦隊ニンニンジャー・妖怪大戦争ガーディアンズ・妖怪大戦争（二〇〇五）

年表

凡例
※書籍に関しては必ずしも原本を記載せず、意図的に文庫等の手に取りやすい物を記載している。
映：映画特撮　T：TV特撮　ア：アニメ　書：書籍
漫：漫画　ネ：インターネット　他：その他

前史　1910年代

芝居の題材として使われた怪談・妖怪ものが中心である。

1910　映　吉沢商会『牡丹灯籠』、M・パテー商会『土蜘蛛』が上映

1911　映　吉沢商会『雪女』・『西遊記』、M・パテー商会『新皿屋敷』が上映

1912　映　横田商会『播州皿屋敷』、M・パテー商会『鍋島の猫』、吉沢商会『児雷也豪傑譚話』、日活『九尾の狐』・『岡崎猫』が上映

1914　映　小林商会『有馬怪猫伝』、日活『源頼光妖怪退治』・『本所七不思議』・『船幽霊』、天活『狸騒動』が上映

1915　映　日活『文福茶釜』・『戸隠山の鬼女』が上映

1916　映　天活『佐賀の化け猫』・『お菊虫』が上映

1917 映 日活『怪談乳房榎』が上映

1918 映 天活『八百八狸』が上映

1919 映 天活『怪談有馬の猫』、日活『鍋島猫騒動』が上映

前史 1920年代

芝居などの演芸の題材からオリジナリティのある新機軸が取り入れられていく。

1920 映 帝国キネマ『大江山酒呑童子』が上映

1922 映 松竹『深川七不思議』・『九尾の狐』が上映

1923 書 江馬務『日本妖怪変化史』（中外出版）刊行

映 国活『幽魂の焚く炎』●若山北冥「影を見せなく怪談物」（『劇と映画』3巻8月号）でそれ以前の映画と比較して評価

1924 映 帝国キネマ『清姫の恋』が上映

1925 書 吉川観方『絵画に見えたる妖怪』（美術図書出版部）が刊行

映 東亜キネマ『河童妖行記』、日活『妖怪の棲む家』が上映

1926 書 吉川観方『続絵画に見えたる妖怪』（美術図書出版部）が刊行

映 東亜キネマ『強狸羅』が上映

1927 映 松竹『髑髏の踊り』が上映●落語「野ざらし」の趣向を用いた喜劇

1929 書 藤澤衛彦『妖怪画談全集』（中央美術社）が刊行

前史　1930年代以降

大規模なトリック撮影（特撮）が行われるようになっていく。チャンバラ映画の隆盛。

1933 映 河合映画『強狸羅』、松竹『和製キング・コング』が上映

1934 映 大佛映画製作所『大佛廻国』が上映●大仏が動き、名古屋を巡り歩く。着ぐるみとミニチュアセットを使用した、当時としては大掛かりな特撮作品。2018年にリメイク作品が公開された

1935 映 J・O・スタジオ『かぐや姫』●円谷英二撮影作品
※2015年に短縮版のフィルムがイギリスで発見された

1937 映 極東キネマ『奥州安達ケ原』が上映

1938 映 全勝『〈江戸に現れた〉キング・コング』、『怪猫五十三次』が上映
映 極東キネマ『河童大合戦』・『幻城の化け猫』、新興キネマ『阿波狸合戦』・『狸御殿』が上映

1940 映 東宝『孫悟空』●榎本健一による孫悟空が上映

1942 映 大映『歌ふ狸御殿』が上映

前史　戦後

GHQ統制下（1951年まで）でチャンバラ映画の製作が止まり、穏当な作品か怪奇色を残したしたSF作品や探偵物などが多くなる。現代劇妖怪色は薄れていくが、特撮技術は円谷英二《つぶらやえいじ》らにより発展していく。1950年代までの妖怪は河童・化け猫・狸・狐など演芸や文芸で一般化されているものが主流となっている。

1948 映 大映『春爛漫狸祭』が上映

1949 映 大映『透明人間現る』●円谷英二特殊撮影作品
『花くらべ狸御殿』、新東宝『エノケンのとび助冒険旅行』●中川信夫監督作品

映 松竹『踊る龍宮城』が上映●美空ひばりがデビュー曲「河童ブギウギ」を作中で歌唱。河童の親分は九千坊

1952 映 大映『西遊記』が上映

1953 映 大映『雨月物語』・大映『雨月物語』・『怪猫 有馬御殿』が上映

1954 映 東宝『ゴジラ』・『透明人間』●二作品とも円谷英二特殊技術作品

映 東映『新諸国物語 新諸国物語 笛吹童子』が上映

1955 映 東宝『獣人雪男』●円谷英二特殊技術作品

映 新東宝『忍術児雷也』、東映『怪談 牡丹燈籠』が上映

1956 書 柳田國男著『妖怪談義』（修道社）が刊行

映 東映『水戸黄門漫遊記 怪猫乱舞』・『水戸黄門漫遊記 怪力類人猿』が上映

1957 書 今野圓輔『怪談 民俗学の立場から』（教養文庫）が刊行

映 東映『怪談 番町皿屋敷』が上映

新東宝『亡霊怪猫屋敷』●中川信夫監督作品

1958 映 東映『怪猫からくり天井』、大映『怪猫呪いの壁』・『化け猫御用だ』・『赤胴鈴之助 三つ目の鳥人』が上映●三つ目の鳥人の頭部は後に『妖怪大戦争』（1968年）でからす天狗として流用

T KRT『月光仮面』が放送開始（～1959年まで）●テレビシリーズでのヒーローものの先駆け

1959

映　東宝『日本誕生』●円谷英二特技監督作品
新東宝『東海道四谷怪談』●中川信夫監督作品が上映

黎明期　1960年代

テレビでのヒーロー特撮作品の放映が常態化。水木しげるの『ゲゲゲの鬼太郎』や妖怪図鑑の発表により妖怪の認識に多様性が生まれ始めるが、作品としては演芸や文芸作品の延長、水木しげる原作のもの、水木しげるのデザイを多く踏襲したものに留まった。

1960

映　大映『大江山酒天童子』、新東宝『地獄』●中川信夫監督作品が上映

1961

書　柴田宵曲『随筆辞典』第4巻奇談異聞編（東京堂出版）が刊行●2008年『奇談異聞辞典』（ちくま学芸文庫）として改題・復刊

1965

映　大映『花くらべ狸道中』が上映

書　北川幸比古「世界の幽霊おばけ100選」（『少年ブック』8月号）●「バックベアード」の初出が掲載

漫　水木しげる『墓場鬼太郎』●『週刊少年マガジン』で連載開始

映　東宝『怪談』●小泉八雲原作「黒髪」・「雪女」・「耳無芳一の話」・「茶碗の中」の4編のオムニバス映画が上映

1966

映　大映『大魔神』・『大魔神怒る』・『大魔神逆襲』●同年の『週刊少年サンデー』11月20日号に斎藤守弘・大伴昌司「世界の魔神」が掲載され、『大魔神』の予告もされている。映画と連動した雑誌記事はその後も見られ、そこで紹介された魔神が水木しげるの世界妖怪として採用されるなどの影響力がある

映　東映『怪竜大決戦』が上映●児雷也もの

T　円谷『ウルトラQ』が放送開始（同年終了）

1967

T　円谷『ウルトラマン』が放送開始（〜1967年まで）

T　東映『悪魔くん』が放送開始（〜1967年まで）●水木しげる原作の実写映像化等身大の悪魔・妖怪も登場するが、ウルトラシリーズによる怪獣ブームを受けて巨大なものも登場する

書　鳥山石燕著・田中初夫編『画図百鬼夜行』（渡辺書店）が刊行

漫　手塚治虫『どろろ』連載開始

映　日活『大巨獣ガッパ』が上映

T　東映『仮面の忍者　赤影』が放送開始（〜1968年まで）

1968

書　水木しげる「日本妖怪大全」（『週刊少年マガジン』12月増刊号）が掲載

ア　東映『ゲゲゲの鬼太郎』（アニメ1期）が放送開始（〜1969年まで）

T　円谷『ウルトラセブン』41話「水中からの挑戦」が放送●河童型の宇宙人テペト星人と怪獣テペトが登場する。作中の河童の話は今野圓輔『怪談　民俗学の立場から』を参考にしている

T　円谷『怪奇大作戦』が放送開始（〜1969年まで）

T　東映『河童の三平　妖怪大作戦』が放送開始（〜1969年まで）

映　大映『妖怪百物語』・『妖怪大戦争』・『怪談雪女郎』が上映

1969

映　大映『東海道お化け道中』が上映

過渡期　1970年代〜1980年代

1970

映　大映『透明剣士』が上映●しょうけらが登場する

1971

ア　東映『ゲゲゲの鬼太郎』（アニメ2期）が放送開始（〜1972年まで）

T　東映『仮面ライダー』が放送開始（〜1973年まで）

1972

書　佐藤有文著『いちばんくわしい日本妖怪図鑑』（立風書房／ジャガーバックス）が刊行

T　ピー・プロ『快傑ライオン丸』が放送開（〜973年まで）●オリジナルが大半であるが、妖怪をモチーフにしているオボやフナシドキといった珍しい名前も見られる

T　東映『変身忍者嵐』が放送開始（〜1973年まで）●バックベアード、ワーラス、モズマなど北川幸比古、中岡俊哉、斎藤守弘を源流とする妖怪がセレクトされている

T　大映『諸国物語大映『諸国物語 笛吹童子』が放送開始（〜1973年まで）●大映妖怪三部作の延長で妖怪ぬっぺっぽうや油すましが仲間になる

1973

書　粕三平編著『お化け図絵』（芳賀書店）が刊行

漫　永井豪『ドロロンえん魔くん』連載開始

T　国際放映『魔人ハンターミツルギ』が放送開始（同年終了）

T　大和企画『白獅子仮面』が放送開始（同年終了）

T　円谷『ウルトラマンタロウ』15話「青い狐火の女」が放送●九尾の狐をモチーフにした狐火怪獣ミエゴンが登場する

1974

書　水木しげる著『妖怪なんでも入門』（小学館）が刊行

書　山田野理夫著『東北怪談の旅』（自由国民社）が刊行

書　『妖怪魔神精霊の世界』（自由国民社）が刊行

T　東宝『行け!牛若小太郎』が放送開始（〜1975年まで）

1975

T　東映『アクマイザー3』が放送開始（〜1976年まで）

1976 T 東映『超神ビビューン』が放送開始（〜1977年まで）
T『ぐるぐるメダマン』が放送開始（〜1977年まで）
T 東映『五街道まっしぐら』が放送開始（同年終了）

1978 書 中岡俊哉『フタミのなんでも大博士　日本の妖怪大図鑑』（二見書房）が刊行

1981 書 今野圓輔『日本怪談集　妖怪篇』（現代教養文庫）が刊行

1985 ア 東映『ゲゲゲの鬼太郎』（アニメ3期）が放送開始（〜1988年まで）
T 東映『ゲゲゲの鬼太郎』（月曜ドラマランド）●『巨獣特捜ジャスピオン』のスタッフが総力を結集した特撮作品

1986 映 オリジナルビデオ『妖怪天国』が発売

1987 書 谷川健一監修『別冊太陽　日本の妖怪』（平凡社）が刊行

発展期　1990年代〜2000年代

妖怪資料の拡充や京極夏彦のデビューなどで妖怪図鑑資料だけでない妖怪の再解釈が行われた。

1990 書 多田克己著『幻想世界の住人たちⅣ』（新紀元社）刊行
漫 藤田和日郎著『うしおととら』（小学館）が連載開始（〜1996年まで）

1992 書 水木しげる著『カラー版 妖怪画談』（岩波新書）が刊行
書 鳥山石燕著／高田衛監修『鳥山石燕　画図百鬼夜行』（国書刊行会）が刊行

1993 漫 真倉翔原作／岡野剛画『地獄先生ぬ〜べ〜』が連載開始（〜1999年まで）

1994
書　笹間良彦著『図説日本未確認生物事典』（柏書房）が刊行
書　水木しげる著『図説 日本妖怪大全』（文庫版／講談社＋α文庫）が刊行
書　谷川健一編著『稲生物怪録絵巻　江戸妖怪図録』（小学館）が刊行
書　京極夏彦著『姑獲鳥の夏』（講談社）が刊行
書　水木しげる著『妖怪大図鑑』（講談社）が刊行
T　東映『忍者戦隊カクレンジャー』が放送開始（〜1995年まで）

1995
書　千葉幹夫著『全国妖怪事典』（小学館）が刊行

1996
ア　東映『ゲゲゲの鬼太郎』（アニメ4期）が放送開始（〜1998年まで）

1997
書　竹原春泉著『絵本百物語―桃山人夜話―』（国書刊行会）が刊行
書　『怪』（角川書店）が創刊

1999
書　アダム・カバット校注編『江戸化物草紙』（小学館）が刊行
書　湯本豪一編『明治妖怪新聞』（柏書房）が刊行

2000
T　『京極夏彦「怪」』が放送●原作を京極夏彦の『巷説百物語』とする時代劇
書　岩井宏実監修／近藤雅樹編『図説日本の妖怪』（河出書房新社）が刊行
書　村上健司著『妖怪事典』（毎日新聞社）が刊行
映　トワーニ『さくや妖怪伝』が上映

2002
ネ　国際日本文化研究センター『怪異・妖怪伝承データベース』が開設

2004
書　中公文庫・〈異〉の世界シリーズ配本開始（江馬務・今野圓輔等の妖怪書籍復刊）
ネ　『日本の妖怪一覧』Wikipedia項目項が追加

2005

T 東映『仮面ライダー響鬼』が放送開始（～2006年まで）

T『巷説百物語　狐者異』が放送

書 鳥山石燕著『画図百鬼夜行全画集』（角川ソフィア文庫）が刊行

映 角川『妖怪大戦争』2005年版が上映

2006

T 日本テレビ『地獄少女』が放送開始（～2007年まで）

T『巷説百物語　飛縁魔』が放送

書 竹原春泉著『桃山人夜話～絵本百物語～』（角川ソフィア文庫）が刊行

漫 田村光久『妖逆門』が連載開始（～2007年まで）

映 アートポート『猫目小僧』が上映

2007

T フジテレビ『しゃばけ』が放送

ア 東映『ゲゲゲの鬼太郎』（アニメ5期）が放送開始（～2009年まで）

映 AMG『妖怪奇談』、松竹『ゲゲゲの鬼太郎』、ツインズ『どろろ』、小椋事務所『魍魎の匣』が上映

他「ぬりかべ」と表記された妖怪画が発見される

2008

T フジテレビ『うそうそ』が放送

T 海外ドラマ『Supernatural』（シーズン4）6話『Yellow Fever』がアメリカで放送●邦題『幽霊病』、震々をモチーフにした話

映 松竹『ゲゲゲの鬼太郎　千年呪い歌』が上映

漫 影山理一『奇異太郎少年の妖怪絵日記』が連載開始（～2022年まで）

2009

T 東映『侍戦隊シンケンジャー』が放送開始（～2010年まで）

成熟期　2010年代以降

水木しげる作品だけでなく、インターネットでの妖怪知識の拡散・共有され、さらに『妖怪ウォッチ』の流行より、そのメインターゲットである子どもたちにも妖怪が安定して広まった。妖怪が戦うというものよりも、妖怪が登場する日常ドラマものが多くなる。

2010　T　東映『天装戦隊ゴセイジャー』が放送開始（〜2011年まで）●UMAをモチーフにした地球犠獄集団幽魔獣が登場する

2011　ネ　こぐろう『瓶詰妖怪』Twitterアカウントが公開される

2012　T　海外ドラマ『Supernatural』（シーズン7）18話『Party on,Garth』がアメリカで放送●邦題『日本から来た呪いの酒』、猩々をモチーフにした話

2013　他　『妖怪ウォッチ』（ゲーム）が発売

2014　書　水木しげる著『決定版　日本妖怪大全――妖怪・あの世・神様』（講談社文庫）が刊行

T　トータルメディアコミュニケーション『地獄先生ぬ〜べ〜』が放送開始（同年終了）

2015　T　東映『手裏剣戦隊ニンニンジャー』が放送開始（〜2016年まで）

2016　映　和エンタ『雪女』が上映

2017　T　L4『妖ばなし』が放送開始（〜2023年まで）

映　ROBOT『DESTINY 鎌倉ものがたり』が上映

漫　佐藤さつき『妖怪ギガ』が連載開始（〜2021年まで）

漫　五味まちと『ばけじょ!〜妖怪女学園へようこそ〜』が連載開始（〜2018年まで）

2018
T パパゲーノ『妖怪！百鬼夜高等学校』が放送開始（同年終了）
ア 東映『ゲゲゲの鬼太郎』（アニメ6期）が放送開始（～2020年まで）
漫 南郷晃太『こじらせ百鬼ドマイナー』が連載開始（～2020年まで）

2019
T 東映『騎士竜戦隊リュウソウジャー』が放送開始（～2020年まで）●海外の幻獣・怪物をモチーフにしているが、26・27話に百々目鬼をモチーフにしたドメキマイナソーが登場している
映 ダブル・フィールド『地獄少女』が上映
漫 弓咲ミサキックス『妖怪戦葬』が連載開始（～2023年まで）

2020
T 角川大映『妖怪シェアハウス』が放送開始（同年終了）
T NEP『大江戸もののけ物語』が放送開始（同年終了）
他 新型コロナウイルスの感染拡大の終息を祈念して、アマビエがブームに

2021
映 OM『妖怪大戦争 ガーディアンズ』、東映『魔進戦隊キラメイジャーVSリュウソウジャー』が上映
●登場怪人のカントクマイナソーはアマビエをモチーフにしている

2022
T 角川大映『妖怪シェアハウス―帰ってきたん怪―』が放送開始（同年終了）
映 角川大映『妖怪シェアハウス―白馬の王子様じゃないん怪―』、ROBOT『ゴーストブックおばけずかん』が上映

おわりに

この『特撮に見えたる妖怪』は、二〇一五年に放送が開始された『手裏剣戦隊ニンニンジャー』と先行するスーパー戦隊シリーズの『忍者戦隊カクレンジャー』（一九九四年～一九九五年）、『侍戦隊シンケンジャー』（二〇〇九年～二〇一〇年）の登場妖怪の比較から始め、二〇一六年に（文字通りの「薄い本」になるが）わずか一六ページの同名の同人誌を作ったことに由来する。今まで自分が集めてきた特撮関連の本やソフトは一つ一つの作品を楽しむものだったが、妖怪の知識変遷や前後の作品を加味して考えることで、これはさらに面白いことができるのではないかと考えた。

翌二〇一七年には、参加している異類の会という研究会で、このまま「特撮に見えたる妖怪」というテーマで発表した。スーパー戦隊シリーズ三作品の妖怪表現の比較に加えて、参考にされた妖怪資料などの変遷も深く考えることができたと自画自賛し、このときの発表をいつかまとめようと思いながらも、続編の同人誌を作るには至らなかった。

これではいかんと思いながらも時間だけが過ぎ、別件で年末に仲間内で妖怪に関する合同誌を作ろうという話になり、その合同誌で二〇二二年まで「特撮に見えたる妖怪」として掲載したものを大幅に加筆修正したものが、本書の第一章の特撮前史部分、たまたま手に入れた未放送の特撮企画書「妖怪ハンターゼノン」、そして第二章の水虎《すいこ》・雪女・鎌鼬《かまいたち》である。その他、半分ほど作っていた年表と一覧表は、第三章として考えうる限りの完成版として載せることができた。かなり網羅できていると思うが、二〇二四年まで で特撮の歴史が終わったわけではなく、見落としや私の妖怪の解釈により選定から外れているものがいる可能性はあるので、追加されたものや選定漏れは今後もアップデートしていきたいと思う。

幸いなことに、妖怪が好きな人には特撮も好きな人が多く、題字と解説を書いてくださった京極夏彦さんと表紙画を描いてくださった日本物怪観光・天野行雄さんも多分に漏れずで、二〇一八年・二〇二〇年と二回にわたり、御二人を含めて仲間内で、私が作成したリストにあげた妖怪が出てくる特撮作品を一晩かけてひたすら見続けた。これは、本書を書きあげる原動力と失われつつあった知識とモチベーションを呼び起こす機会となったので、素晴らしい題字と解説と表紙画も含めて感謝したい。また、下読みと共に色々とアドバイスをしてくれた木場貴俊さん、本企画を採用いただいた文学通信の岡田圭介さんと編集いただいた松尾彩乃さんにも御礼申し上げたい。

おかげさまで自分が考えうる最高の本になったと思う。特撮にしても妖怪にしても私より詳しい人間は五万といるが、この観点で一つのまとめができた人は初めてではないだろうか。この本が妖怪好きな人にとって特撮へ、特撮好きな人にとって妖怪へ興味が持てるきっかけになってくれれば、これほど嬉しいことはない。

二〇二四年大寒　式水下流

ないものを撮る

京極夏彦

〝妖怪〟は、どうでもいいもののくせに面倒くさいものでもある。日常生活において適当に〝妖怪〟と使う場合には何の問題もないのだけれど、学問的に定義しようとすると途端にややこしくなる。〝妖怪〟という言葉には長い歴史的変遷があり、私たちが適当に飼いならしている〝妖怪〟キャラクターには多くの〝層〟がある。そのせいでもあるだろう。

古層にあるのは、理解不能の状況に対峙した際の人の「心性」だろう。これはリアルなものであり、現在ではオカルトの範疇に多く還元されるものでもある。でも、〝妖怪〟はそれそのものではない。〝妖怪〟には、非リアルな「物語」という層もある。昔話や説話などのおはなしなくして、やはり〝妖怪〟は語れない。創作か否かなど、無関係である。

もうひとつ欠かせないのが「造形物」だろう。絵画であれ彫刻であれ、あのヘンテコなビジュアルを無視することは決してできない。絵であれフィギュアであれ、いずれ現実世界にあるものである。しかしモチーフとなっているのは、この世には存在しない、ないものである。考えてみれば、造形物とは境界的なものなのだ。誰も行き合ったことがなかろうと、口碑伝承が皆無であろうと、ただ絵が一枚あるだけで〝妖怪〟は成立してしまう。

思い返せば、写真が発明されるなり、幽霊写真——後の心霊写真が登場している。もちろんそれは失敗写真かトリック写真なのだが、見えるものしか写らないはずの写真に見えないものが写っていると思いたい、不可視なものを可視化したいという希求は、この世ならぬものがあると信じたいという、人の「心性」の現れである。写真は〝真〟を写すと書く。そこに写るものは真実だということだろう。それは動画においておや、なのである。

〝特撮〟は特殊撮影の略なのだろうから、決して怪獣だの怪人だのが出てくる映像作品のみを指し示す言葉ではない。しかし、現状どうもそうではない。写真同様フィルムやビデオにはあるものしか写らない。ないものを写すためには特殊な工作が必要なのだ。例えば巨大災害や人体の損壊など撮影できないシーンというのはあるし、それを映像化したものも特撮ではある。だが、それらはないものではない。一方で、怪獣や怪人はないものである。古代怪獣だの宇宙人だの改造人間だのは、まあ、いないのだ。ただし、それらはどれほど荒唐無稽であっても、作中ではあるもの＝リアルとして描かれなければならなかったはずである。ところが〝特撮〟と呼ばれる作品群を観る限り、どうもそうでもないのだ。

仮面や作り物を用いてこの世ならぬものを具現化する神事／芸能は、世界中にある。それらは「お約束」でできている。どこの国の映像作品も少なからずその影響下にあるのだろうが、本邦における「お約束」の継承性は著しく高いと思う。特に〝特撮〟には色濃く受け継がれているように感じる。本邦の怪獣や怪人どもが、どこかしら〝妖怪〟めいた性質を有していたり〝妖怪〟めいた諒解のされかたをしているのは、そのせいだろう。〝妖怪〟は怪獣ブームに乗っかって拡散し、怪獣と差別化することで定着したのだが、何のことはない、最初から両者は兄弟のようなものだったのだ。見えないものを可視化したいという「心性」を礎とし、「物語」の中でヘンテコな「造形物」が「お約束」を踏まえて動くのだから、〝特撮〟と〝妖怪〟の親和性は極めて高いはずである。それなのに、これまで本書のような切り口の考察はほぼなされてこなかった。著者の炯眼に拍手を送りたい。

参考資料

■特撮に見えたる妖怪前史
・赤井祐男、円尾敏郎編『チャンバラ王国　極東』、ワイズ出版、一九九八年
・泉速之『銀幕の百怪』、青土社、二〇〇〇年
・「河童妖行記」『芝居とキネマ』第二年九月號、大阪毎日新聞社、一九二五年
・川添利基「映畫に現はれた妖怪」『文藝市場2巻3号　妖怪研究』文藝市場社、一九二六年
・仲木貞一「映畫及び芝居に於ける妖怪」『文藝市場2巻3号　妖怪研究』、文藝市場社、一九二六年
・氷厘亭氷泉「妖怪全友会　鬼質学年表　近代」、https://yokaidoyukai.ho-zuki.com/kisitunen07.htm（二〇一八年一月閲覧）
・若山北暝「影を見せなくなる怪談物」『劇と映画8月号』、劇と映畫社、一九二五年
・Kobayashi, Kagami Jigoku. 2019. *Carnal Curses, Disfigured Dreams: Japanese Horror and Bizarre Cinema 1898-1949*: Shinbaku Books.

第一章

■黎明期
・佐藤有文『いちばんくわしい日本妖怪図鑑』、立風書房、一九七二年
・BAD TASTE編『甦れ！妖怪映画大集合!!』、竹書房、二〇〇五年
・村上健司『百鬼夜行解体新書』、KOEI、二〇〇〇年
・『全怪獣怪人』上・下巻、勁文社、一九九〇年

■悪魔くん
・C・ネット、G・ワーグナー著／高山洋吉訳『日本のユーモア』、雄山閣、一九五八年
・堤哲哉『『悪魔くん』『河童の三平妖怪大作戦』完全ファイル』、青林堂、二〇〇二年
・「京極夏彦インタビュー　水木漫画のエポックメイキング貸本漫画からはじまった「悪魔くん」の系譜」『怪と幽』vol.011、KADOKAWA、二〇二二年
・『全怪獣怪人』上・下巻、勁文社、一九九〇年
・『テレビマガジン特別編集 特撮ヒーロー大全集』、講談社、一九八八年
・DVD『悪魔くん』VOL.2付属解説書、東映ビデオ、二〇一六年

■妖怪百物語
・BAD TASTE編『甦れ！妖怪映画大集合!!』、竹書房、二〇〇五年
・『ガメラ画報　大映秘蔵映画五十五年の歩み』、竹書房、一九九六年
・「日本妖怪大行進」『少年キング』一九六八年一三号、少年画報社、一九六八年

■妖怪大戦争
・佐藤有文『いちばんくわしい日本妖怪図鑑』、立風書房、一九七二年
・BAD TASTE編『甦れ！妖怪映画大集合!!』、竹書房、二〇〇五年
・『ガメラ画報　大映秘蔵映画五十五年の歩み』、竹書房、一九九六年
・「カラー大特集妖怪大戦争」『まんが王』一九六九年一月号、秋田書店、一九六九年
・『ビッグマガジン　妖怪』（『まんが王』一九七〇年七月号付録）、秋田書店、一九七〇年

■東海道お化け道中
・堤哲哉『『悪魔くん』『河童の三平妖怪大作戦』完全ファイル』、青林堂、二〇〇二年

・BAD TASTE編『甦れ！妖怪映画大集合!!』、竹書房、二〇〇五年
・『ガメラ画報　大映秘蔵映画五十五年の歩み』、竹書房、一九九六年

■**河童の三平　妖怪大作戦**
・『全怪獣怪人』上・下巻、勁文社、一九九〇年

■**過渡期**
・伊藤慎吾、氷厘亭氷泉編『列伝体　妖怪学前史』、勉誠出版、二〇二一年
・岩佐陽一『アクマイザー３　超神ビビューン大全』、双葉社、二〇〇三年
・佐藤有文『いちばんくわしい日本妖怪図鑑』、立風書房、一九七二年
・佐藤有文『世界妖怪図鑑』、立風書房、一九七三年
・中岡俊哉『世界怪奇スリラー全集①世界の魔術・妖術』、秋田書店、一九六八年
・BAD TASTE編『甦れ！妖怪映画大集合!!』、竹書房、二〇〇五年
・村上健司『百鬼夜行解体新書』、ＫＯＥＩ、二〇〇〇年
・山内重昭『世界怪奇スリラー全集②世界のモンスター』、秋田書店、一九六八年
・『全怪獣怪人』上・下巻、勁文社、一九九〇年

■**変身忍者嵐**
・片岡力『「仮面ライダー響鬼」の事情　ドキュメントヒーローはどう〈設定〉されたのか』、五月書房、二〇〇七年
・『人造人間キカイダー　超人バロム・１　変身忍者嵐　３大テレビヒーローシークレットファイル』、ミリオン出版、二〇〇三年
・『全怪獣怪人』上・下巻、勁文社、一九九〇年

■**白獅子仮面**
・BAD TASTE編『甦れ！妖怪映画大集合!!』、竹書房、二〇〇五年
・『全怪獣怪人』上・下巻、勁文社、一九九〇年

■**行け！牛若小太郎**
・佐藤有文『日本妖怪図鑑』、立風書房、一九七二年
・山室静、山田野理夫、駒田信二（執筆代表）『妖怪魔神精霊の世界』、自由国民社、一九七四年
・『東宝特撮全怪獣図鑑』、小学館、二〇一四年
・『全怪獣怪人』上・下巻、勁文社、一九九〇年

■**アクマイザー3**
・岩佐陽一『アクマイザー３　超神ビビューン大全』、双葉社、二〇〇三年
・『全怪獣怪人』上・下巻、勁文社、一九九〇年

■**超神ビビューン**
・岩佐陽一『アクマイザー３　超神ビビューン大全』、双葉社、二〇〇三年
・『全怪獣怪人』上・下巻、勁文社、一九九〇年
・新番組企画案『アクマイザー３　魔神ハンター』、非売品、年代不詳
・新番組企画書『超神ビビューン』、非売品、年代不詳

■**ぐるぐるメダマン**
・C・ネット、G・ワーグナー著／高山洋吉訳『日本のユーモア』、雄山閣、一九五八年
・『全怪獣怪人』上・下巻、勁文社、一九九〇年
・『ぐるぐるメダマン』、朝日ソノラマ、一九七六年

■**円谷プロ作品に見えたる妖怪【昭和編】**
・『ウルトラ怪獣アートワークス　1971―1980』、河出書房新社、二〇一七年
・『全怪獣怪人』上・下巻、勁文社、一九九〇年

■**発展期**
・『完全超悪　平成仮面ライダー怪人デザイン大鑑』、ホビージャパン、二〇二〇年
・『百化繚乱〈上之巻〉戦隊怪人デザイン大鑑』、グライドメディア、

二〇一一年一二月
・『百化繚乱〈下之巻〉戦隊怪人デザイン大鑑』、グライドメディア、二〇一二年

■忍者戦隊カクレンジャー
・今野圓輔『日本怪談集　妖怪篇』（中公文庫 BIBLIO）、中央公論新社、二〇〇四年
・佐藤有文『お化けの図鑑　妖怪がとび出す』、ベストセラーズ、一九七八年
・日野巌『動物妖怪譚』、有明書房、一九七九年
・水木しげる『日本妖怪大全』、講談社、一九九一年
・『水木しげるの奇妙な世界妖怪百物語』、宝塚ファミリーランド、一九七二年
・村上健司『百鬼夜行解体新書』、ＫＯＥＩ、二〇〇〇年
・柳田國男『柳田國男全集6　妖怪談義・一目小僧その他』（ちくま文庫）、筑摩書房、一九八九年
・『宇宙船』vol.71、ホビージャパン、一九九五年
・『百化繚乱〈上之巻〉戦隊怪人デザイン大鑑』、グライドメディア、二〇一一年

■仮面ライダー響鬼
・鳥山石燕『画図百鬼夜行』、https://kokusho.nijl.ac.jp/biblio/100275261/1?ln=ja（国文学研究資料館国書データベース・東京藝術大学附属図書館所蔵）（二〇二三年八月閲覧）
・鳥山石燕『鳥山石燕　画図百鬼夜行全画集』（角川ソフィア文庫）、角川書店、二〇〇五年
・『完全超悪　平成仮面ライダー怪人デザイン大鑑』、ホビージャパン、二〇二〇年
・『パーフェクトアーカイブシリーズ①仮面ライダー響鬼　一之巻～二十九之巻』、竹書房、二〇〇六年
・『パーフェクトアーカイブシリーズ④仮面ライダー響鬼　三十之巻～最終之巻』、竹書房、二〇〇六年

■侍戦隊シンケンジャー
・近藤瑞木編『百鬼繚乱　江戸怪談・妖怪絵本集成』、国書刊行会、二〇〇二年
・多田克己『百鬼解読』、講談社、一九九九年
・鳥山石燕『画図百鬼夜行』、https://kokusho.nijl.ac.jp/biblio/100275261/1?ln=ja（国文学研究資料館国書データベース・東京藝術大学附属図書館所蔵）（二〇二三年八月閲覧）
・藤澤衛彦『妖怪画談全集　日本篇上』、中央美術社、一九二九年
・『東映スーパー戦隊シリーズ35作品記念公式図録 百化繚乱〈下之巻〉戦隊怪人デザイン大鑑』、グライドメディア、二〇一二年

■円谷プロ作品に見えたる妖怪【平成編】
・寺島良安『和漢三才図会』、https://dl.ndl.go.jp/pid/2596374/1/21（国立国会図書館）（二〇二〇年七月閲覧）
・鳥山石燕『鳥山石燕　画図百鬼夜行全画集』（角川ソフィア文庫）、角川書店、二〇〇五年
・鳥山石燕『画図百鬼夜行』、https://kokusho.nijl.ac.jp/biblio/100275261/1?ln=ja（国文学研究資料館国書データベース・東京藝術大学附属図書館所蔵）（二〇二三年八月閲覧）
・『大江山酒天童子絵巻物』二、https://dl.ndl.go.jp/pid/1287888（国立国会図書館）（二〇二三年六月閲覧）
・『決定版　全ウルトラ怪獣完全超百科　ウルトラマンティガ～ウルトラマンマックス編』、講談社、二〇〇六年
・『週刊ウルトラマン OFFICIAL DATA FILE 12』、ディアゴスティーニ、二〇〇九年

■成熟期
・『宇宙船 YEARBOOK 2016』（『宇宙船』vol.152付録）、ホビージャパン、二〇一六年
・『戦変万化　スーパー戦隊怪人デザイン大鑑』、ホビージャパン、

二〇二二年
・『東映ヒーローMAX』vol.51、辰巳出版、二〇一五年

■手裏剣戦隊ニンニンジャー

・鳥山石燕『鳥山石燕　画図百鬼夜行全画集』（角川ソフィア文庫）、角川書店、二〇〇五年
・鳥山石燕『画図百鬼夜行』、https://kokusho.nijl.ac.jp/biblio/100275261/1?ln=ja（国文学研究資料館国書データベース・東京藝術大学附属図書館所蔵）（二〇二三年八月閲覧）
・藤澤衛彦『妖怪画談全集　日本篇上』、中央美術社、一九二九年
・『宇宙船YEARBOOK 2016』（『宇宙船』vol.152付録）、ホビージャパン、二〇一六年
・『戦変万化　スーパー戦隊怪人デザイン大鑑』、ホビージャパン、二〇二二年
・『東映ヒーローMAX』vol.51、辰巳出版、二〇一五年

第二章

■河童

・今野圓輔『怪談　民俗学の立場から』（現代教養文庫）、社会思想社、一九五七年
・今野圓輔『日本怪談集　幽霊篇』（現代教養文庫）、社会思想社、一九六九年
・北村小松「新説・カッパは宇宙人なり」『毎日グラフ』七月一日号、毎日新聞社、一九五六年
・斎藤守弘『惑星動物の謎』、大陸書房、一九七五年
・THE CALBEE「発売から半世紀以上！ロングセラー商品「かっぱえびせん」開発の歴史を紐解く」、https://note.calbee.jp/n/n14d59eb1afc3（二〇二三年一月閲覧）
・鳥山石燕『鳥山石燕　画図百鬼夜行全画集』（角川ソフィア文庫）、角川書店、二〇〇五年
・鳥山石燕『画図百鬼夜行』、https://kokusho.nijl.ac.jp/biblio/100275261/1?ln=ja（国文学研究資料館国書データベース・東京藝術大学附属図書館所蔵）（二〇二三年八月閲覧）
・村上健司『妖怪事典』、毎日新聞社、二〇〇〇年
・『アクマイザー3　超神ビビューン大全』、双葉社、二〇〇三年
・『完全超悪　平成仮面ライダー怪人デザイン大鑑』、ホビージャパン、二〇二〇年
・『近世物語文学』第五巻「絵本西遊記」、雄山閣出版、一九六〇年
・『戦変万化　スーパー戦隊怪人デザイン大鑑』、ホビージャパン、二〇二二年
・『全怪獣怪人』上・下巻、勁文社、一九九〇年
・『週刊少年マガジン』一九六八年三月二四日一三号、講談社、一九六八年
・『百化繚乱　戦隊怪人デザイン大鑑』上・下巻、グライドメディア、二〇一一年

■水虎

・今野圓輔『怪談　民俗学の立場から』（現代教養文庫）、社会思想社、一九五七年
・今野圓輔『日本怪談集　幽霊篇』（現代教養文庫）、社会思想社、一九六九年
・寺島良安『和漢三才図会』、https://dl.ndl.go.jp/pid/2596374/1/21（国立国会図書館）（二〇二〇年七月閲覧）
・鳥山石燕『鳥山石燕　画図百鬼夜行全画集』（角川ソフィア文庫）、角川書店、二〇〇五年
・鳥山石燕『今昔画図続百鬼』、http://hdl.handle.net/2324/1001568041（九州大学附属図書館）（二〇二三年六月閲覧）
・村上健司『妖怪事典』、毎日新聞社、二〇〇〇年
・『石ノ森章太郎変身ヒーロー画集（Ａｆｔｅｒ１９７５）』、ジェネ

オンエンタテインメント、二〇〇四年
・水木しげる『水木しげる漫画大全集』029、講談社、二〇一三年
・水木しげる『妖怪なんでも入門』、小学館、一九七四年
・水木しげる『水木しげるお化け絵文庫』(『水木しげる漫画大全集 媒体別妖怪画報集Ⅱ』、講談社、二〇一六年
・『アクマイザー3 超神ビビューン大全』、双葉社、二〇〇三年
・『百化繚乱〈下之巻〉戦隊怪人デザイン大鑑1995―2012――東映スーパー戦隊シリーズ35作品記念公式図録』、グライドメディア、二〇一二年
・『妖怪ハンターゼノン 企画書』、東映、年代不詳

■天狗

・卜部懐賢『釈日本紀』七、写本
・佐伯有義『六国史』巻二「日本書紀」下巻、朝日新聞社、一九二九年
・多田克己「絵解き画図百鬼夜行の妖怪 天狗」『怪』vol.0053、角川書店、二〇一八年
・鳥山石燕『鳥山石燕 画図百鬼夜行全画集』(角川ソフィア文庫)、角川書店、二〇〇五年
・鳥山石燕『画図百鬼夜行』、https://kokusho.nijl.ac.jp/biblio/100275261/1?ln=ja (国文学研究資料館国書データベース)(二〇二三年八月閲覧)
・村上健司『妖怪事典』、毎日新聞社、二〇〇〇年
・凌稚隆『史記評林』巻之二七〜三〇、鳳文館、一八八三年
・『アクマイザー3 超神ビビューン大全』、双葉社、二〇〇三年
・『完全超悪 平成仮面ライダー怪人デザイン大鑑』、ホビージャパン、二〇二〇年
・『戦変万化 スーパー戦隊怪人デザイン大鑑』、ホビージャパン、二〇二二年
・『全怪獣怪人』上・下巻、勁文社、一九九〇年
・『日本文学大系』第九巻、国民図書、一九二七年
・『パーフェクトアーカイブシリーズ①仮面ライダー響鬼 一之巻〜二十九之巻』、竹書房、二〇〇六年
・『百化繚乱 戦隊怪人デザイン大鑑』上・下巻、グライドメディア、二〇一一年

■雪女

・岩佐陽一『アクマイザー3 超神ビビューン大全』、双葉社、二〇〇三年
・北川幸比古「SF童話雪女をうて!」『少年ブック』一九六八年一〇月号、集英社、一九六八年
・小泉八雲「雪女」『怪談奇談』(角川文庫)、角川書店、一九五六年
・佐々醒雪、巌谷小波校訂『俳諧叢書』第六冊「宗祇諸国物語」巻之五、博文館、一九二六年
・千葉幹夫『全国妖怪事典』、小学館、一九九五年
・鳥山石燕『画図百鬼夜行』、https://kokusho.nijl.ac.jp/biblio/100275261/1?ln=ja (国文学研究資料館国書データベース・東京藝術大学附属図書館所蔵)(二〇二三年八月閲覧)
・藤澤衛彦「妖怪編三 雪女」『図説日本民俗学全集四 民間信仰妖怪』、あかね書房、一九六〇年
・フレドリックブラウン「雪女」『未来世界から来た男』、東京創元社、一九六三年
・村上健司『妖怪事典』、毎日新聞社、二〇〇〇年
・『宇宙船YEARBOOK 2016』(『宇宙船』vol.152付録)、ホビージャパン、二〇一六年
・「おばけや幽霊はほんとうにいるのか」『少年』七月号、光文社、一九五二年
・怪異・妖怪伝承データベース、https://www.nichibun.ac.jp/YoukaiDB/ (二〇二一年五月閲覧)
・『全怪獣怪人』上・下巻、勁文社、一九九〇年

・「科学であかすおばけのしょうたい——日本のおばけ　世界のおばけ」『ぼくら　五月号』、講談社、一九六五年
・「座談會　妖怪変化迷信を解く」『科学の友』三巻八号、山海堂、一九四七年
・「図解おばけの科学」『週刊少年サンデー』三三号、小学館、一九六四年
・『百化繚乱　戦隊怪人デザイン大鑑』上・下巻、グライドメディア、二〇一一年
・「雪女を追うソ連ヒマラヤ探検隊」『週刊公論』二巻四五号、中央公論新社、一九六〇年

■化け猫

・今野圓輔『日本怪談集　妖怪篇』（中公文庫 BIBLIO）、中央公論新社、二〇〇四年
・村上健司『妖怪事典』、毎日新聞社、二〇〇〇年
・村上健司『妖怪ウォーカー』、角川書店、二〇〇二年
・『戦変万化　スーパー戦隊怪人デザイン大鑑』、ホビージャパン、二〇二二年
・『全怪獣怪人』上・下巻、勁文社、一九九〇年
・『パーフェクトアーカイブシリーズ①仮面ライダー響鬼　一之巻〜二十九之巻』、竹書房、二〇〇六年
・『百化繚乱　戦隊怪人デザイン大鑑』上・下巻、グライドメディア、二〇一一年

■轆轤首

・多田克己「絵解き画図百鬼夜行の妖怪　飛頭蛮」『怪』vol.0015、角川書店、二〇〇三年
・寺島良安『和漢三才図会』、中外出版社、一九〇一年
・富田昭次『絵はがきで見る日本近代』、青弓社、二〇〇五年
・鳥山石燕『鳥山石燕　画図百鬼夜行全画集』（角川ソフィア文庫）、角川書店、二〇〇五年
・鳥山石燕『画図百鬼夜行』、https://kokusho.nijl.ac.jp/biblio/100275261/1?ln=ja（国文学研究資料館国書データベース・東京藝術大学附属図書館所蔵）（二〇二三年八月閲覧）
・しげおか秀満「妖怪うんちく話〜名前の話〜」『たわらがた　実験号』、亀山書店、二〇一九年
・藤澤衛彦『妖怪画談全集　日本篇上』、中央美術社、一九二九年
・『完全超悪　平成仮面ライダー怪人デザイン大鑑』、ホビージャパン、二〇二〇年
・『日本大百科全書』、小学館、一九八四年
・『百化繚乱　戦隊怪人デザイン大鑑』上・下巻、グライドメディア、二〇一一年

■鎌鼬

全体

・鳥山石燕『画図百鬼夜行』、https://kokusho.nijl.ac.jp/biblio/100275261/1?ln=ja（国文学研究資料館国書データベース・東京藝術大学附属図書館所蔵）（二〇二三年八月閲覧）
・水木しげる『水木しげるお化け絵文庫』（『水木しげる漫画大全集　媒体別妖怪画報集II』、講談社、二〇一六年

自然現象（真空）を原因とした事例

・井上円了『迷信と宗教』、修文社、一九三〇年
・今野圓輔『日本怪談集　妖怪篇』（中公文庫 BIBLIO）、中央公論新社、二〇〇四年
・高橋喜彦「かまいたち」『気象』通巻一六〇号、気象庁、一九七〇年
・田村竹男「新潟県における「かまいたち」調査」『気象』通巻一六一号、気象庁、一九七〇年
・手塚治虫「一八一話　通り魔」『ブラック・ジャック　手塚治虫文庫全集　9』、講談社、二〇一〇年
・寺田寅彦／千葉俊二、細川光洋編『怪異考／化物の進化——寺田寅

彦随筆選集』(中公文庫 BIBLIO)、中央公論新社、二〇一二年
・廣田龍平『妖怪の誕生　超自然と怪奇的自然の存在論的歴史人類学』、青弓社、二〇二二年　※併せて『妖怪の誕生』の前段階といえるblog「妖怪と、人類学的な雑記」(鎌鼬＝真空説初出)、https://youkai.hatenablog.jp/entry/20140826/1409055615(二〇二〇年一一月閲覧)と『日本民俗学』二八七号掲載の論文・廣田龍平「俗信、科学知識、そして俗説―カマイタチ真空説にみる否定論の伝統―」も参考にした。
・水木しげる『日本妖怪大全』(講談社α文庫)、講談社、一九九四年(初版：一九九〇年)
・『科学画報』二六巻一号、誠文堂新光社、一九三七年
・「かまいたち談義」『高志路』通巻三三〇号、新潟県民俗学会、一九九八年
・『少女クラブ』二八巻三号、講談社、一九五〇年、「お化けと大科学者」
・『少年世界』一二巻七号博文館、一九〇六年
・『日本民俗学大系』8巻、平凡社、一九五九年

三位一体の事例

・關敬吾「治病の祈祷その他」『山村生活の研究』(柳田國男編)、民間伝承の会、一九三七年
・多田克己『幻想世界の住人達Ⅳ　日本編』新紀元社、一九九一年
・千葉幹夫『全国妖怪事典』、小学館、一九九五年
・藤田和日郎「第九章　風狂い」『うしおととら』、小学館、一九九一年
・真倉翔、岡野剛「#二八　三匹が斬る!の巻」『地獄先生ぬ～べ～』、集英社、一九九四年
・村上健司『妖怪事典』、毎日新聞社、二〇〇〇年
・『大神公式ガイドブック』、カプコン、二〇〇六年
・『綜合日本民俗語彙』、平凡社、一九五五年

■九尾の狐

・高井蘭山『絵本三国妖婦伝』、一八八六年
・鳥山石燕『鳥山石燕　画図百鬼夜行全画集』(角川ソフィア文庫)、角川書店、二〇〇五年
・鳥山石燕『今昔画図続百鬼』、http://hdl.handle.net/2324/1001568041(九州大学附属図書館)(二〇二三年六月閲覧)
・村上健司『妖怪事典』、毎日新聞社、二〇〇〇年
・『山海経』、https://dl.ndl.go.jp/pid/3464357/1/18(国立国会図書館)(二〇二三年七月閲覧)
・『戦変万化　スーパー戦隊怪人デザイン大鑑』、ホビージャパン、二〇二二年
・『百化繚乱　戦隊怪人デザイン大鑑』上・下巻、グライドメディア、二〇一一年

■柳田國男の妖怪たち

・佐藤有文『いちばんくわしい日本妖怪図鑑』、立風書房、一九七二年
・BAD TASTE編『甦れ!妖怪映画大集合!!』、竹書房、二〇〇五年
・村上健司『妖怪事典』、毎日新聞社、二〇〇〇年
・柳田國男『柳田國男全集6　妖怪談義・一目小僧その他』(ちくま文庫)、筑摩書房、一九八九年
・『完全超悪　平成仮面ライダー怪人デザイン大鑑』、ホビージャパン、二〇二〇年
・『芸術生活』一九六四年一月号、芸術生活社、一九六四年
・『全怪獣怪人』上・下巻、勁文社、一九九〇年
・『戦変万化　スーパー戦隊怪人デザイン大鑑』、ホビージャパン、二〇二二年
・「化物之繪」、https://bakemono.lib.byu.edu/yokai/nurikabe/(ブリガムヤング大学ハロルド・B・リー図書館)(二〇二三年六月閲覧)
・『パーフェクトアーカイブシリーズ①仮面ライダー響鬼　一之巻～

二十九之巻』、竹書房、二〇〇六年
・『百化繚乱　戦隊怪人デザイン大鑑』上・下巻、グライドメディア、二〇一一年

■鳥山石燕の妖怪たち

・岩佐陽一『アクマイザー3　超神ビビューン大全』、双葉社、二〇〇三年
・佐藤有文『いちばんくわしい日本妖怪図鑑』、立風書房、一九七二年
・鳥山石燕『百鬼拾遺』、https://library.si.edu/digital-library/book/hyakki-shui（スミソニアン博物館）（二〇二三年六月閲覧）
・鳥山石燕『鳥山石燕　画図百鬼夜行全画集』（角川ソフィア文庫）、KADOKAWA、二〇〇五年
・鳥山石燕『今昔画図続百鬼』、http://hdl.handle.net/2324/1001568041（九州大学附属図書館）（二〇二三年六月閲覧）
・鳥山石燕『画図百鬼夜行』、https://kokusho.nijl.ac.jp/biblio/100275261/1?ln=ja（国文学研究資料館国書データベース・東京藝術大学附属図書館所蔵）（二〇二三年八月閲覧）
・無宇形教授「鳥山石燕『画図百鬼夜行・風』ぬらりひょん考（その1）」『最新妖怪研究レポート①』、もののけ学会事務局、二〇一〇年
・村上健司『百鬼夜行解体新書』、ＫＯＥＩ、二〇〇〇年
・BAD TASTE編『甦れ！妖怪映画大集合!!』、竹書房、二〇〇五年
・藤澤衛彦『妖怪画談全集　日本篇上』、中央美術社、一九二九年
・『完全超悪　平成仮面ライダー怪人デザイン大鑑』、ホビージャパン、二〇二〇年
・『全怪獣怪人』上・下巻、勁文社、一九九〇年
・『百化繚乱　戦隊怪人デザイン大鑑』上・下巻、グライドメディア、二〇一一年

第三章

■作品別登場作品一覧

・岩佐陽一『アクマイザー3　超神ビビューン大全』、双葉社、二〇〇三年
・佐藤有文『いちばんくわしい日本妖怪図鑑』、立風書房、一九七二年
・式水下流『特撮に見えたる妖怪』、私家版、二〇一七年
・BAD TASTE編『甦れ！妖怪映画大集合!!』、竹書房、二〇〇五年
・村上健司『百鬼夜行解体新書』、ＫＯＥＩ、二〇〇〇年
・『宇宙船YEARBOOK 2016』（『宇宙船』vol.152付録）、ホビージャパン、二〇一六年
・『完全超悪　平成仮面ライダー怪人デザイン大鑑』、ホビージャパン、二〇二〇年
・『決定版　全ウルトラ怪獣完全超百科　ウルトラマンティガ～ウルトラマンマックス編』、講談社、二〇〇六年
・『決定版　全ウルトラ怪獣完全超百科　ウルトラマンメビウス～ウルトラマンデッカー編　増補改訂』、講談社、二〇二二年
・『全怪獣怪人』上・下巻、勁文社、一九九〇年
・『百化繚乱　戦隊怪人デザイン大鑑』上・下巻、グライドメディア、二〇一一年

■妖怪別登場作品一覧

・伊藤慎吾、氷厘亭氷泉編『列伝体　妖怪学前史』、勉誠出版、二〇二一年
・しげおか秀満「妖怪うんちく話～名前の話～」『たわらがた　実験号』、亀山書店、二〇一九年

・柴田宵曲『奇談異聞辞典』、筑摩書房、二〇〇八年
・竹原春泉斎『桃山人夜話～絵本百物語～』（角川ソフィア文庫）、角川書店、二〇〇六年
・千葉幹夫『全国妖怪事典』、小学館、一九九五年
・鳥山石燕『鳥山石燕　画図百鬼夜行全画集』、角川書店、二〇〇四年
・水木しげる『決定版　日本妖怪大全』、講談社、二〇一四年
・村上健司『妖怪事典』、毎日新聞社、二〇〇〇年

コラム

■幻の企画書 妖怪ハンターゼノン

・岩佐陽一『アクマイザー3　超神ビビューン大全』、双葉社、二〇〇三年
・『石ノ森章太郎変身ヒーロー画集（After1975）』、ジェネオンエンタテインメント、二〇〇四年
・『妖怪ハンターゼノン企画書』、東映、年代不詳

■特撮に見えたる世界妖怪たち

・伊藤慎吾、氷厘亭氷泉編『列伝体　妖怪学前史』、勉誠出版、二〇二一年
・中岡俊哉『世界怪奇スリラー全集①世界の魔術・妖術』、秋田書店、一九六八年
・山内重昭『世界怪奇スリラー全集②世界のモンスター』、秋田書店、一九六八年
・『全怪獣怪人』上・下巻、勁文社、一九九〇年

■特撮に見えたる怪奇～妖怪のようなものたち

・伊藤慎吾、氷厘亭氷泉編『列伝体　妖怪学前史』、勉誠出版、二〇二一年
・岩佐陽一『アクマイザー3　超神ビビューン大全』、双葉社、二〇〇三年
・村上健司『妖怪事典』、毎日新聞社、二〇〇〇年
・『戦変万化　スーパー戦隊怪人デザイン大鑑』、ホビージャパン、二〇二二年
・『全怪獣怪人』上・下巻、勁文社、一九九〇年
・『パーフェクトアーカイブシリーズ①仮面ライダー響鬼　一之巻～二十九之巻』、竹書房、二〇〇六年
・『百化繚乱　戦隊怪人デザイン大鑑』上・下巻、グライドメディア、二〇一一年

著者

式水下流（しきみず・げる）

神奈川県生まれ。山田の歴史を語る会同人。お化け友の会会員。映像作品に登場する妖怪の情報収集と分析をライフワークとしている。あわせて、山田野理夫の妖怪に関する物語、漫画に描かれた妖怪、また郷土玩具など立体化された妖怪についての情報収集もしている。異類の会や自費出版の同人サークル・亀山書店にて調査状況を発表している。雑誌『怪と幽』にてブックガイドなどを執筆、共著に『列伝体　妖怪学前史』（勉誠出版）がある。
X アカウント @shikimizu。

特撮に見えたる妖怪

2024（令和 6）年 2 月 29 日　第 1 版第 1 刷発行

ISBN978-4-86766-033-1　C0020

発行所　株式会社 **文学通信**

〒 114-0001　東京都北区東十条 1-18-1 東十条ビル 1-101
電話 03-5939-9027　Fax 03-5939-9094
メール info@bungaku-report.com ウェブ https://bungaku-report.com

発行人　岡田圭介
印刷・製本　モリモト印刷

ご意見・ご感想はこちらからも送れます。上記のQRコードを読み取ってください。